Joe Tasker wurde 1948 in Hull/England geboren. Vom Hobbykletterer als Schüler entwickelte er sich schon bald zu einem angesehenen Bergsteiger, der in den Alpen und im Himalaja unter schwierigsten technischen Bedingungen neue Routen und Wege beschritt.
Im Frühsommer 1982 war er Mitglied der British Everest Expedition, die den höchsten Berg der Erde von der tibetischen Seite aus über den bis dahin noch nicht begangenen Ost-Nordostgrat bezwingen wollten. Bei diesem Versuch verunglückte Joe Tasker tödlich.

Joe Tasker

Eishölle am Everest

Durch Winterstürme zum Gipfel der Welt

Frederking & Thaler

CIP-Titelaufnahme der Deutschen Bibliothek
Tasker, Joe:
Eishölle am Everest : durch Winterstürme zum Gipfel der Welt / Joe Tasker.
Dt. von Ulrich B. Carl. – München : Frederking u. Thaler, 1989
[Reisen, Menschen, Abenteuer]
Einheitssacht.: Everest, the cruel way <dt.>
ISBN 3-89405-031-4

REISEN · MENSCHEN · ABENTEUER
herausgegeben von Susanne Härtel

Übersetzung aus dem Englischen von Ulrich B. Carl
Originaltitel: EVEREST THE CRUEL WAY
erschienen bei Hodder & Stoughton, London

Titelfoto: Joe Tasker
Fotos von Ade Burgess / Brian Hall / Allen Jewhurst / Paul Nunn /
Alan Rouse / Mike Shrimpton / Joe Tasker / Pete Thexton
Produktion: Tillmann Roeder
Gesamtherstellung: Presse-Druck Augsburg
ISBN: 3-89405-031-4

Inhalt

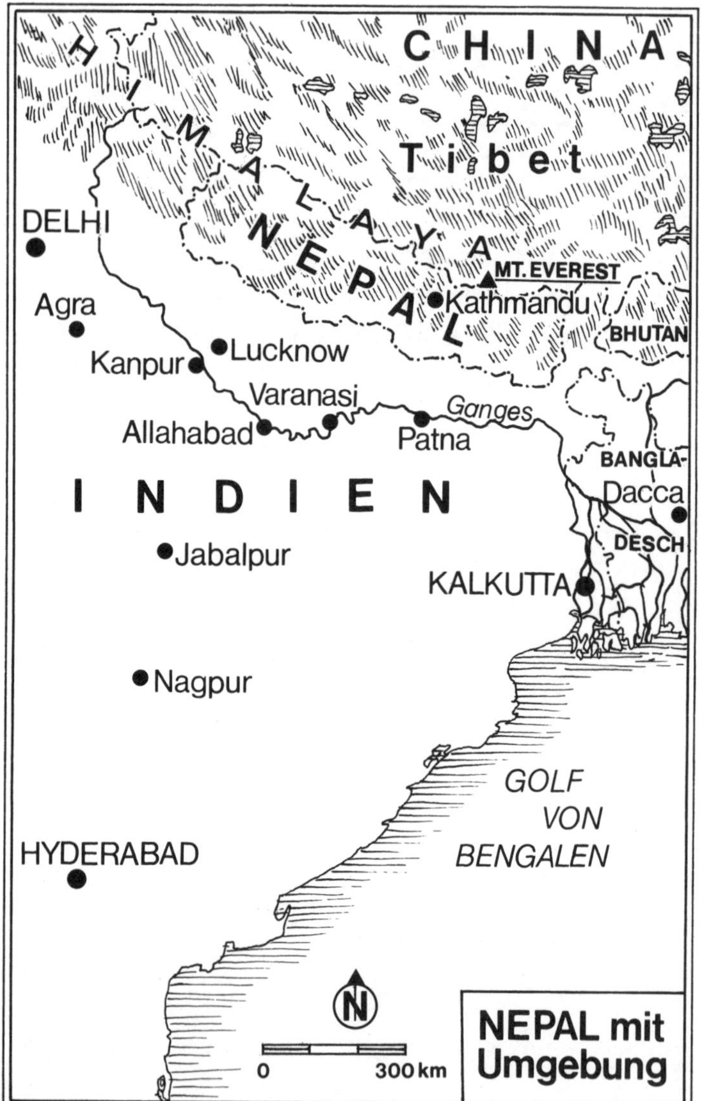
CHINA
Tibet
HIMALAYA
NEPAL
MT. EVEREST
Kathmandu
BHUTAN
DELHI
Agra
Kanpur
Lucknow
Varanasi
Allahabad
Patna
Ganges
BANGLA-
DESCH
Dacca
INDIEN
Jabalpur
KALKUTTA
Nagpur
HYDERABAD
GOLF
VON
BENGALEN
N
0
300 km
NEPAL mit
Umgebung

Ein Schritt weiter

Der Mount Everest besitzt eine Anziehungskraft, die man nicht weg-erklären kann. Er ist vielleicht der einzige Berg, bei dem man den Wunsch, ihn zu besteigen, wenigstens teilweise verstehen kann. Für einen Bergsteiger kann die Beschäftigung mit dem Everest zur Besessenheit werden. – Unser Versuch, den Berg über seine schwierigste Route zur schlechtesten Jahreszeit und ohne Sauerstoff zu bezwingen, war bis dahin der Extrempunkt in der langen Geschichte des Everest' und der Versuche der Bergsteiger, die Grenzen des Möglichen zu erforschen.

Nach einer wechselvollen Geschichte von falschen Höhenangaben und verschiedenen Namensgebungen wurde der Berg, den wir heute als Mount Everest oder Sagarmatha kennen, 1849 als der höchste Berg der Welt anerkannt. Seine Höhe wurde mit 8847 Metern angegeben. Zweiundsiebzig Jahre später wurde die erste Expedition zum Everest unternommen. Dann dauerte es noch zweiunddreißig Jahre, bis der Gipfel erreicht wurde.

Die Erstbesteigung durch Ed Hillary und Tenzing Norgay, Teilnehmer in dem von John Hunt geleiteten Team, war ein Wendepunkt in der Geschichte des Bergsteigens. Welche Kontroversen auch immer im Hinblick auf die Benutzung von Sauerstoff und die Größe der Expeditionsmannschaften folgten, der Berg, der drei Jahrzehnte alle Versuche, ihn zu bezwingen, abgewiesen hatte, war endlich bestiegen. Neue Aussichten, was noch weitere Möglichkeiten beim Bergsteigen betraf, zeichneten sich ab.

Es dauerte weitere zehn Jahre, bis am Everest der nächste Schritt vorwärts unternommen wurde. Der amerikanischen Expedition unter der Leitung von Norman Dyhrenfurth gelang es, den

Berg über zwei Routen zu besteigen. Die Süd-Col-Route wurde auf herkömmliche Weise bewältigt, aber Tom Hornbein und Willi Unsoeld unternahmen die waghalsige Erstbesteigung über den Westgrat vom Western Cwm aus. Nachdem sie ihre Lager auf dem Westgrat verlassen hatten, überschritten sie den Gipfel, um über den Südost-Grat abzusteigen, was heute immer noch als eine der ehrgeizigsten und eindrucksvollsten Erfolge an diesem Berg angesehen wird. Von diesem Zeitpunkt an wurde nicht nur die Besteigung der bekannten Süd-Col-Route wiederholt, die Aufmerksamkeit war nun auf neue, schwierigere und gefährlichere Wege zur Bezwingung des Gipfels gerichtet.

Jede Generation muß ihre eigenen Grenzen finden und erproben; nur so kann man das Interesse am Bergsport aufrechterhalten. Das nächste Problem am Everest, das die Bergsteiger beschäftigen sollte, war der Aufstieg über die schwierige Süd-West-Wand. Erst nach vielen Versuchen durch große, zahlenmäßig starke Expeditionen wurde die Wand schließlich 1975 von Chris Bonnington und seiner Mannschaft bezwungen. Die Expedition führte schon vor ihrem Beginn zu vielen Kontroversen über die Nutzlosigkeit eines solchen Unternehmens und die damit verbundenen Kosten. Der Erfolg ließ die Kritiker jedoch verstummen, und im Nachhinein kann man sehen, daß diese Expedition nicht nur das öffentliche Interesse weckte, was positive Folgen für den Sport des Bergsteigens hatte, sondern – nachdem dieses eine Problem gelöst war – den Bergsteigern wieder Zuversicht und Mut gab, neue Ziele ins Auge zu fassen.

Danach beschleunigte sich das Tempo der Erschließung des Everest'. 1978 wiederholten Reinhold Messner und Peter Habeler die Route der Erstbegeher, aber ohne Zuhilfenahme von künstlichem Sauerstoff. Sie kamen ohne Anzeichen von bleibenden Schäden zurück und bewiesen so, daß es möglich war, jeden Berg ohne Sauerstoffhilfe zu besteigen. Jetzt konnten sich Bergsteiger

Mount Everest vom Südwesten. Das Lho-La-Plateau liegt zur Linken, und die Westschulter führt diagonal hinauf zum Gipfel

mehr darauf konzentrieren, schwierigere, interessantere Routen zu finden, und mußten nicht mehr darüber nachsinnen, wie man große Mengen von Sauerstoff in besimmte Höhen transportiert, damit der Erfolg sichergestellt wird. Die Besteigung des Mount Everest ohne mitgeführten Sauerstoff erfüllte den Sport mit neuem Leben.

1979/1980 wollten die Polen mit ihrer Vorliebe für besonders eindrucksvolle und mühselige Ziele eine Expedition mit einer Winterbesteigung des Everest unternehmen. Nach einer langen „Belagerung" hatten sie auf der Normalroute Erfolg. Ihre Taktik stützte sich auf ihre Erfahrungen im Winter 1974/1975 am Lhotse.

Während dieses Unternehmens hatten sie solch grausame Wetterbedingungen erfahren, daß sie den Eindruck gewonnen hatten, daß sie ohne die lebenswichtige Sauerstoffhilfe nicht einmal fähig gewesen wären zu atmen. Offiziell ist ihre Besteigung des Everest durch die nepalesische Regierung nicht als Winterbesteigung anerkannt, da sie den Gipfel nach dem Ende der eigentlichen Winterzeit erreichten, die von Anfang Dezember bis Ende Januar gerechnet wird.

Das ist eine sehr kurze Zeitspanne, wenn man bedenkt, wie lange der Aufstieg unter der demoralisierenden Wirkung der grimmigen Kälte dauert. Im Hinblick auf die polnische Expedition zählen Kalenderdaten wenig bei der Frage, was Winter ist und was nicht. Es besteht kein Zweifel darüber, daß die polnische Expedition zum größten Teil bei „Winterwetter" am Berg war.

Das Jahr 1980 brachte den spektakulären Erfolg Reinhold Messners, der den Everest im Alleingang von Tibet aus ohne Sauerstoff bezwang. Aber auch damit war noch kein Endpunkt gesetzt, und der Everest blieb der Ort für umwälzende Fortschritte im Bergsteigen.

Man muß nicht lange suchen, um etwas zu finden, was als „nächstes großes Problem" angegangen werden kann. Für unser kleines Team, das sich 1979 und 1980 zusammenfand, schien es die einleuchtendste Sache der Welt, daß wir uns nun auf eine Winterbesteigung auf der schwierigsten Route und ohne Sauerstoff konzentrieren sollten. Für all die vielen Leute, die uns in den Monaten vor unserem Aufbruch nach dem Warum fragten, war die einzige Antwort: „Weil es schwer ist und weil der Ausgang ungewiß ist."

Die Gründe, weshalb Menschen auf Berge steigen, sind vielfältig. Sie reichen von der einfachen Befriedigung durch eine sportliche Leistung bis zu dem Bedürfnis, noch mühseligere Wege und schwerere Probleme zu finden und zu lösen. Hauptziel ist, in größerem oder kleinerem Maßstab das eigene Selbst zu testen, auf welchem selbstgewähltem Gebiet auch immer. Wenn man das als überflüssig empfindet, dann ist Bergsteigen eine nutzlose Tätigkeit. Im Zusammenhang mit der Selbstentdeckung als Versuch, die Grenzen der eigenen Fähigkeiten zu erkunden, die Grenzen der Furcht, Entschlossenheit, Ausdauer zu erfahren, ist Bergsteigen ein Mittel zur Selbstverwirklichung und eine Quelle großer Befriedigung. Sieht man das Bergsteigen als Lebensform und genießt man das Leben in der freien Natur, die Einfachheit des Expeditionslebens, die Genugtuung, körperlich vollständig fit zu sein, dann liegen die vielseitigen Freuden des Bergsteigens offen da.

Mount Everest, Lhotse und Ama Dablam

Reinhold Messner trieb der Drang, seine eigenen Grenzen zu erfahren, zur Besteigung des 8125 Meter hohen Nanga Parbat im Alleingang. Der gleiche Drang inspirierte unsere kleine Gruppe von acht Männern zu dem Plan, den Everest unter den schwierigsten, grausamsten Bedingungen zu bezwingen: im Winter.

Die Idee und das Team

Der Gedanke, den Everest im Winter zu besteigen, war mir nie in den Sinn gekommen. Einmal hatte ich einen Artikel über neue Trends im Bergsteigen gelesen, der auch die bisher unbeachteten Möglichkeiten des Winterbergsteigens im Himalaja erwähnte, aber mein Kopf war voll mit anderen Projekten. Zu Beginn des Jahres 1979 hatte ich mit Pete Boardman und Doug Scott den dritthöchsten Berg der Welt, den Gangtschhensönga mit 8586 Metern, über eine neue Route bestiegen und das zum erstenmal, ohne Sauerstoff mitzuführen. Anschließend dachte ich immer wieder an eine neue Besteigung des K2, dem zweithöchsten Berg der Welt. 1978 hatte unser Team von acht Mann versucht, ihn über den schwierigen Westgrat zu erklettern, aber wir hatten aufgegeben und waren umgekehrt, als unser Freund Nick Estcourt auf 6700 Metern durch eine Lawine in den Tod gerissen wurde. Trotz dieser traumatischen Erinnerungen, die dieser Berg für uns barg, war der Wunsch, ihn zu besteigen, geblieben, und vier von uns planten für 1980 einen neuen Versuch.

Zwischen Expeditionen wieder zurück in England, waren meine Tage von einer verrückten Mischung aus endlosen Telefongesprächen ausgefüllt, den Aufgaben, die die Führung eines Geschäfts für Bergausrüstung mit sich brachte, und den endlosen Vorbereitungen für die nächste Expedition.

In mein Geschäft mit dem Namen „Magic Mountain" kamen an einem Herbsttag 1979 Chris Bonington und Brian Hall. Sie wollten offensichtlich Ausrüstungsmaterial kaufen, von dem Chris nach zweieinhalb Jahrzehnten Bergsteigerei immer noch nicht genug zu haben schien. Brian nahm mich zur Seite, und außer Hörweite von Chris fragte er mich leise, ob ich im Winter 1981/1982 schon irgend etwas vorhätte und falls nicht, ob ich daran interessiert wäre, mit einer kleinen Gruppe, die Alan Rouse gerade zusammenstellte, zum Himalaja zu gehen.

Chris Boningtons Name ist unauflöslich mit dem Mount Everest verbunden, aber er ist der Vertreter einer älteren Generation mit einer mehr traditionellen Auffassung von Expeditionen mit formaler Führungsstruktur, Befehlsgewalt und Organisation. Da Brian wartete, bis Chris außer Hörweite war, verstand ich, daß er nicht wollte, daß Chris von diesem Projekt erführe. Es war eine Art stummer Verständigung, daß die Absicht bestand, eine Expedition mehr nach Art und Weise der erfolgreichen Expeditionen zu organisieren, an die wir selbst uns gewöhnt hatten: leichtgewichtiger, was „Nachschub" betraf, kleiner Maßstab in bezug auf die Teilnehmerzahl und demokratisch in der Organisation.

Normalerweise war ich bei der Planung einer Expedition von Anfang an dabei oder wußte immer ziemlich sicher, daß man mich dazu einladen würde. Diese Einladung allerdings kam ohne jegliche Vorwarnung. Ich hatte nur einen kurzen Augenblick Zeit, meine Antwort zu überlegen. – Brian war mit Chris, der überdies sehr in Eile war, auf dem Weg zum Lake-Distrikt. – Mir wurde bei dieser phantastischen Vorstellung ein wenig schwindlig. Die atemberaubende Kühnheit des Vorschlags faszinierte mich. Im gleichen Augenblick sah ich aber auch all die Unmöglichkeiten vor mir: der Arbeitsaufwand, Geldschwierigkeiten, mangelnde Zeit, persönliche Beziehungen – das traditionelle Dilemma eines Bergsteigers. Da war der Zwiespalt zwischen Karriere, gesellschaftlichen Verpflichtungen, Liebesleben, beruflicher Sicherheit und der inneren Erfüllung, die die Hingabe an ein solches Projekt mit sich brachte.

Ich murmelte nur ein kurzes Ja und verabredete mit Brian, später mit ihm darüber zu sprechen. Ein paar Tage darauf erhielt ich aus Chamonix einen Brief von Alan Rouse mit weiteren Einzelheiten ihres Plans und einer maschinengeschriebenen Liste der acht Expeditionsteilnehmer, die bereits meinen Namen und meine Anschrift enthielt. Meine Zustimmung hatte man stillschweigend vorausgesetzt; mich selbst zu fragen war bloß noch eine Formalität gewesen!

Joe Tasker

Der Winter 1981/1982 erschien mir noch angenehm fern in der Zukunft – fast zweieinhalb Jahre waren es noch bis dahin. So konnte ich auch den Plan ruhig noch geheimhalten, bis die Zeit herankam. Während der letzten achtzehn Monate hatte ich an drei Expeditionen teilgenommen und war zusammengenommen neun Monate unterwegs gewesen. Dabei hatte ich kaum Zeit gehabt, nach einer Expedition meine Sachen auszupacken und für die nächste wieder einzupacken. Mein Geschäft wurde reichlich chaotisch geführt. Die Tage reichten einfach nicht aus für alles, was zu tun war, und ich verließ mich hauptsächlich auf die unschätzbare Arbeit meines Geschäftsführers Alf. In meinem Privatleben hatte es als Folge meiner ständigen Abwesenheit von zu Hause bereits ein Opfer gegeben. Als ich nach sechs Monaten von meiner zweiten Expedition zurückkam und ganze sechs Wochen vor meiner nächsten Reise zu Hause war, mußte ich erleben, daß meine Freundin genug davon hatte, sich an jemanden zu binden, den sie nur alle paar Monate mal sah.

Ich kehrte im Frühling 1980 vom K2 zurück und hatte vor, einige Zeit zu Hause zu verbringen, mich auf meine Arbeit zu konzentrieren und darauf, meine Angelegenheiten in eine gewisse Ordnung zu bringen. Eine längere Periode daheim schien mir sehr angebracht, auch, um wieder ein wenig Felskletterei zu betreiben, wozu auf einer Expedition keine Gelegenheit war. Am Ende dieser Zeit gab es nun die phantastische Aussicht auf den Everest im Winter. Daran hatte ich bisher zwar noch nie gedacht, im Hinterkopf wußte ich wohl schon länger, daß dies der nächste logische Schritt für mich war.

Ein paar Monate, nachdem man mich eingeladen hatte, erfuhren wir, daß uns der Winter 1981/1982 nicht zur Verfügung stand. Das hieß, daß wir entweder 1980/1981 unser Unternehmen durchführen konnten oder fünf Jahre später. Plötzlich war es nichts mehr mit dem gemütlich-langsam näherrückenden Everest-Termin – eine klare Entscheidung mußte gefällt werden. Über den späteren Termin lohnte es nicht nachzudenken, denn dann war die Route sicher schon begangen und der Reiz des Unbekannten verflogen. Der Termin 1980/1981, in weniger als zwölf Monaten, war schon sehr nahe, und es würde schwer sein, das nötige Geld und die Ausrüstung bis dahin zusammenzubekommen. Ich war meinerseits schon für die Teilnahme an einer Expedition zum K2 vorgesehen, was bedeutete, daß ich, wenn alles klappte, nur drei Monate zu Hause wäre, bevor es wieder losging. Das Leben wurde langsam etwas zu hektisch. Selbstverständlich war aber der Winter 1980/1981 der einzig sinnvolle Termin. Vor die Entscheidung gestellt, war mir klar, daß es wichtiger als alles andere für mich war, an der Winterexpedition teilzunehmen, weil sie extrem schwer und risikoreich sein würde, die größte Herausforderung, die ich mir auf diesem Gebiet vorstellen konnte. Es war so offensichtlich, daß der nächste Schritt im Bergsport das Winterbergsteigen im Himalaja sein würde und ich hatte das Gefühl, als hätte mein Unterbewußtsein das schon seit Jahren gewußt. Ich beschloß mitzumachen, koste es, was es wolle.

Das Team sollte aus einer kleinen Gruppe von Freunden bestehen, von denen die meisten schon seit Jahren zusammen geklettert waren. Die Idee stammte ursprünglich von Alan Rouse und Brian Hall, die an einer kleinen, aber gewagten Expedition zur Besteigung des 7711 Meter hohen Jannu in Ostnepal teilgenommen hatten. Beide, Brian und Alan, hatten schon überall in der Welt Klettertouren unternommen, mit Erstdurchsteigungen und eindrucksvollen Wiederholungen, besonders in Südamerika, wo sie viele Monate verbrachten. Sie hatten ihre weitreichenden Erfahrungen dazu benutzt, einen Bergführerservice zu gründen, der die ganze Welt als Arbeitsgebiet einschloß.

Alan war zu Beginn der siebziger Jahre der Vertreter einer lebhaften, neuen Generation von Felskletterern. Schon als Teena-

Everest und die Westschulter

ger zeigte er eine natürliche Begabung dafür. Durch die Kühnheit einiger seiner Besteigungen hatte er dazu beigetragen, einen neuen Trend im Klettern zu setzen. Ungewöhnlich für jemanden, der in dieser Sparte des Sports glänzte, wandte er seine Aufmerksamkeit den größeren Bergen zu und zeigte eine Tatkraft und Phantasie, die man hinter dem kultivierten und lebenslustigen Äußeren seiner Person nie vermutet hätte. Es war ein komplexer Charakter, fähig, bei den ernstesten Diskussionen mitzureden und den Respekt der unterschiedlichsten Leute zu gewinnen, und doch fand er sich manchmal auf unerklärliche Weise in die sonderbarsten Eskapaden verwickelt. Worauf immer er sich einließ, er wollte es bis zum allerletzten auskosten. Er hatte Mathematik in Cambridge studiert, und manchmal gewann ich den Eindruck, daß er sich ruhig und gelassen an Unterhaltungen über jedes Thema beteiligte, während seine Gedanken auf einer ganz anderen Wellenlänge dahinflogen und mit der Geschwindigkeit eines Computers Ideen und Zusammenhänge aufnehmen und ausspukken konnten. Den Everest im Winter anzugehen, war eine ausgefallene Idee, und es war typisch für Alans Dreistigkeit, überhaupt darauf zu kommen.

Seit mehreren Jahren waren Brian und Alan gute Freunde; Brians gesunder Sinn für Organisation war ein gutes Gegengewicht für Alans unbegrenzten Ideenreichtum. Brian hatte sich zwar durch auffallendes und wildes Benehmen einen widersprüchlichen Ruf erworben, aber wenn er seine Aufmerksamkeit auf die Organisation eines Vorhabens wie eine Expedition konzentrierte, zeigte er unerwartetes Verantwortungsbewußtsein und starke Überzeugungskraft, die sicherstellten, daß von seiner Seite aus die anstehenden Aufgaben immer erfüllt wurden.

Alan und Brian hatten mit den Burgess-Zwillingen Bergtouren in Südamerika unternommen. Aldrian und Alan Burgess, zwei der buntesten Charaktere der Bergsteigerwelt: Die eineiigen

Zwillinge, groß, kräftig und blond, wie man sich Wikinger vorstellt, machten den Eindruck, als hätten sie von ihren möglichen Vorvätern die Lust an Draufgängertum und Abenteuer geerbt. Sie waren als starke und ausdauernde Bergsteiger bekanntgeworden, vor allem als Survival-Spezialisten. Alan Rouse betonte des öfteren, daß sie als Kameraden am Berg die besten Leute wären, die er je kennengelernt hätte. – Sie gehörten automatisch dazu.

Paul Nunn ist eine bekannte Figur in der Bergsteigerwelt, nicht zuletzt durch sein ansteckendes Lachen, das jede seiner Geschichten und Anekdoten aus seinem reichhaltigen Repertoire begleitet. Paul war schon ein bekannter Bergsteiger, soweit die meisten von uns zurückdenken konnten. Seine rastlose Energie trieb in jedes Jahr in eine andere Gegend der Welt, wo er, wenn es nicht ums Bergsteigen ging, Filme drehte. Und diese Rastlosigkeit, die Entschlossenheit, nichts und nirgends etwas zu verpassen, hielt ihn ständig in Atem und bis in die Morgenstunden wach, so daß er immer der letzte war, der einen Pub oder eine Party verließ. Er hatte eine unerschöpfliche Fähigkeit, sich über jedes nur vorstellbare Thema zu unterhalten, und über seine eigene trockene, kritische Einstellung dem Leben gegenüber. Paul war, ohne Übergewicht zu haben, recht kräftig gebaut. Wenn seine riesigen Pranken einen Bierkrug umfaßten, waren sie gleichzeitig Ausdruck seiner starken Persönlichkeit wie seiner physischen Kraft. Er hatte viele Jahre Bergerfahrung in Europa, im Pamir, im Kaukasus, im Karakorum und dem indischen Himalaja. Als Dozent für Wirtschaftsgeschichte hatte er überdies eine angesehenè bürgerliche Stellung, die den meisten von uns fehlte. Alan bat ihn wegen seiner soliden Erfahrung als Bergsteiger mitzumachen, aber auch wegen seiner Möglichkeiten, Sponsoren bei großen Firmen, die ihn gut kannten, zu finden.

Pete Thexton sollte als Arzt mitkommen, aber seine noch kaum bekannte lange Liste von Erfolgen in den Hamalajagebieten von Kulun und Garwhal wies auch auf seine versteckte Stärke und Entschlußkraft als Bergsteiger hin. Vom Äußeren her wirkte Pete klein, dabei aber zäh und stämmig. Er gehört zu jenen Leuten, deren Eindruck jedesmal ein anderer ist, wenn man sie wieder trifft, und die dann das Gefühl hinterlassen, daß man sie völlig unterschätzt hat. Er war der unbekannteste des ganzen Teams, aber wenn wir schon einen Arzt mitnehmen wollten, dann war Pete ebenso qualifiziert, mit den medizinischen Problemen der großen Höhen fertig zu werden, wie jeder andere auf diesem Gebiet erfahrene Arzt und überdies war er eben auch ein ausgezeichneter Bergsteiger. Für einen ehrgeizigen Bergsteiger war allerdings die zusätzliche Aufgabe, sich jederzeit um die Kranken kümmern zu müssen, möglicherweise etwas frustrierend.

John Porter, halb Engländer, halb Amerikaner, lebte in einem abgelegenen Provinznest westlich des Lake-Districts. Einer der geheimnisumwittertsten Männer der Bergsteigerszene, taucht er immer wieder auf, um an einer Expedition teilzunehmen, meistens mit polnischen Gruppen. Er hatte einen guten Ruf als ausdauernder und technisch versierter Mann mit Erfahrungen im Hindukusch, in Indien und Südamerika.

Wenn Alan Rouse ein Mann mit wissenschaftlichen Neigungen war, dann war John ein Künstler mit der dazugehörigen vagen Verträumtheit. Er wirkte immer ein wenig verwirrt und hatte die resignierte Ergebenheit eines Menschen, der aus seinen Anlagen nichts macht, weil er zu sehr mit abstrakten Ideen beschäftigt ist, um sich mit den praktischen Dingen des Lebens zu beschäftigen.

Ich war bisher noch mit niemandem aus dem Team geklettert, wenn man von einer Felstour mit Brian in Nordwales absieht, aber wir wohnten alle nicht weit voneinander entfernt und kannten uns von gesellschaftlichen Zusammenkünften her. Ich konnte nur annehmen, daß sich Alan und Brian bei der Zusammenstellung

Joe Tasker

Alan Rouse

John Porter

Brian Hall

Al Burgess

Ade Burgess

Pete Thexton

Paul Nunn

der Mannschaft sicher waren, daß ich dazu passen und mich erfolgreich einfügen würde.

Expeditionen können so schwierig werden, und die Teilnehmer hocken manchmal so nahe aufeinander, daß es lebenswichtig ist, eine Gruppe von Menschen beisammen zu haben, die miteinander auskommt und gut zusammenarbeitet. Es ist dabei nicht notwendig, daß ein Team aus engen Freunden besteht. Freundschaft und die Fähigkeit zusammenzuarbeiten schließen sich nicht immer unbedingt ein. Die innere Verbundenheit von Mitgliedern einer Expedition, die zusammen gearbeitet und gekämpft hat, geht weiter als Freundschaft. Sie ist vielleicht so eng wie das Verhältnis zu einem Bruder, den man genau kennt und bei dem man sowohl die Fehler als auch die guten Seiten und Vorteile akzeptiert.

Ich war daran interessiert, neue, starke Freundschaftsbande mit sieben Männern zu schmieden, die ich kannte und mochte und deren Leistungen ich bewunderte. Ich war mir aber bei einem Unternehmen, bei dem wir für eine lange Zeit unter den schwierigsten Bedingungen aufeinander angewiesen sein würden, auch der Gefahr von Streitereien und Uneinigkeit bewußt.

1980 war ein hektisches Jahr. Wir standen vor dem Problem, zwölf Monate früher als geplant Material und Geld für eine Winterexpedition zusammenzubekommen. Wenn es irgendeine andere Vor- oder Nachmonsun-Expedition gewesen wäre, hätten wir diese Probleme nicht gehabt. Der Winter im Himalaja dagegen war eine weitgehend unerforschte Jahreszeit für das Bergsteigen, und nach den wenigen Informationen, die wir sammeln konnten, waren die Bedingungen viel härter als das ganze restliche Jahr über. Unsere Vorbereitungen mußten daher viel sorgfältiger und unsere Ausrüstung, soweit es in unserer Macht stand, ohne Mängel sein.

Die Geschichte des Winterbergsteigens im Himalaja ist sehr kurz. Der Einbruch des Winters bedeutet im allgemeinen das Ende der Bergsteigersaison wie beispielsweise bei dem Versuch einer britischen Expedition, 1972 die Südwestwand des Everest zu durchsteigen. Nach fast zwei Monaten ständiger Bemühungen bezogen die Bergsteiger ihr höchstes Lager nahe am Gipfelaufschwung. Nachdem sie das Gelände für Lager sechs erreicht hatten, war es unmöglich, im ständig herrschenden Sturm ein Zelt aufzustellen. Das Felsband oberhalb zu erreichen stand auch außer Frage. Dougal Haston schaute um die Kante des Pfeilers in die Richtung, in der man einen Ausweg, eine leichtere Möglichkeit, den Gipfel zu erreichen, vermutet hatte und mußte erkennen, daß es bei diesen Windverhältnissen keine leichteren Möglichkeiten gab. Er spürte, daß er ohne Sauerstoffmaske nicht mehr in der Lage war zu atmen.

Sie waren an ihre Leistungsgrenze gelangt, und obwohl ihnen der Erfolg entgangen war, hatten sie die innere Befriedigung, daß es nicht an ihrem Unvermögen lag, daß sie es nicht geschafft hatten. Es war der Winteranfang, und wie John Hunt später von der Expedition sagte, „kann niemand, der die entsetzlichen Bedingungen eines Himalajawinters in dieser Höhe erlebt hat, daran zweifeln, daß Boningtons Mannschaft ihren Aufstieg erst an der letzten Grenze der menschlichen Leistungsfähigkeit abbrach. Die Kraft der Naturgewalten zu diesem Zeitpunkt zwang sie dazu."

Im Winter sinkt der „jet-stream", das sind die Hochwinde, die mit Geschwindigkeiten von bis zu 250 Stundenkilometern normalerweise in Höhen um 10 000 Meter herrschen, in Höhen, die die Gipfel des Himalaja erreichen. Über die Windverhältnisse auf den Bergen im Winter ist wenig bekannt, aber die verbreitetste Ansicht besagt, daß man über 7500 Meter voll in die Gewalt des „jet-streams" gerate und Turbulenzen auch unterhalb dieser Höhen spürbar seien.

In eben diesem „jet-stream" befanden sich Haston, Scott, MacInnes und Burke an jenem Novembertag im Jahre 1972 und erkannten, daß es kein Weiterkommen mehr gab. Unterdessen saß Jimmy Roberts mehr oder minder gemütlich (auch das ein Zeichen für die kontrastreichen Verhältnisse im Winter) in 5800 Metern Höhe am Hang des Kalipatar und beobachtete die Vorauskletternden durch sein Fernglas. Bequem in der Sonne unter einem klaren Himmel, waren ihm die Gründe für den Rückzug unverständlich. Er konnte nur kleine Figuren ausmachen, die sich auf- oder abwärts bewegten; er wußte nicht, daß sich die Temperaturen zwischen −30 °C und −40 °C bewegten und daß der Wind mit 160 Stundenkilometern blies. Der herannahende Winter war eine trügerische Zeit der Extreme.

Die polnischen Bergsteiger, die irgendwie schon immer ihre eigenen Ziele außerhalb des Hauptstroms der Bergsteigerwelt gesetzt haben, waren es, die sich direkt mit den Problemen des Winterbergsteigens im Himalaja beschäftigten. Die Erfolge der polnischen Bergsteiger waren seit langem Gegenstand staunender Bewunderung. Sie schienen eine ganz besondere Fähigkeit für schwere und gefährliche Besteigungen zu haben, die meist unter großen Mühen und Strapazen durchgeführt wurden. So verwunderte es nicht, daß es auch die Polen waren, die den ersten Schritt auf diesem Gebiet wagten, als sie im Januar/Februar 1973 eine Winterbesteigung des Noshaq, eines 7490 Meter hohen Gipfels im Hindukusch, durchführten.

Everest und Lhotse

Sie waren auf vielfältige Weise gut vorbereitet und sammelten zusätzliche Erfahrungen während der Expedition. Sie experimentierten mit Salben als Schutz gegen die Kälte und berichteten von Winden in Hurrikanstärke und nächtlichen Temperaturen von −25 °C bis −50 °C, von Zelten, die der Wind niederriеß und ihrem stetigen Kampf dagegen. Sie hatten die Hoffnung, den Gipfel zu erreichen, schon aufgegeben, als sie mit einer Periode von schönem, ruhigen Wetter beschenkt wurden und in der Nacht vom 13. zum 14. Februar den Gipfel erreichten.

Einige Teilnehmer litten unter Erfrierungen, aber die Expedition als Ganzes war ein außergewöhnlicher Erfolg. Bereits auf dem Heimweg danach begannen sie mit der Planung für eine Winterexpedition 1974/1975, diesmal zum Lhotse, mit 8510 Metern der vierthöchste Berg der Erde.

Dort stießen sie auf die gleichen widrigen Bedingungen wie am Noshaq. Drei Mitglieder der Expedition mußten krank nach Kathmandu zurückkehren, nachdem sie sich auch im feindlichen Klima des Basislagers nicht erholen konnten. Sie kämpften einen zwei Monate dauernden Kampf gegen Wind und Kälte und wurden schließlich ein paar hundert Meter unterhalb des Gipfels durch einen unerwarteten, heftigen Sturm zurückgeworfen. Wie Dougal Haston erkannten sie, daß sie ohne Sauerstoffmasken nicht mehr atmen konnten. Ihre Lizenz, den Berg zu besteigen, lief am 31. Dezember aus, und obwohl sie sich für eine längere Belagerung bis Mitte März eingerichtet hatten, mußten sie sich zurückziehen, um nicht ein völliges Verbot von weiteren Bergsteigerunternehmungen in Nepal für mehrere Jahre zu riskieren.

Aus diesen wenigen Informationsquellen über das Winterbergsteigen waren wir nur in der Lage, uns eine allgemeine Vorstellung von einer rauhen und feindlichen Umgebung zu machen, in der die tägliche Existenz vollständig mit dem Kampf ums Überleben erfüllt war und wenig Möglichkeiten für Ruhepausen zum

Erholen und Kraftschöpfen bot. Der Erfolg schien sehr unwahrscheinlich und wenn überhaupt, konnte er nur durch außerordentliche Härte und Durchhaltevermögen erreicht werden.

Für mich gab es, nachdem der Traum einmal von mir Besitz ergriffen hatte, kein Zögern mehr. Für Freunde und Bergsteigerkollegen dagegen war die Winterbesteigung des Everest-Westgrads im Vergleich zu der Sicherheit ihrer eigenen, vernünftigeren künftigen Pläne eine wahnwitzige Idee, für die sie mehr Mitleid als Bewunderung zeigten.

Anfang 1980 hörten wir von dem gleichen Team polnischer Bergsteiger, daß es ihnen am 17. Februar gelungen war, die Süd-Col-Route auf den Everest zu durchsteigen. Sie stützten sich auf die Erfahrungen, die sie auf den zwei vorhergehenden Expeditionen zum Noshaq und zum Lhotse gemacht hatten. Sie führten Sauerstoff mit, um besser gegen die fürchterliche Kälte und die Winde anzukommen und erreichten schließlich, nachdem sie die stärksten Stürme überstanden hatten, den Gipfel.

Die Süd-Col-Route ist die Route, auf der der Berg erstmals bestiegen und seitdem am meisten begangen wurde. Manchmal wird sie verächtlich die „Yak-Route" genannt, um ihren Mangel an technischen Schwierigkeiten anzudeuten und in Anspielung auf die Geschichten über einige Expeditionen, die den Gipfel nur erreicht hätten, weil ihre Teilnehmer den Weg hinauf von ihren Sherpas gezogen und geschoben wurden, so wie die Sherpas mit ihren Yaks umgehen. Im Winter allerdings gibt es keinen leichten Weg auf den Everest oder irgendeinen anderen Berg.

Wieder einmal verfingen sich die Polen in den Fallstricken der Bürokratie, weil sie die Erlaubnis, den Everest zu besteigen, erst im Dezember erhielten. So war der Winter schon halb herum, bevor sie das Basislager erreichten. Die offizielle Definition des Winters von seiten des nepalesischen Touristikministeriums lautet „vom 1. Dezember bis zum 31. Januar". Dies ließ den Polen

Ama Dablam

nicht viel Zeit für ihre Besteigung. Man gewährte ihnen eine Verlängerung bis zum 15. Februar. Eine weitere Verlängerung war beantragt. Ein paar zusätzliche Tage wurden ihnen gestattet, aber nicht die gesamte beantragte Zeit. Es war eine gerechte Belohnung für ihre Entschlossenheit, daß die Polen den Gipfel am letzten Tag, der ihnen für den Aufstieg gestattet war, erreichten.

Angesichts der Regierungsdefinition der Wintersaison kamen Zweifel auf, ob ihre Besteigung überhaupt als Winterbesteigung gewertet werden konnte, da der Tag, an dem sie den Gipfel erreicht hatten, außerhalb der offiziellen Winterperiode lag. Somit war nach den offiziellen Regeln der Everest im Winter noch immer unbezwungen.

Die Bergsteiger haben sich seit langem an die Regelungen gewöhnt, denen Expeditionen im Himalaja unterworfen sind. Für manche Leute mag es überraschend klingen, daß man eine Erlaubnis braucht, wenn man dort einen Berg besteigen will, daß man ihn vorher „buchen" und dafür eine Gebühr zahlen muß. Sie reicht von 150 bis 200 DM für bescheidene Gipfel um 6000 Meter und bis zu ungefähr 4000 DM für die Riesen wie Everest und K2. Dann muß man sich noch bereit erklären, alle gültigen Verhaltensregeln während der Expedition zu beachten, ob es sich nun darum handelt, keine strategisch wichtigen Brücken zu fotografieren, oder eben nur in dem Zeitraum zu klettern, der einem innerhalb der Saison zugebilligt wurde.

Für Bürger eines Landes, das seit mehr als tausend Jahren keine fremde Invasion gesehen hat, erscheint solche Vorsicht in Fragen der Grenzsicherheit unverständlich. Für Menschen, die daran gewöhnt sind, nach Lust und Laune über die eigenen Berge und die ihrer Nachbarn zu wandern, erscheint eine Gebühr für die Besteigung eines Berges lächerlich. Der Himalaja jedoch bildet ein natürliches Hindernis in einem Gebiet mit den gefährdetsten Grenzen der Welt. Von Zeit zu Zeit, wenn politische Spannungen vorherrschen, werden ganze Bergmassive zu verbotenen Gebieten erklärt, und erst wenn sich die internationalen Beziehungen gebessert haben, werden Touristen wieder in die Berggebiete gelassen. Dabei müssen sie allerdings strenge Vorschriften beachten und sich von einem Sicherheitsoffizier der Regierung begleiten lassen.

Die Aussicht, die erste wirklich offizielle Winterbesteigung des Everest durchzuführen, war sehr verlockend, aber uns war bewußt, daß den Polen gelungen war, was sie sich vorgenommen hatten: den Everest zur schlechtesten Jahreszeit zu machen, was auch immer offiziell als Winter bezeichnet wurde. Innerhalb unserer eigenen Pläne gab es noch genügend Unbekanntes, so daß wir nicht das Gefühl hatten, die Polen seien unseren Absichten zuvorgekommen. Der Westgrat ist die schwierigste Route, auf der dieser Berg jemals bestiegen wurde. Sie war bisher nur einmal völlig durchstiegen worden, und zwar von einer jugoslawischen Expedition. Wir aber hatten vor, sie im Winter zu machen und ohne Hilfe von mitgeführtem Sauerstoff, um damit die Grenzen des Möglichen noch weiter hinauszuschieben.

Unsere Hoffnungen, bald einen geeigneten Geldgeber für unsere Expedition zu finden, wurden enttäuscht. Wir benötigten etwa 50 000 DM in bar, ein Geringes im Vergleich zu den Kosten der meisten anderen Expeditionen zum Everest, die normalerweise ein Mehrfaches dieser Summe ausmachten. Die niedrigen Kosten unserer Expedition beruhten einerseits auf unserer Absicht, uns ganz auf die eigenen Fähigkeiten zu verlassen, und auf unserer Entscheidung, auf zusätzliche Sauerstoffgeräte und Ausrüstung zu verzichten. Die Kosten für die Geräte und die damit verbundenen Transportkosten machen einen großen Teil des Budgets einer Expedition aus. Wir würden Sherpas nur im Basislager haben, eine kleine Gruppe mit einem Sirdar, dem „Chef" oder Vormann der Sherpas, einem Koch, seinem Helfer und dem Postläufer. Der Sirdar organisiert die Einstellung und den Einsatz der Träger. Der Koch und sein Gehilfe entlasten die Expedition von vielen banalen Aufgaben, damit man sich besser auf die bergsteigerischen Probleme konzentrieren kann. Obwohl die Kosten für ein solches Basislager, für Entlohnung und Ausrüstung des Verbindungsoffiziers bis zu einem Drittel der Expeditionskosten ausmachen können, bleibt das wenig im Vergleich für die Kosten der Ausrüstung für Sherpas, die als Träger am Berg eingesetzt werden.

Eine Sherpani beim Geschirrwaschen

Der Mount Everest im Winter beflügelte die Phantasie aller angesprochenen Leute, doch in einer Zeit wirtschaftlicher Rezession hatten wenige Firmen das Gefühl, daß sie ein sportliches Abenteuer unterstützen sollten, während sie in ihren Fabriken gleichzeitig Kurzarbeit anordneten und Entlassungen vornahmen.

Alan war mit der Aufgabe betreut, Geld aufzutreiben. Er verbrachte seine meiste Zeit damit, herumzutelefonieren oder sich mit möglichen Geldgebern zu treffen. Unsere Hoffnungen stiegen oder sanken von Mal zu Mal.

Inmitten all dieser Vorbereitungen brach ich auf zur K2-Expedition – mit zwei Mitgliedern des Unternehmens von 1978, Pete Boardman und Dough Scott, sowie Dick Renshaw, den ich von Touren in früheren Jahren kannte. In gewisser Weise konnte ich mich noch nicht voll auf den Everest konzentrieren, bevor ich den K2, den „wilden Berg“, nicht sicher hinter mich gebracht hatte. Es war eine Expedition von dreieinhalb Monaten Dauer. Ich war ausgelaugt und erschöpft nach einem anstrengenden Versuch, den Gipfel zu besteigen, da ich zusammen mit zwei anderen unserer Expedition wenige Stunden unter dem Gipfel mitten in der Nacht in einer Lawine begraben worden war. So nahe an Tod und Wiederauferstehung war ich noch nie gewesen. Nachdem die Schrecken des Begrabenseins, die Angst zu ersticken vorüber waren, brauchten wir drei Tage für den Abstieg, während dessen wir der völligen Erschöpfung immer näher kamen und nur noch ums Überleben kämpften.

Ich hatte das Gefühl, am Rande eines Abgrundes gestanden und hinabgeblickt zu haben; durch diese Erfahrung fühlte ich mich geläutert. Trotz der Schrecken dieser Prüfung erkannte ich klarer als je zuvor, daß Bergsteigen meine Berufung war.

Mein Interesse am Everest war nicht geschwunden, ich hatte es nur ruhen lassen, während ich mich auf den K2 konzentrierte. Auf dem Rückweg von Pakistan richtete sich meine Aufmerksamkeit schon voll auf das, was nun kommen sollte. Pete reizte mich mit seinen Reden über den angeblichen Wahnsinn, so schnell – weniger als drei Monate nach meiner Rückkehr – wieder aufbrechen zu wollen. Er selbst hatte im vergangenen Jahr an zwei Expeditionen teilgenommen und fand es zu anstrengend in bezug auf seine Zeit und Energie. Für dieses Jahr plante er eine Trekking-Tour im Himalaja. Mir schien es undenkbar, ohne Pete an einer Expedition teilzunehmen. Wir hatten uns 1976, vor unserer Zwei-Mann-Expedition zum Chamgabang, kaum gekannt. Dort hatten wir dann vierzig Tage völlig allein und auf uns gestellt verbracht. Unsere gegenseitige Einschätzung hatte sich als richtig erwiesen, und als wir die Wildnis verließen, hatten wir nicht nur einen phantastischen Traum verwirklicht, sondern solche Freundschaftsbande geknüpft, die uns ohne Worte ermöglichten, die Gedanken des anderen und seine Reaktionen zu ahnen. Das sollte die Grundlage für weitere gemeinsame Unternehmungen sein.

Pete war enttäuscht darüber, daß man ihn nicht gefragt hatte, ob er an unserer Winterexpedition teilnehmen wolle. Er hatte bereits 1975 auf dem Gipfel des Everest gestanden, als er an der Expedition zur Südwestwand teilgenommen hatte. Damals hatte er verkündet, daß er so etwas eigentlich nicht mehr mitmachen wollte, jetzt wäre er aber doch gern gefragt worden.

Da ich kein Mitglied unseres Teams näher kannte, hoffte ich, genügend Erfahrung und Reife zu haben, um mich in außergewöhnlichen Belastungssituationen mit den verschiedenartigen Persönlichkeiten arrangieren zu können. Und dies ohne jene Schwierigkeiten, die manchmal unvermeidlich sind, solange bis man das innere Selbst eines Menschen erkennt.

Alan bat mich, in England als sein Stellvertreter aufzutreten, wenn es darum ging, Geldgeber zu gewinnen. Anders als bei den traditionellen Expeditionen mit strenger, autoritärer Führung, war es bei den Expeditionen, an denen wir alle teilgenommen hatten, immer demokratisch zugegangen. Wenn es einen Leiter gab, so wechselten wir uns in dieser Rolle öfter ab. Um aber eine Genehmigung von der nepalesischen Regierung zu erlangen, war es nötig, einen Leiter zu benennen; bei Kontakten mit Sponsoren mußte ein Sprecher auftreten. Unter uns selbst erachteten wir jeden als gleichberechtigt. Ich war meinerseits froh, daß ich mich nicht um die Zusammenstellung der Ausrüstung kümmern mußte, was einen Haufen Papierkram und viel Zeit erforderte, und Zeit war etwas, das ich am wenigsten hatte. Neben der Aufgabe, Geld aufzutreiben, kümmerte ich mich um die Möglichkeiten, einen Film über unsere Expedition zu drehen, und um Kontakte zu den wichtigsten Medien, die über uns berichten sollten.

Einen Film zu machen war neu und interessant für mich. Ein guter Freund von mir ist Allen Jewhurst, Regisseur und Leiter der Firma „Chameleon Films", die sich auf Abenteuerfilme spezialisiert hat. Ich bat ihn, ein Filmteam für uns zusammenzustellen. Aus der anfänglichen Hoffnung, im voraus zu Geld zu kommen, indem wir die Filmrechte an eine Fernsehgesellschaft verkauften, wurde nichts. Aber wenn ein erfolgreicher Film zustande kommen würde, könnten wir hinterher etwas von unserem Geld wiederbekommen.

Ich kannte Allen seit einigen Jahren und schätzte seine Gesellschaft. Seit 1976, als er und sein Partner Chris Lister einen Film über die Besteigung des Trango Tower gedreht hatten, liebäugelte er etwas mit der Bergsteigerei. Als Freund hätte ich ihn gern auf unserer Expedition gesehen, als Geschäftsmann mit einer eigenen Gesellschaft habe ich ihn nie ganz verstanden. Er schien recht tief in der gesamten Fernsehbranche zu stecken. Wenn schon nicht er selbst, dann war „eine seiner Firmen" wie er zu sagen pflegte, immer irgendwo mit dabei. Die Büros der „Chameleon Films" in Leeds sahen sehr vornehm und elegant aus. Da ich ihn aber immer nur abends aufgesucht hatte, war ich mir nicht so ganz sicher, ob sein Büro nicht aus irgendwelchen übriggebliebenen Filmkulissen bestand, so wie in dem Film „The Sting", wo man die Fassade eines Wettbüros aufgebaut hatte, um irgend jemand zu betrügen. Ich hatte das Gefühl, daß ich die Räumlichkeiten bei Tage womöglich in einem ganz anderen Licht sehen würde. Die Büros der „Chameleon Films" allerdings existieren in Wirklichkeit immer noch, und die Firma ist als ernstzunehmender Filmproduzent bekannt.

Allen war von der Idee des Films sehr angetan und engagierte Mike Shrimpton als Kameramann und Graham Robinson für den Ton. Mike hatte ein bißchen Erfahrung als Felskletterer und hatte für Fernsehaufnahmen die halbe Welt bereist. Als ich ihn kennenlernte, war ich von seiner Gründlichkeit und seiner Fähigkeit, schnell das Wichtige einer Sache zu erkennen, sehr beeindruckt. Graham war ein sehr ruhiger Mann ohne jede Bergerfahrung, und wenn man ihn fragte, ob er denn wirklich zum Everest gehen wollte, huschte immer ein leichter Schrecken über sein Gesicht.

Aus früheren Erfahrungen wußte ich, daß die Anwesenheit von liebenswürdigen Außenseitern einem Bergsteigerteam während einer Expedition helfen kann, auftretende Spannungen abzubauen. Ich war nur in Sorge um die Filmleute und die Expedition als Ganzes, denn wenn einer von ihnen einen Unfall hätte, würde das auch uns in Schwierigkeiten bringen können. Bei der Südwestwand-Expedition 1971 wurde Tony Tighe, der eigentlich nur ein bißchen im Basislager helfen sollte, in den letzten Tagen von einem einstürzenden Sérac getötet. Während des polnischen Winterunternehmens am Lhotse starb Stanislaw Latallo vom Filmteam an Erfrierungen und Erschöpfung. Gefahren lauern überall und besonders dann, wenn sich jemand noch um andere

Dinge kümmern muß als nur um die Verhältnisse am Berg.

Trotz dieser Einschränkungen waren aber alle Mitglieder der Expedition bereit mitzuhelfen, einen guten Film herzustellen. „Freunde" dabeizuhaben, besonders solche, die jede Bewegung und jedes Wort festhalten, das kann natürlich zu Schwierigkeiten führen. Da wir selbst so direkt beteiligt waren, hofften wir aber, daß der Film „unser" Film werden und wir die Gelegenheit haben würden, den besten, genauesten Film über das Bergsteigen zu schaffen, der je gemacht wurde.

John Porter war damit beschäftigt, die Lebensmittel zu beschaffen, die wir mitnehmen wollten. Dazu hatte er wenig Zeit, denn er organisierte gleichzeitig das Kendal-Bergfilm-Festival. Pete Thexton wurde es überlassen, alle medizinischen Geräte, Pillen und Arzneimittel, die er für erforderlich hielt, zu beschaffen. Paul Nunn war für das Karakorum-Projekt der „Royal Geographical Society" unterwegs, und nach seiner Rückkehr half er bei den Verhandlungen über den Filmvertrag. Außerdem stellte er sein Haus in Sheffield als Lagerplatz für alle Lebensmittel, Ausrüstungsgegenstände und Medikamente zur Verfügung, und seine geduldige Frau mußte zusehen, wie ihr Heim allmählich ganz von der Expedition mit Beschlag belegt wurde. Die Burgess-Zwillinge Al und Ade waren während des größten Teils der Vorbereitungszeit in Canada. Dann aber wurden sie dazu verurteilt, alle noch fehlenden Ausrüstungsgegenstände zusammenzuholen und zu verpacken.

Mit dem Näherrücken des Abreisetermins nahm auch die Zahl der Anrufe der Presse, des Fernsehens und des Rundfunks zu. Wenn ich mit den Leuten sprach, wiederholte ich wie auswendiggelernt immer die gleichen Dinge. Mein Mund redete, während ich mit meinen Gedanken ganz woanders war. Über eine Bergbesteigung zu reden, bevor sie stattgefunden hatte, war mir noch nie leichtgefallen. Ich hätte es auch lieber als meine ganz private

Angelegenheit angesehen, aber wenn man zum Himalaja geht, muß man vorher seine Absichten bekanntgeben. Einmal, um die Genehmigung der Regierung zu bekommen, zum anderen auch, um das nötige Geld aufzutreiben. Ich empfand das als sehr unangenehm. Es war meine erste Expedition, bei der ich schon ein Jahr vorher über unsere Absichten reden mußte.

Der Everest erregt immer noch mehr als jeder andere Berg das Interesse der Öffentlichkeit. Die gefährlichen Seiten des Unternehmens faszinieren immer noch. Ohne noch einen Fuß auf den Berg gesetzt zu haben, kann der Bergsteiger, der zum Everest will, zum Mittelpunkt des ungemein verführerischen Interesses der Medien werden. Er ist ein moderner Gladiator, der eine Arena betritt, von der er nicht weiß, ob er sie lebend wieder verlassen wird. Mit diesem Bewußtsein möchte er lieber im Privaten ins reine kommen, aber die Arena, die in anzieht, und ganz besonders die Arena Everest, ist eine öffentliche, und wir mußten die Konsequenzen akzeptieren.

Nach jedem der vielen Interviews fühlte ich mich leer und ausgelaugt. Die Unterhaltungen hatten mich jedoch selten tief berührt. Ich hatte eine „Vorstellung“ gegeben und so mein wahres Inneres geschützt.

Alan hatte vorgeschlagen, daß die Hälfte der Mannschaft Anfang November zusammen mit der gesamten Ausrüstung und Verpflegung abreisen sollte. Sie würden sich um alle Formalitäten kümmern, die Zollfragen regeln und sich mit Trägern und dem gesamten Material auf den Marsch begeben. Wir anderen würden zwei Wochen später nachkommen und von Kathmandu in einem kleinen Flugzeug nach Lukla fliegen, einem Flugplatz auf dem Anmarschweg zum Everest. Der ganze Marsch kann bis zu achtzehn Tagen dauern, nachdem man die letzte Straße verlassen hat. Wenn man nach Lukla fliegt, spart man etwa zehn Tage Fußmarsch. Alan meinte, daß diejenigen unter uns, die in diesem

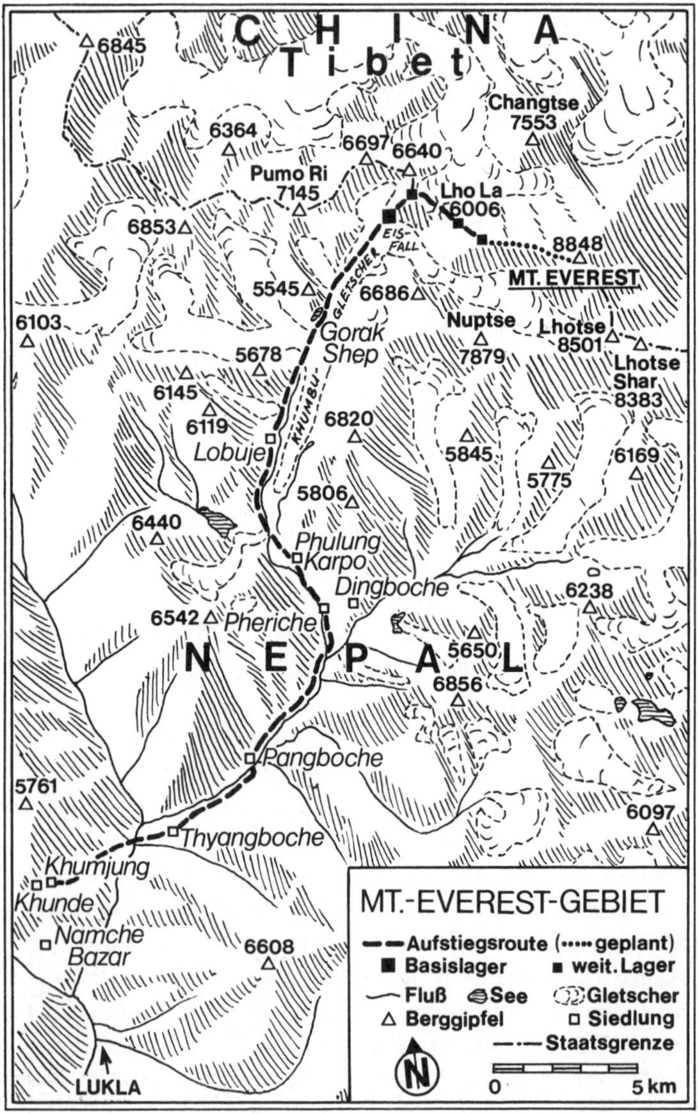

CHINA
Tibet
6845
Changtse
7553
6364
6697
6640
Pumo Ri
7145
Lho La
6006
6853
EIS-
FALL
GLETSCHER
8848
MT. EVEREST
5545
6686
6103
Gorak
Shep
Nuptse
7879
Lhotse
8501
Lhotse
Shar
8383
5678
6145
6119
KHUMBU
6820
5845
5775
6169
Lobuje
5806
6440
Phulung
Karpo
Dingboche
6238
6542
Pheriche
NEPAL
5650
6856
Pangboche
5761
6097
Thyangboche
Khumjung
Khunde
Namche
Bazar
6608
LUKLA
MT.-EVEREST-GEBIET
Aufstiegsroute (geplant)
Basislager
weit. Lager
Fluß
See
Gletscher
Berggipfel
Siedlung
Staatsgrenze
N
0
5 km

Jahr schon fort gewesen waren, wahrscheinlich noch ein bißchen mehr Zeit in England brauchen könnten. Nachdem das ganze Material nun unterwegs war, hatten wir zwar das Gefühl der Ruhe nach dem Sturm, aber es gab, wie üblich, noch genügend zu tun.

Ich war froh, daß mir die volle Länge des Anmarsches erspart blieb. Gewöhnlich ist es eine Zeit zum Entspannen; die meisten Organisationsprobleme sind gelöst, das Leben wird einfach, man läuft nur, man ruht sich aus und beginnt sich allmählich auf den Berg zu konzentrieren. Allerdings sind die Formalitäten in Kathmandu, der Einkauf von einheimischen Lebensmitteln, die Ausrüstung des Kochs und der Sherpas des Basislagers auch sehr nervenaufreibend. Ich war überzeugt, daß wir vier, die später fahren sollten, den besseren Part bekommen hatten.

Andererseits bedauerte ich aber auch etwas, nicht zu der ersten Gruppe zu gehören. Sie waren von Anfang an bei der Expedition dabei, sie würden sich schon während der ersten Tage kennenlernen und miteinander vertraut werden, was für unsere spätere Zusammenarbeit am Berg so wichtig sein würde.

Zu meiner völligen Überraschung erhielt ich einen Anruf aus der Downing Street Nr. 10 – eine Einladung zu einem Mittagessen mit der Premierministerin und ihren Gästen, dem König und der Königin von Nepal. Ich hielt das für einen Scherz und dachte, Freunde wollten mir einen Streich spielen. Ich rief die Telefonnummer an, die man mir gegeben hatte, und am anderen Ende meldete sich das „Büro der Premierministerin".

Ich sollte eigentlich am Tag vor dem Einladungstermin abfliegen, aber ich fragte die anderen, und wir beschlossen, daß es nichts ausmachte, wenn ich erst zwei Tage später nachkommen würde. Ich wollte natürlich sehr gerne einmal durch diese in aller Welt berühmte Haustür gehen.

Paul Nunn, Brian Hall und John Porter nahmen das Flugzeug am Dienstag, den 18. November. Ich nutzte die Zeit in London, um letzte Abmachungen mit dem *Observer* zu treffen, dem wir Berichte schicken sollten, und verhandelte noch einmal mit der Fernsehgesellschaft ITN. Ich sprach mit dem Verleger, der an einem Expeditionsbericht interessiert war, und bei der Firma Pentax holte ich eine riesige 6 × 7-Kamera ab, die sie uns für die Expedition liehen.

Am Mittwoch rannte ich die Whitehall hinunter. Schon etwas verspätet für das Mittagessen, passierte ich die Sicherheitskontrollen vor Downing Str. 10 und eilte durch die Tür. Mrs. Thatcher, die genauso aussah und sprach wie im Fernsehen, gab mir die Hand. Der König und die Königin ließen die förmliche Art der Vorstellung geduldig über sich ergehen, eine Formalität, die sich während ihres Aufenthalts in England wohl oft wiederholte. Das Essen wurde in flottem Tempo inszeniert, offensichtlich von einem Zeremonienmeister so dirigiert, um den vollen Terminkalender der Premierministerin nicht durcheinanderzubringen. Höflich, aber bestimmt, wurde die Tafel aufgehoben, und damit war unwiderruflich der Moment zum Gehen gekommen. Mir war das sehr recht, und ich eilte davon, um mich um die tausend Dinge zu kümmern, die ich vor meiner Abreise noch erledigen mußte.

Auf dem Weg zum „Witwenmacher"

Drei Monate nach meiner Rückkehr von der K2-Expedition befand ich mich wieder vor einem neuen Abflug auf dem Londoner Flughafen Heathrow. Meine Schwester Carmel, ihr Verlobter Andy und meine Freundin Maria hatten mich begleitet. Es war ein sonderbarer Aufbruch. Ich packte in aller Eile noch einmal um, um die Kosten für Übergewicht meines Gepäcks zu vermeiden; es gab eine Verzögerung, weil in der Schlange vor mir erst noch ein

Durcheinander mit den Tickets geklärt werden mußte, und als ich endlich dran war, war der Flug besetzt. Wenn alle Stricke rissen, würde ich nicht mehr mitkommen. Ich raste von einem Schalter zum anderen, dummerweise wurde ich immer wieder in die falsche Richtung geschickt. Meine einseitige Beschäftigung mit Expeditionen in den letzten Monaten war für Maria sehr nervenaufreibend gewesen, da sie meine Bergsteigerpläne nur sehr am Rande interessierten. Jetzt, im allerletzten Moment, war keine Zeit mehr für ein ausführliches Gespräch. Ich war der letzte, der durchgelassen wurde, und wir hetzten die Rolltreppe hinauf, ohne die Chance, uns richtig auf Wiedersehen sagen zu können, nachdem wir auch in der letzten hektischen Stunde kaum miteinander gesprochen hatten. Maria war erschöpft und plötzlich den Tränen nahe – so viel war ungesagt geblieben, als ich durch einen engen Ausgang entschwand, als ginge es zu einer Hinrichtung.

Auf einer Expedition fühle ich mich nicht einsam, und auch den Trennungsschmerz kenne ich nicht. Eine Expedition nimmt mich voll in Anspruch und füllt mich vollkommen aus. Ich kenne mehr Einsamkeit in einer Stadt als auf einem entlegenen Berg, wo ich eine Woche völlig allein sein kann, ohne auch nur einen Menschen zu sehen. Wenn ich allein bin, geschieht dies nicht durch eine persönliche Zurückweisung von seiten anderer, sondern weil ich eine für mich wichtige Aufgabe erfülle, die ich mir selbst ausgesucht habe.

Ich war erleichtert, als ich es mir im Flugzeug auf meinem Sitz bequem machen konnte und wußte, daß ich mich zu guter Letzt der Hauptgruppe der Expedition anschließen würde. Während der vergangenen beiden Wochen hatte ich mich auf unangenehme Weise von den anderen Expeditionsmitgliedern, die vorausgereist waren, getrennt gefühlt. Es gab unzählige Dinge, die auf mich zugekommen waren und die ich vor meiner Abreise nicht mehr hatte erledigen können. Viele Briefe würde ich von Kathmandu aus schreiben müssen. Doch schon begann das unangenehme Gefühl, ständig unter Druck zu stehen, langsam zu schwinden. Erst einmal im Basislager, würde sich das ganze Tempo des Lebens verlangsamen, und alles würde sehr einfach werden.

Auf dem Flug von Delhi nach Kathmandu konnte ich die Berge sehen, die wir besteigen wollten. Sie schienen mit mehr Schnee bedeckt als im Sommer, und doch waren sie nicht überall weiß; zumindest würden wir nicht auf dem gesamten Anmarsch Schnee haben.

Ich traf Paul, Brian und John in Kathmandu, jener liebenswürdigen Stadt, die für uns bei unserem Übertritt von einer Kultur zur anderen die Grenzstadt war. Wir flogen weiter nach Lukla, von wo aus wir in zwei leichten Etappen zu Fuß nach Namche Bazar kamen. Dort hofften wir, den Rest des Teams zu finden.

Die Wälder, durch die wir wanderten, zeigten noch die milden Farben des Herbstes, im Schatten gab es schon Anzeichen von Frost, und die Nachtluft war empfindlich kalt. Auf unserem Weg nach Namche Bazar hinauf sahen wir aus einer Lichtung in den Wäldern ein kleines Stückchen Everest, der drohend über die Kante des Nuptsegrates schaute. Eine große Wolkenfahne wehte vom Gipfel, ein unheilvolles Vorzeichen der mächtigen Winde, mit denen wir zu kämpfen haben würden. Wie eine Vision verschwand der Anblick wieder, als wir weiter durch die Bäume emporstiegen. Noch einmal ganz kurz tauchte er auf, bevor wir noch näher an den Berg herankamen. Die Erinnerung aber tauchte immer wieder als eine Warnung vor dem Kommenden in uns auf. Wir wurden plötzlich in eine Art und Weise des Lebens hineingeworfen, auf die wir schlecht vorbereitet waren. Unser Weg von England, der uns mit Hilfe des Flugzeugs mitten in das Herz der Berge versetzt hatte, war zu schnell gewesen, um uns Zeit zur Umgewöhnung zu geben. Es war im gewissen Sinne ein Kulturschock, der uns innerlich ein wenig benommen machte. Nachts war es sehr kalt, und unsere warme Kleidung war bei der Gruppe, die noch zu Fuß unterwegs war und sich ein paar Tage verspätet hatte. Wir blieben in einer Unterkunft für Reisende in Namche Bazar und warteten auf den Rest unserer Mannschaft.

Sherpani-Mädchen beim Holzsammeln

Namche Bazar ist eine der Hauptsiedlungen der Sherpas, ein Stamm tibetischer Herkunft, der sich hauptsächlich vom Handel, später vom Ackerbau ernährt hat und durch seine bergsteigerischen Leistungen, seine Ausdauer und Zuverlässigkeit weltberühmt geworden ist. Das Dorf schmiegt sich an einen Berghang und ist ein Handelszentrum, während die anderen Siedlungen weiter oben im Tal an Stellen gelegen sind, an denen leichter Landwirtschaft betrieben werden kann. Das gesamte Gebiet wird von Neuseeländern betreut, die nach Ed Hillarys Vorbild die Gegend wie einen Nationalpark organisierten, indem sie Maßnahmen zur Erhaltung des Waldes durchführten, um so die Erosion des Bodens zu verhindern. Ihre Anstrengungen fanden bei den Einwohnern unterschiedliche Resonanz, aber zweifellos waren sie bei der Einrichtung eines Schulwesens und der medizinischen Versorgung des Gebietes erfolgreich.

Ich suchte Ang Phurba auf, der Sirdar oder Chef-Sherpa bei unserer Expedition an die Nordseite des Gangtschhensönga 1979 gewesen war. Er war ein wortkarger, aber zuverlässiger Mensch und eine hilfreiche Ergänzung für unser Team gewesen. Bei einem Besuch in England Ende 1979 war seine erste Sorge, einen breitrandigen Cowboyhut zu finden, wie ich ihn während unserer Expedition getragen hatte. Er war zu Hause bei Frau und Kindern, um sich während der Wintermonate auszuruhen. Die Zeit der Expeditionen war für ihn bis zum nächsten Frühling vorbei. Die Arbeit auf den Feldern war getan, so konnte er auf angenehme Weise die Zeit in jener philosophischen Ruhe der östlichen Völker verbringen.

Wie die meisten seiner Sherpa-Landsleute ist Ang Phurba auf einer Expedition ein eifriger und fähiger Arbeiter, aber er hat keinerlei Interesse am Bergsteigen um des Bergsteigens willen. Trotz einer Reihe von Expeditionen, an denen er teilgenommen hat und um die viele von uns ihn beneiden würden, betrachtet er seine bergsteigerische Tätigkeit einfach als Arbeit, für die er bezahlt wird.

Die Haltung der Sherpas gegenüber den fremden Besuchern verdeutlicht eine Unterhaltung, die man uns übersetzte. Dabei wurde uns klar, daß wir als wiedergeborene Wesen angesehen werden. Man glaubt, daß wir im früheren Leben so schlecht gewesen waren, daß man uns zur Strafe in die Berge zurückgeschickt hat. Wenn wir uns früher besser benommen hätten, befänden wir uns heute in einer weitaus angenehmeren Lage. Ang Phurba und ich tranken „chang", das Reisbier der Sherpas, und unterhielten uns über gemeinsame Freunde. Der Mittelpunkt des Raumes war das Holzfeuer, an den Wänden hingen große Kupferschüsseln und Gefäße, in denen man im Winter das Wasser aufbewahrte, wenn draußen alles gefroren war.

Ang Phurbas Haus war ungewöhnlich, weil es über dem offenen Feuer einen Schornstein hatte. Aus irgendeinem Grunde scheint die Idee des Schornsteins normalerweise auf die Sherpas keinen Eindruck zu machen. Ein hochaufgestocktes Feuer, um das sich eine Menschentraube bei weitgeöffneten Türen und Fenstern drängt, damit etwas von dem Rauch, der den Raum anfüllt, entweichen kann, ist nichts Ungewöhnliches. Dabei wird nicht klar, ob sie glauben, daß der Rauch das Holz innerhalb der Häuser konserviert, oder ob auf diese Weise verhindert werden soll, daß mit dem Rauch, der durch ein Loch entweicht, auch Wärme verlorengeht. Aus welchen Gründen auch immer, Sherpas, und besonders die Frauen, verbringen ihr Leben mit brennenden Augen über rauchende Feuer gebeugt und haben oft schon irreparable Sehschäden, wenn sie erst in den Dreißigern sind. So intelligent und einfallsreich die Sherpas auch sein mögen, sie finden sich eher mit Kälte und Unbequemlichkeiten ab, als irgend etwas zu unternehmen.

Das nahegelegene Krankenhaus in dem kleinen Dorf Khunde ist

Friedhof von Kunde

mit freiwilligen Ärzten aus Neuseeland besetzt und wird ausgiebig von den vorbeiziehenden Expeditionen mit Medikamenten versorgt. Es ist Teil eines Hilfsprogramms, das von Ed Hillary ins Leben gerufen wurde und dem alle Sherpa-Siedlungen Krankenstationen und Schulen verdanken. Das Krankenhaus ist vorbildlich für gute Luft, Hygiene und ein wirkungsvolles Heizungssystem. Aus irgendeinem Grunde aber macht den Sherpas dieses Beispiel keinen Eindruck; sie hocken weiterhin jeden Winter mit verschnupften Nasen in ihren zugigen, dunklen, vom Rauch geschwärzten Räumen.

Das Krankenhaus war unsere Verbindung zur Außenwelt. Zweimal in der Woche schickten Ärzte aus Neuseeland ihre Post mit einem kleinen „Pilatus-Porter"-Flugzeug. Die Maschine landete auf einem Rollfeld, das eher einem Fußballplatz ähnelte, erhebliche Neigung aufwies und am Rande eines tiefen Tals lag. Die Landung auf dieser Piste und der Start sind abenteuerlich und atemberaubend. Sie wurde für das japanische „Everest View Hotel" gebaut, ein Luxushotel, das man auf einem Hügel errichtet hatte, von dem gerade der Gipfel des Everest zu sehen ist. Jeder, der in diesem Hotel absteigt, wird eingeflogen, aber der plötzliche Sprung von den 1500 Metern Höhe von Kathmandu auf rund 3350 Meter ist für viele zu groß. Schon mancher hat dies mit dem Tod bezahlen müssen.

Oft müssen Besucher aus dem Flugzeug geholt und zum Hotel transportiert werden, wo sie in Reichweite einer Sauerstoffflasche, die es in jedem Zimmer gibt, zusammenbrechen. Dort bleiben sie dann bis zu ihrer Abreise.

Vom Basislager würden wir einmal in der Woche unsere Post von einem Postläufer zum Krankenhaus bringen lassen. Dort sollte man den Postsack ins Flugzeug laden. Bei der Ankunft in Kathmandu sollte unser Agent sie übernehmen, die Frankierung und Weitersendung besorgen und Filmmaterial und Berichte nach Hause schicken. Eine lange Übermittlungskette, aber manchmal erreichte unsere Post aus dem Basislager innerhalb einer Woche England.

Am 27. November trafen Alan und Pete mit dreißig Trägern ein, die unsere insgesamt einhundertfünfzig Gepäckstücke transportieren sollten. Wir hatten zu diesem Zeitpunkt schon mehrere Tage recht besorgt auf sie gewartet, doch jetzt erfuhren wir die Gründe für die Verspätung: Die japanische Expedition, die den Everest über die Normalroute, also genau an der anderen Seite des Berges, besteigen wollte, hatte achthundert Träger eingestellt. Dadurch wurden praktisch aus allen Dörfern die verfügbaren

Männer abgezogen. Dazu kam noch, daß auch viele örtliche Arbeitskräfte bei einem neuen Straßenbauprojekt beschäftigt wurden. Die Dorfbewohner, die für uns als Träger arbeiten konnten, waren nur für kürzere Entfernungen verfügbar und nicht gewillt, die Pässe zu überschreiten, die ihre wohlvertrauten heimatlichen Täler von den daneben liegenden trennten. Dies brachte ein ständiges Ausbezahlen und Neueinstellen mit sich und führte am Ende dazu, daß die Trägerkolonne in kleinere Gruppen aufgeteilt wurde. Alan und Pete waren mit der ersten Gruppe vorausgeeilt, um uns zu erklären, was vorgegangen war.

Novembersonne in Khumjung

Von Namche Bazar zogen wir in das abgeschiedene Dorf Khumjung weiter, wo wir ein Haus mieteten, in dem wir übernachten und unsere Ausrüstung unterbringen konnten. Hier fanden wir auch etwas Ruhe vor den ständigen Fragen der vielen Trecker, die Namche Bazar bevölkerten. In Khumjung gab es nur wenige Trecker, die sich, geschockt von der Kälte, so warm wie möglich verpackt hatten und alles über unsere Expedition wissen wollten. Es kam kein rechter Dialog mit ihnen zustande, denn sie waren von dem Gedanken, den Mount Everest zu besteigen, so beeindruckt, daß sie von sich selbst nichts erzählen mochten. Sie fragten uns aus, wollten unsere Motive ergründen, von unseren Erfahrungen hören und von unseren Ängsten. Wir fanden es unangenehm und waren irritiert, so im Mittelpunkt des Interesses zu stehen, und zogen uns gewöhnlich in die abgeschiedene Welt zurück, die uns die Stereokopfhörer unserer kleinen Kassettenrecorder boten.

Pete und Alan erzählten uns ein paar Geschichten vom Anmarsch. Die Burgess-Zwillinge, die wegen ihrem Hang zum Schleppen schwerer Lasten nach zwei bekannten Rucksackherstellerfirmen die Spitznamen „Berghaus" und „Karrimor" erhalten hatten, liefen bergauf oder bergab immer um die Wette. Die Träger mochten sie und ahmten, die Hände in die Hüften gestemmt, ihren kräftigen Gang nach. Dabei taten sie so, als hätten sie einen Kassettenrecorder bei sich, den einer der Zwillinge ständig mit sich herumschleppte und, auf volle Lautstärke gedreht, „Blondie" oder irgendwelchen Punk-Rock hörte.

Wir diskutierten unsere Taktik am Berg, ob es besser wäre, in Vierergruppen aufzusteigen oder in einer anderen Zusammensetzung. Brian entwickelte eine Theorie über die Windrichtung. Er meinte, daß uns der Rückenwind beim Aufstieg helfen würde, weil er so stark wäre, daß er aus tieferen Regionen mehr Sauerstoff als normalerweise mit sich führen würde. Alan glaubte, daß die kalte Winterluft dichter wäre und somit mehr Sauerstoff enthielte und in bezug auf die Luftdichte die Berge damit „niedriger“ machte.

Die Verspätung, die entstanden war, machte uns Sorgen, obwohl wir, die wir nicht den langen Anmarsch mitgemacht hatten, dadurch die Chance hatten, uns zu akklimatisieren. Alle waren wir schließlich erleichtert, als am 30. November die weitbekannten Burgess-Zwillinge und die Filmcrew, Allen, Mike und Graham, eintrafen.

Obwohl in absolut ungewohntem Gelände, hatte sich die Filmcrew durch den zweiwöchigen Anmarsch an die primitiven Lebensbedingungen gewöhnen können, denen sie in den nächsten Monaten ausgesetzt sein würde. Ihr berufsmäßiges Verhalten, nämlich ungeachtet aller äußeren Umstände weiterzufilmen, hatte ihnen geholfen, sich schnell an die fremde Umgebung zu gewöhnen, und ihre methodische Organisation hatte Vorteile, wenn es galt, die eigenwilligen Träger unter Kontrolle zu halten. Die eigentliche Filmarbeit am Berg war noch nicht endgültig festgelegt. Mike wollte unbedingt so weit wie möglich mit uns gehen. Aber wegen seiner begrenzten Klettererfahrung zögerten wir, ihn überhaupt am Berg arbeiten zu lassen, weil das unter Umständen bedeutete, daß wir jemand abstellen mußten, der sich um seine Sicherheit kümmerte. Es gab eine feste Hackordnung, die besagte, daß der Film eindeutig von zweitrangiger Bedeutung gegenüber den bergsteigerischen Aufgaben war, und folglich wurde den Ansichten der Filmcrew geringeres Gewicht beigemessen. Im ganzen gesehen beneidete ich sie nicht um ihre Arbeit, die unvermeidlich viel Zeit der Untätigkeit im Basislager mit sich bringen würde. Selbst wenn Mike ein Stück mit hochkommen würde, würden die Bergsteiger die meiste Filmarbeit selbst machen.

Offiziell war es uns ab dem 1. Dezember erlaubt, die Bergregion

Khumjung mit dem Ama Dablam

zu betreten, und jeder am Anfang einer Expedition verlorene Tag ist später schwer aufzuholen. Ich selbst empfand das Zusammenfinden der gesamten Mannschaft als den eigentlichen Beginn der Expedition. Vorher waren wir alle, ohne die Möglichkeit zu gegenseitiger Abstimmung, verstreut gewesen, aber nun, einmal vereint, konnten wir unsere Vorstellungen und Ideen austauschen und auf diese Weise zu einem festgefügten Team werden, das den Berg erfolgreich bezwingen würde.

Wir waren noch fünf Tage vom Basis-Lager entfernt und verließen Khumjung, bevor Dawa, unser Sirdar, mit den restlichen dreißig Lastenträgern eintraf. Er, der in diesem Gebiet gut bekannt war, sollte die Nachhut übernehmen.

Der Pfad führte steil aufwärts, die Besiedlung wurde immer dünner, die Vegetation spärlicher. Die kleinen Annehmlichkeiten des Lebens, die allmählich immer weniger wurden, fielen völlig weg, als wir uns dem Berg näherten.

An einem Tag ging ich zusammen mit Ade Burgess und unterhielt mich mit ihm darüber, wie es für uns am Gangtschhensönga und am K2 gewesen war und wie wir es in einer solchen Höhe ohne die Hilfe von Sauerstoffgeräten empfunden hatten. Zweifellos war es hart gewesen, aber nicht unbedingt eine neue Erfahrungsdimension, es war nur noch mehr von derselben qualvollen Anstrengung. Am Gangtschhensönga hatten drei von uns die Nacht in 7900 Metern Höhe in einer Schneehöhle verbracht, waren am nächsten Tag 600 Meter höher auf den Gipfel gestiegen und in der Nacht zur gleichen Schneehöhle wieder abgestiegen. Es war nicht der Kampf gegen einen erlahmenden Willen gewesen. In meinem Inneren hatte ich gewußt, daß ich weitermachen wollte, aber wie bei einem alten Mann, dessen Geist noch aktiv ist, obwohl seine Kräfte nachlassen, war die Frage nur, ob mein Körper alle notwendigen Bewegungen ausführen konnte, den Gipfel vor Einbruch der Dunkelheit zu erreichen. Alle sechs Schritte waren wir schnaufend stehengeblieben und hatten die immer dünner werdende Luft in unsere Lungen gepumpt. Wir hatten den Gipfel eine Stunde vor dem Dunkelwerden erreicht, ohne Halluzinationen, ohne Wahrnehmungsstörungen oder Benommenheit. Das einzige Anzeichen dafür, daß die Höhe unsere Gehirne beeinflußt hatte, war, daß wir uns angesichts eines aufkommenden Sturms zum Gipfel weiterkämpften, obwohl wir wußten, daß die Nacht uns einholen würde.

Am nächsten Tag ging ich zusammen mit Al Burgess, der von seinem Bruder nur durch den struppigen Bart, der ihm ein etwas unglückliches Aussehen verlieh, zu unterscheiden war. Wir sprachen wieder von großen Höhen, vom K2 und vom Gangtschhensönga. Al und Ade sind von ganz verschiedenen Temperamenten, Ansichten und in gewisser Weise auch von unterschiedlichem Auftreten. Aber diese Unterschiede sind erst zu bemerken, wenn man beide länger kennt. Aber selbst dann kann es leicht passieren, wenn man sie eine Weile nicht gesehen hat, daß sie verwechselt werden. Wenn ich mit einem von ihnen sprach, hatte ich immer ein etwas unheimliches Gefühl, so, als ob der eine schon wußte, was ich mit dem anderen besprochen hatte.

Es gibt so eine starke Zusammengehörigkeit der beiden, ein gegenseitiges, tiefgehendes Wissen ihrer Gedanken, daß die Zwillinge jenen Eindruck von Stärke vermitteln, die jede Vereinigung verschiedener Teile mit sich bringt. Die Freundin von einem der

Das Kloster von Thyangboche

beiden sagte, daß sich dies auf ihre Beziehung störend auswirkt, weil keine Frau je mit einem von ihnen so ein enges Verhältnis haben kann, wie die beiden miteinander.

In den wenigen Tagen der Vorbereitung in Khatmandu hatte Al ein Mädchen kennengelernt, dem er sehr gefiel. Sie hatte vor, zu uns heraufzukommen, wenn wir unsere Expedition beendet hätten. Wir planten, daß Ade sich einen Bart wachsen lassen und als sein Bruder auftreten sollte. Wir alle wollten ihn Al rufen und abwarten wie lange sie brauchen würde, den Trick zu durchschauen, wenn überhaupt.

Wir verließen das Dorf Pheriche und stiegen ein steiles Tal hinauf, das von schneebedeckten Bergen umschlossen war. Auf der Paßhöhe kamen wir an einer Reihe von Steinhügeln vorbei, die dort, düster wie Grabsteine, an einen Franzosen und fünf Sherpas erinnerte, die bei ihrem Versuch, den Westgrat des Everest zu ersteigen, 1974 von einer Lawine in die Tiefe gerissen worden waren.

Lobuje ist der letzte bewohnte Ort auf dem Weg zum Everest. Er besteht aus ein paar Hütten von Yak-Hirten, die jetzt meist ständig bewohnt sind und die Trekker versorgen, die es so weit hinaufschaffen. Es gibt einen Ausspruch: „Lobuje sehen und sterben", ein Spruch, der von den Gefahren dieses Trecks herrührt. Lobuje liegt ungefähr 4250 Meter hoch, und für den Unvorsichtigen oder nicht ganz Gesunden ist die Gefahr einer tödlichen Attacke der Höhenkrankheit durchaus gegeben. Die Japaner haben deshalb ein kleines Krankenhaus in Pheriche gebaut, wo man sich um die hier erkrankten Besucher kümmert.

Nun gingen wir jeden Tag nur noch wenige Stunden. Es wäre zwar möglich, aber unklug gewesen, mehr zu leisten. Der Höhengewinn bei jeder Etappe war beachtlich, und in dieser Höhe verursacht zu schnelles Aufsteigen die Höhenkrankheit.

Ein Stupa auf dem Weg zum Basislager

1978 war ich in diesem Gebiet auf dem Weg zum Nuptse, dem dritthöchsten Gipfel des Everestmassivs, als ein Mitglied unseres Teams in Lobuje ernstlich krank wurde. Wir trugen den Mann 500 Meter tiefer nach Pheriche, wo ein Sherpa-Mädchen sich um ihn kümmerte. Er erholte sich wieder und heiratete anschließend das Mädchen. Diese Geschichte ist in der ganzen Gegend bekannt; die Märchenphantasie eines reichen Fremden, der seine wahre Liebe findet und mit sich nimmt, war durch dieses Ereignis Wahrheit geworden.

Anders als die indischen oder pakistanischen Bergvölker sind die Sherpas angenehm offen und natürlich. Man konnte mit den Frauen lachen und scherzen, was in Pakistan unmöglich wäre. Eine Sherpani, die fließend Englisch und Französisch sprach, führte eine Teestube in Lobuje. Wir verbrachten dort einen Abend, die Augen brannten uns vom Rauch des Holzfeuers, wir tranken „chang“ und flirteten scherzhaft mit dem Mädchen und seinen Freundinnen.

Jeder in diesem Bergvolk leistet viel körperliche Arbeit beim Tragen schwerer Lasten oder bei der Bestellung der Felder. Auch die Frauen sind sehr kräftig, und jeder Versuch, weiterzugehen, als es ihre Anstandsregeln erlauben, wurde mit Entschiedenheit zurückgewiesen. Von unseren beiden blonden Clowns, den Burgess-Zwillingen, waren sie fasziniert. Bei den Sherpas ist blondes Haar unbekannt, und dies, zusammen mit der unglaublichen Größe der Zwillinge im Vergleich mit den kleinen Nepalesen und ihre große Ähnlichkeit, war offensichtlich der Grund für die kichernde Aufmerksamkeit der unbeschwerten Sherpanis.

Das Mädchen mit der Teestube kannte Samji, das Mädchen, das meinen Expeditionskameraden geheiratet hatte.

„Samji meine Freundin. Willst du Sherpamädchen heiraten wie sie?“

„In England haben wir die ‚Eine-Nacht-Ehe‘. Wie wäre es damit?“

„Eine Nacht nicht gut, alle Nächte sehr gut“, antwortete sie und krümmte sich mit ihren Freundinnen vor Lachen.

Gorak Shep war der letzte Lagerplatz vor dem Basislager. Wir schlugen unsere Zelte auf dem sandigen Grund eines schon lange verschwundenen Sees auf. Von dem Hügel dahinter konnte man den Everest sehen, und abwechselnd wanderten wir hinüber, um den Anblick zu genießen.

Ich wartete bis zum späten Nachmittag, um den Sonnenuntergang auf dem Berg zu erleben. Ich saß eine Stunde lang in der Kälte, wurde immer klammer und beobachtete den prächtigen Farbwechsel – von Rosa bis zu dunklem Orange – auf dem Everest und den umliegenden Bergen. Heute schien es nicht viel

Wind zu geben, dafür sah der Berg jetzt riesig aus, und ich war vor Kälte erstarrt auf meinem kleinen Hügelchen, als die Sonne 3600 Meter höher vom Gipfel verschwand.

Wir hatten ein freudloses Abendessen, gewürzt mit Sand aus dem ausgetrockneten See, den der Wind aufwirbelte. Das Essen auf den Tellern wurde kalt und starr, bevor wir mit dem Essen fertig waren.

Am 6. Dezember erreichten wir das Basislager und damit das Ende einer Existenzweise und der Beginn einer anderen. Der Winterschnee hatte sich nicht verspätet. Unsere Zelte mußten wir auf der Eiswüste des unteren Khumbugletschers aufschlagen. Auf

Das Basislager; klein im Hintergrund das vielzackige Zelt der Japaner

der Oberfläche lagen Felsbrocken verstreut, die der unmerkliche, aber ständige Eisstrom hochgepreßt hatte. Wir brauchten einen ganzen Tag, um Plattformen für die Zelte in das Eis zu hacken, und befestigten die Zeltschnüre an den Felsenbrocken. Die Arbeit, jedes Zelt so bequem wie möglich aufzustellen, lohnte sich, denn wir hatten vor, hier mehrere Wochen zu bleiben.

Im Norden schauten die steilen Wände auf das Lager herab, die zum Lho-La-Paß, dem tiefsten Punkt des Westgrates, führten. Auch die verschiedenen Hänge, die sich zur Westschulter, 2000 Meter über uns, hinüberzogen, waren zu sehen. 1978 hatte ich beobachtet, wie eine Lawine aus den Eiswänden des Lho La in Sekunden zu Tal herabgestürzt war und unser Lager, das mehr als eine Meile entfernt lag, mit feinem Schnee bedeckt hatte. Alles in ihrem Weg wäre vernichtet worden. Ich dachte damals, daß jeder Versuch, den Lho La zu besteigen, Selbstmord wäre, jedoch hatten Jugoslawen eine listige, aber schwere Route über die Felspfeiler an der linken Seite gefunden und so die größten Gefahren umgangen. Wir hatten vor, dieser sichereren Route zu folgen.

Im Angriff auf die Schutzwälle

Das Wetter war schön und klar, aber sehr kalt, selbst an den sonnigsten Tagen. Man konnte sich nicht lange entspannt hinsetzen, denn die Kälte drang durch Mark und Bein. Paul, Pete und Alan hatten Ruhr oder eine ähnliche Krankheit. Wir hatten gehofft, in der keimfreien Winterluft diesem Übel zu entgehen, aber die Wasserstelle an unserem letzten Lagerplatz bei Gorak Shep war ein Teich mit stehendem Wasser gewesen, und wir vermuteten hier die Ursache der Schwierigkeiten. Nur während der Tageslichtstunden zwischen 8.30 Uhr und 16.30 Uhr, wenn die Sonne schien, gab es so etwas Ähnliches wie Wärme. Den Kranken verhalf die kalte Umgebung wenig zur Genesung. Paul sträubte sich standhaft gegen Petes Allheilmittel gegen Ruhrkrankheiten, das gefürchtete *Flagyl,* dessen Wirkung, während der drei Tage, an denen man es nehmen mußte, manchmal schwächender war als die Krankheit selbst. Paul, der auf seinen Reisen weitreichende Erfahrungen mit sonderbaren Krankheiten gemacht hatte, zog es vor, sich auf seine eigene Weise zu kurieren. Fast alle von uns waren erkältet, hatten Schnupfen oder Husten.

Alan war voll damit beschäftigt, unsere Träger auszuzahlen. Er hatte die Gesamtkosten der Expedition berechnet und dafür gesorgt, daß genügend Bargeld in nepalesischen Rupien für alle Ausgaben bis zu unserer Rückreise nach Kathmandu vorhanden war.

John, der seine Aufgaben als Lebensmittelorganisator, während des Durcheinanders auf dem Anmarsch, etwas vernachlässigt hatte, machte sich nun daran, die Lebensmittel und die kleinen Köstlichkeiten zusammenzusuchen und aufzuteilen, die uns das Leben im Basislager erfreulicher machen sollten.

Brian fuhr mit seiner nicht enden wollender Arbeit fort: die Ausrüstung zu sortieren und zu verteilen, die er speziell für diese Expedition so sorgfältig geplant und zusammengestellt hatte. An alles hatte gedacht werden müssen, denn wenn irgend etwas verlorenging oder vergessen wurde, gab es keine Möglichkeit, vor dem Ende der Expedition dafür Ersatz zu beschaffen.

Al und Ade Burgess und ich hatte das Glück, nicht für eine Arbeit eingeteilt zu werden, um die ersten Erkundungstouren zu machen und eine sichere Route für die ersten 600 Meter Felsen zum Lho La zu finden.

Es war nur an eine erste Geländeerkundung gedacht. Wir wollten den Punkt finden, an dem wir den Gletscher verlassen konnten, daher gingen wir nur mit leichter Bekleidung und leichtem Schuhwerk. Wir hielten uns am Gletscherrand, sprangen über lockere Geröllfelder, die durch die Bewegung des Gletschers zur Seite geschoben worden waren. Wir riskierten Knöchelbrüche oder Schlimmeres, wenn sich ein Gesteinsbrocken löste oder wegrollte, aber wir hielten uns an die Kante und bewegten uns außerhalb der Fallinie der Séracs in den überhängenden Eiswänden des Lho La, dessen Trümmer auf dem Gletscher verstreut herumlagen.

Ich war etwas kurzatmig und noch nicht an die Höhe von 5500 Meter gewöhnt. Ich wollte den Zwillingen gegenüber, die durch ihre ständigen Trainingsunternehmen das ganze Jahr über immer fit waren, meine Atemschwierigkeiten nicht zeigen. Genauso wie ich meine Partner beurteilte und einzuschätzen versuchte, wußte ich, daß auch ich nach meinen Leistungen und Fähigkeiten beurteilt wurde. Es gab eine stillschweigende Herausforderung und einen scherzhaften Wettstreit, bei dem jedoch jedem von uns der Unsinn unserer selbstauferlegten Hetzjagd bewußt war. Die Gesellschaft der beiden Brüder machte mir Spaß, und ich fühlte mich dabei keineswegs aus der zwischen ihnen bestehenden engen Verbindung ausgeschlossen.

Die Sonne erwärmte die Felsen. Unbeschwert durch Rucksäcke oder dicke, warme Kleidung jagten wir immer höher und höher durch das immer steiler werdende Gelände. Wir hatten gehört, daß dieser Anstieg zum Lho La zwar nicht durch Lawinen, dafür aber durch Steinschlag gefährdet war. Doug Scott und Georges Bettembourg hatten 1979 einen Vorstoß über diese Hänge unternommen und waren mit beeindruckenden Berichten über tödliche Steinschläge, die aus den über ihnen liegenden Wänden herabgestürzt waren, zurückgekehrt. Es gab in der Tat Beweise für kürzlich herabgestürzte Felsbrocken, jedoch keinerlei Anzeichen, daß jemals irgendwer vor uns hier gewesen war, was uns daran zweifeln ließ, ob wir uns auf dem richtigen Weg befanden.

Erste Erkundung in Richtung Lho-La-Plateau

Es gab verschiedene Felspfeiler, die durch breite Rinnen getrennt und mit Geröll und losen Blöcken angefüllt waren. Wir durchquerten die Rinnen so schnell wie möglich aus Furcht, hier von neuen Steinschlägen getroffen zu werden, und suchten die Sicherheit der Pfeiler, die außerhalb der Gefahrenzone aus dem Hang herausragten. Ade kletterte an der einen Seite eines Pfeilers empor, weil er meinte, die richtige Route gesehen zu haben. Al und ich versuchten einen anderen Weg. Nachdem wir ein Gebiet von zerborstenen Blöcken durchquert und eine Kante umrundet hatten, erkannten wir, daß wir uns auf einem natürlichen Verlauf von Platten, Stufen und Rippen befanden. Ade, der in eine Sackgasse geraten war, blieb unten und ging unter einem großen Block in Deckung, falls wir beim Klettern über ihm Steine lostreten würden. Es gab ungeheuer viel loses Geröll, und uns wurde klar, daß wir in Zukunft aus Sicherheitsgründen immer dicht zusammenbleiben müßten. Auf diese Weise konnten losgetretene Steine entweder aufgehalten werden, oder man könnte ihnen ausweichen. Wenn wir jedoch getrennt voneinander kletterten, könnte jeder Stein durch den Fall eine tödliche Wucht erreichen und möglicherweise einen Unvorsichtigen unvorbereitet treffen.

Es gab immer noch kein Zeichen dafür, daß der eingeschlagene Weg auf das Lho-La-Plateau führte. Wir gewannen ständig an Höhe, das Basislager war ein kleines Häuflein von Zelten tief unten, von wo manchmal das Echo einer Stimme heraufdrang, und das versteckte Tal des West-Cwm enthüllte sich uns langsam. Wir kamen dicht an die großen Eiswände heran, die den Zugang zum Plateau versperren, aber auf einer Seite gesichert, konnten wir mit Ehrfurcht die verdrehten Eisformationen betrachten, die im Augenblick des Übereinanderstürzens erstarrt waren. Diese hundert Meter hohe Eiswand war das Ende eines großen Eisbettes, das auf dem Felsen des Everest-Westgrats lag. Der Fels war nur mäßig steil und die Eisschicht in ständiger Bewegung, langsam und unerbittlich auf den Abgrund zugleitend, neben dem wir kletterten. Wenn das Eis die Kante erreicht, brechen große Blöcke von Tausenden Tonnen Gewicht ab, stürzen in die Rinnen hinab und erheben sich in riesigen Eisgeröllwolken, die alles mit sich reißen, was ihnen in den Weg kommt. Solche Eislawinen sind die Alpträume jedes Bergsteigers im Himalaja. Auch mich überkam ein Unbehagen, als ich hinaufschaute, von wo diese Ungetüme herkamen.

Al und ich jagten uns gegenseitig den Felspfeiler empor, der, je höher wir kamen, nach einer Ansammlung von lockerem Schiefer, zerborstenen Blöcken und rasiermesserscharfen Platten langsam zu Granit wurde, in dem das Klettern Spaß machte.

„Das ist ja, als würde man einer Ziege hinterherklettern", rief Al, als ich aus seinem Blickfeld verschwand und entdeckte, daß wir noch höher kommen könnten. Ich fühlte mich aber längst nicht so fit wie eine Ziege, auf kurzen Strecken jedoch konnte ich sehr schnell klettern, ohne außer Atem zu geraten. Ich wußte, daß, wenn wir uns jetzt überanstrengten, wir völlig erschöpft sein würden und uns am nächsten Tag von unseren Kopfschmerzen erholen müßten. Trotzdem war diese Entdeckungskletterei so aufregend, daß es unmöglich war, der Versuchung zu widerstehen, noch ein bißchen weiterzugehen.

Eine steile, schwierig aussehende Kante blockierte unseren Weg, dahinter aber legte sich der Fels zurück. Al bewegte sich vorsichtig weiter nach oben, spreizte die Beine weit und balancierte seine Zehen auf kleinen Unebenheiten im Fels. In England wäre das eine Art von Kletterei, die wir ohne Nachdenken bewältigt hätten; hier am Everest waren wir in einer ganz anderen Situation: nicht angeseilt, in einer Höhe von 5800 Metern mit überall lauernden Gefahren. Dies erforderte mehr Vorsicht, als die Schwierigkeiten eigentlich verlangten. Al fand ein paar gute

Griffe, zog sich auf sicheren Grund, und ich folgte ihm.

Eine Rampe führt uns zu einer ebenen Schulter am oberen Ende des Pfeilers und zu ein paar rostigen Blechdosen. Das war die Bestätigung für uns, daß wir auf dem richtigen Weg waren. Eine übel aussehende Rinne mit losem Geröll und Schnee trennte uns von ein paar grauen Platten, und an der Oberkante der Wand über uns sahen wir eine schwach ausgeprägte Linie, eine Rinne oder Verschneidung, die nach ungefähr 100 Meter auf dem Lho-La-Plateau zu enden schien. Für heute war es weit genug. Eine leichte Brise hatte die Sonnenwärme verdrängt. Ohne uns noch weiter aufzuhalten, wandten wir uns dem Abstieg zu.

Auf dem Rückweg errichteten wir kleine Türmchen aus Steinen, um den Weg für einen Wiederaufstieg zu markieren. Unten trafen wir wieder auf Ade, in seiner leichten Bekleidung durchgefroren bis auf die Knochen. Al und ich waren warm, denn wir hatten uns die gesamte Zeit über bewegt, während Ade eine Stunde lang unter einem Felsvorsprung gehockt und auf uns gewartet hatte. Zusammen stolperten und rutschten wir den Geröllhang zum Gletscher hinunter.

Von oben aus hatten wir uns den Weg zum Lager über das Eis eingeprägt. Obwohl wir auf diesem Weg die Lawinenreste unter den Eiswänden des Lho La durchqueren mußten, glaubten wir doch, daß der Weg durch das Geröllfeld gefährlicher war. Viele der Steine und Felsbrocken lagen so locker übereinander und waren groß genug, daß sie ohne weiteres einen Fuß quetschen oder ein Bein brechen konnten, wenn sie verrutschten oder herabfielen. Wir brauchten zehn Minuten zur Überquerung des festgepreßten Lawinenkegels und bis dorthin, wo wir wieder aus dem Gefahrenbereich zu sein glaubten. Die ganze Zeit über hielten wir ständig nach Spalten Ausschau, in die wir zum Schutz vor einer herabkommenden Lawine springen konnten.

Wir kamen mit einer guten Nachricht über unseren Erfolg in

Unsere Zelte im Basislager

ein Lager voller Geschäftigkeit. Brad hatte die Ärmel hochgekrempelt und war, einen Schreibblock in der Hand, von Kisten umgeben, aus denen Seile, Kocher, Zelte und zig andere Ausrüstungsstücke hervorquollen. Er hakte jeden Gegenstand auf seiner Liste ab und versuchte, alles zu leichter überschaubaren Haufen zu ordnen. John stolzierte in einem komischen, grünen, wattierten Schlafanzug mit besorgter Miene von einem Vorratsstapel zum anderen. In regelmäßigen Abständen versuchte er mit verzweifelter Geduld, Wan Chup, unserem Koch, zu erklären, welche

Lebensmittel für welches Gericht bestimmt waren und wie man sie zubereiten mußte.

Viele Dinge schienen zu fehlen oder nicht auffindbar zu sein, und die Hochstimmung unserer Erkundungstour wich den banalen Aufgaben, Ordnung in das Basislager zu bringen. Nachdem wir zum wiederholten Male Seesäcke und Kisten durchsucht hatten, fehlten immer noch viele Dinge. Erst schoben wir es uns selbst und unserer eigenen Unordnung zu, doch zu viele wichtige Bekleidungs- und Ausrüstungsstücke, Jacken, Hosen, Eisbeile usw. fehlten, als daß es ein Zufall sein konnte. So kam unvermeidlich der Verdacht auf, daß es mit der Ehrlichkeit unserer Sherpas nicht gut bestellt war.

Damit wir uns ganz auf das Klettern konzentrieren konnten und auch damit Ram Singh, unser Verbindungsoffizier, gut versorgt wurde, hatten wir Wan Chup als Koch eingestellt. Nach den Regeln der nepalesischen Hierarchie mußte er einen Mingma, einen Küchenjungen, haben. Wir beschäftigten noch einen weiteren Mingma als Postläufer. Nach dieser Gruppe schaute ein Sirdar, ein Ober-Sherpa, der auch die Träger und die Yaks einteilte oder für irgendwelche Verhandlungen mit der eingeborenen Bevölkerung zuständig war. Diese Rolle spielte Dawa, den wir zurückgelassen hatten, damit er sich um die restliche Ausrüstung kümmerte.

Wir befanden uns völlig in der Hand der Mannschaft unseres Basislagers, denn wir konnten nicht andauernd ein Auge auf unsere Ausrüstung haben. Glücklicherweise haben die Nepalesen und besonders die Sherpas einen guten Ruf, was ihre Ehrlichkeit betrifft. Bei der Expedition zum Gangtschhensönga hatten wir unser gesamtes Geld unserem Sidar, Ang Phurba, übergeben, der je nach Bedarf Leute einstellte und feuerte und uns von Zeit zu Zeit detaillierte, wenn auch sehr schlecht geschriebene Abrechnungen lieferte. Daher wehrten wir uns diesmal auch gegen den Verdacht, daß unsere Basislagermannschaft unehrlich sein könnte.

Dawa, der im Ruf stand, ein sehr fähiger und erfahrener Sherpa zu sein, traf mit den restlichen Lasten ein. Mit seiner gebräunten Gesichtsfarbe, seiner verspiegelten Sonnenbrille, dem strahlenden Lächeln und der eleganten Kleidung erinnerte er eher an einen europäischen Skilehrer als an einen rauhen Mann aus den Bergen. Sein Englisch war fehlerlos. Nichts von der vermißten Ausrüstung befand sich unter den Lasten, die er mitgebracht hatte. Im Gegenteil, auch hier fehlten viele Dinge, die er hätte mitbringen sollen.

Alan hatte schon ganz am Anfang einmal einen Zusammenstoß mit Dawa, als dieser ganz offensichtlich den Aufbruch unter dem Vorwand verzögert hatte, daß es Schwierigkeiten mit den Trägern gäbe. Alan hatte herausgefunden, daß der wahre Grund darin bestand, daß Dawa noch einen weiteren Tag in der Gesellschaft eines amerikanischen Mädchens verbringen wollte, das er auf einem von ihm geführten Treck kennengelernt hatte.

Es war sehr unangenehm für uns, daß wir uns inmitten der wilden Schönheit der Bergwelt mit Korruptionsproblemen herumschlagen mußten, die wir hinter uns zurückgelassen glaubten. Der Sirdar ist für den sicheren Transport der Lasten einer Expedition, für die er eingestellt ist, verantwortlich. Dabei gibt es einen großen Spielraum, besonders am Ende einer Expedition, wenn viel von der Ausrüstung billig verkauft oder zurückgelassen wird. Uns fehlte aber zu viel von unseren Sachen, um die Angelegenheit auf sich beruhen lassen zu können.

Dawa wies jede Verantwortung für irgendwelche Verluste zurück und behauptete, alles sei eingetroffen. Es war eine Stimmung der Unzufriedenheit im Lager. Viel von unserer Energie mußte bei Streitereien mit der eigensinnigsten und wiederspenstigsten Gruppe von Sherpas, die ich je kennengelernt hatte, vergeudet werden. Die ausgezeichneten Gerichte, für die der Koch bekannt war, wurden immer schlechter. Wir hatten viele Konserven aus England mitgenommen, die nie ankamen, und unsere Mahlzeiten bestanden aus einer langweiligen Mischung aus Reis und *dahl*, das sind gewürzte Linsen. John wurde fuchsteufelswild, als er in die Küche kam und sah, wie Dawa allein für sich eine Büchse Schinken vertilgte. Zur Erklärung meinte er, daß er ausprobieren müsse, ob das für ihn und den Rest der Mannschaft geeignet sei. Nachdem wir darauf bestanden, daß wir mehr als Reis und *dahl* haben wollten, kamen schließlich die Konserven wieder auf den Tisch: die Büchsen erhitzt, um den Inhalt aufzutauen, und daneben ein Büchsenöffner. Der Koch entschuldigte sich damit, daß er mit Blechkonserven nicht umgehen könne.

Es wurde bekannt, daß es derselbe Dawa war, der die Zweifel aufgebracht hatte, ob Messner und Habeler 1978 wirklich den Everest ohne Sauerstoff bestiegen hatten. Anschließend hatte er Messner beschuldigt, vor einigen Jahren Kunstschätze aus nepalesischen Klöstern gestohlen zu haben. Uns allen war die Situation unangenehm. Alan fühlte sich dafür verantwortlich, nun eine Entscheidung zu treffen. Aber das war keine Sache, die man leichthin tun konnte. Wenn er Dawa entließ, war dies ein schwerer Schlag für seine Karriere als Sherpa, und bis jetzt hatten wir über seine Fähigkeiten nur Gutes gehört.

Alan beschloß, vorerst nichts zu unternehmen, aber ich fühlte mich bei all dem Streit im Basislager nicht mehr wohl.

Zweifellos waren wir darüber enttäuscht, als wir erfuhren, daß die Japaner zur gleichen Zeit auf den Berg wollten wie wir. Ihr Ziel lag auf der anderen Seite des Berges: eine Besteigung über die Süd-Col-Route, über die der Berg schon oft bezwungen worden war. Bevor wir das Basislager erreichten, wußten wir wenig über ihre

Expedition, nur daß es der Versuch eines Alleingangs von Naomi Uemura sein sollte. Mit seinen neununddreißig Jahren ist Uemura der berühmteste Bergsteiger Japans, dem unter anderem auch eine Alleinüberschreitung des Nordpols gelungen war. Zuerst hatte es uns kaum etwas ausgemacht, daß auch noch jemand anderes am Berg war. Wir stellten uns vor, daß an Uemuras Alleingang nur er selbst und ein paar Sherpas im Basislager beteiligt sein würden. Der Everest schien groß genug, um für uns alle Platz zu bieten. Bei unserer Ankunft war es daher eine große Überraschung, mehr als ein Dutzend Bergsteiger, Journalisten und Fernsehleute anzutreffen, die alle an dem vielgerühmten „Alleingang" beteiligt waren. Weiter oben hatten sie sogar eine noch größere Zahl von Sherpas im Einsatz.

Gern hätten wir den Berg für uns allein gehabt, aber so wie die Lage war, würden wir mit ihnen ja auch nur Kontakt im Basislager haben. Ihre Route verlief im rechten Winkel zur Richtung, die wir einschlugen. Sie würden durch das chaotische Durcheinander des Khumbu-Eisabsturzes zum schneereichen Tal des westlichen Cwm klettern müssen. Dort mußten sie unter der Südwestwand des Berges queren, um die entgegengesetzte Seite zu erreichen, wo wir kletterten. Von unseren gefährlichen „Aussichtspunkten" auf dem Weg zum Lho La konnten wir manchmal die kleinen Punkte der Japaner und ihrer Sherpas sehen, wie sie sich auf dem Anstieg zur Südseite des Berges ihren Weg durch das Labyrinth von Spalten und niederstürzenden Blöcken des Eisfalls bahnten. Obwohl ihre Route den leichtesten Weg nach oben beschrieb, mußten sie auf ihr paradoxerweise das gefährlichste und unfallträchtigste Gebiet des Berges durchqueren.

Nachdem die Japaner nun unsere Nachbarn waren und nur ein paar hundert Meter entfernt zelteten, ging Alan hinüber, um einen Höflichkeitsbesuch zu machen. Er kam mit einer Einladung für uns alle zum Abendessen zurück.

Die Zelte der Japaner standen in einer flachen Senke und waren von unserem Lagerplatz aus nur teilweise sichtbar. Doch von einer kleinen Erhebung auf der Gletscheroberfläche konnten man die vielen Spitzen ihrer orangefarbenen Zelte sehen. Es war ein riesiges Feldlager. Gegen Abend machten wir uns, warm eingepackt, auf den Weg in Richtung ihrer Lichter.

Auf den Felsen in der Nähe des Basislagers; im Hintergrund der Pumori

Die vielen Zeltspitzen schienen sehr eng beieinander zu stehen, aber ich konnte nicht genau erkennen, um was es sich handelte. Ein großer Zelteingang wurde geöffnet, und helles elektrisches Licht schien auf das Eis. Von der unerwarteten Helle geblendet, stolperten wir, einer nach dem anderen, hinein. Wir befanden uns in einem riesigen Militärzelt. Die Spitzen rührten nicht von vielen eng beieinanderstehenden Zelten, sondern gehörten zu einem riesigen Zelt mit vielen Spitzen, wie ich es bisher noch nicht gesehen hatte. Draußen brummte ein elektrischer Generator, und entlang der Decke des Zeltes hing eine lange Reihe von Glühbirnen. Der Abzugkamin eines Holzofens verschwand nach oben in den Falten der Innenbespannung des Zeltes, und ein langer, schmaler Tisch durchlief den ganzen Raum. Lehnstühle aus Bambus standen an beiden Seiten.

Mir kam alles plötzlich sehr unwirklich vor. Ich begriff nicht mehr, was vorging. Der Everest, Winter, Kälte und Unbequemlichkeiten – und plötzlich waren wir in einem Kokon von Luxus, umgeben von lächelnden Gesichtern, Blitzlichtern, surrenden Kameras und Mikrofonen, warm und bequem. Aus einer Kiste wurden kleine Plastikflaschen hervorgeholt, und breit grinsend erklärte Naomi Uemura: „Das ist Saki. Wir haben ihn mitgebracht, um unseren Gipfelsieg zu feiern. Jetzt feiern wir, daß ihr gekommen seid."

Wir tranken alle, setzten uns und lächelten. Noch mehr Einzelheiten dieses unglaublichen Zeltes haben sich meinem Gedächtnis eingeprägt. Allerdings wollte ich nicht so auffällig hinstarren – ich hatte das Gefühl, in Privaträume eingedrungen zu sein. An jeder Wand gab es eine Reihe von kleinen Alkoven mit Vorhängen, etwas über einen Meter breit und zwei Meter lang. Das waren die Schlafplätze der japanischen Expeditionsteilnehmer: ein kleiner Nylonvorhang als Konzession an die Privatsphäre. Am hintersten Ende des Zeltes befand sich eine elektrische

Apparatur mit vielen Schaltern. „Ist das eure Hi-Fi-Stereo-Anlage?" fragte einer aus unserem Team hoffnungsvoll.

„Nein, das ist ein Telekopierer für Wetterberichte aus Neu-Delhi."

Die Transportkosten für diese Einrichtung mußten enorm gewesen sein, und nur der Name Naomi Uemura hatte dies alles möglich gemacht. Die gesamte Expedition wurde von einer japanischen Fernsehgesellschaft und einer Zeitung bezahlt.

Ich wollte Uemura gern näher kennenlernen. Das pausbäckige, jungenhafte Gesicht verriet nichts von der Härte und Entschlossenheit, die diesen Mann auf seiner einsamen Expedition getrieben hatten. Es war nicht die Bewältigung der harten äußeren Bedingungen, was ich an ihm bewunderte, sondern wie er die tödliche Eintönigkeit der langen Monate durchgestanden hatte.

„Wie geht es Don Whillan? Klettert er noch?" Uemura war 1971 lange mit Don an der Südwestwand des Everest zusammengewesen. Er schien heiter und entspannt.

„Bist du verheiratet? Was hält deine Frau davon, daß du so lange von zu Hause fort bist?"

„Meine Frau freut sich sehr für mich."

Die Japaner interessierten sich für unser Alter. Uemura glaubte, daß er mit neununddreißig Jahren bald am Ende seiner aktiven Jahre sein würde.

Seine Expedition war zum Teil auch ein wissenschaftliches Projekt. Drei Wissenschaftler entnahmen Bohrproben vom Gletscher und sandten sie nach Kathmandu. Zwei Ärzte, ein Journalist und ein Filmteam vervollständigten die Mannschaft. Im Winter 1979/80 hatte Uemura bereits einige Wochen in diesem Gebiet verbracht und wußte, wie wichtig ein bequemes Basislager war. Deshalb war er nach Japan zurückgekehrt und hatte die beiden Zelte in einer Sonderanfertigung herstellen lassen, die der Kälte und den Stürmen widerstehen konnten.

Weiter unten am Tisch unterhielten sich andere Mitglieder unserer Mannschaft mit dem japanischen Expeditionsteilnehmern. Einer von ihnen erklärte: „Ich habe einen Vertrag, bis auf 200 m vor den Gipfel zu steigen. Danach darf nur Mr. Uemura weitergehen."

Einer von uns unterhielt sich mit dem Sirdar der japanischen Sherpas: „Englische Expedition wird vor Japanern auf dem Gipfel sein. Japaner haben Sherpas, die Geld wollen, machen, daß Expedition länger dauert."

Vom Licht geblendet, waren wir in das Zelt hineingestolpert, jetzt stolperten wir wieder hinaus: Betrunken von den ungewohnten Alkoholmengen dankten wir unseren Gastgebern überschwänglich. Während des Essens hatte man uns einen Gang nach dem anderen mit unbekannten Köstlichkeiten serviert. Ich selbst hatte die meisten Gerichte nur kurz probiert und dann diskret zur Seite geschoben. Ich habe gesehen, daß die meisten von uns das gleiche taten. Unser Verdauungssystem hatte sich bisher kaum mit Nahrungsmitteln, die wir kannten, an die Höhe gewöhnt. Wenn wir uns jetzt unbekannte exotische Happen mit absonderlichem Geschmack reingezwungen hätten, wäre es zu einer Katastrophe gekommen. Ich hoffte, daß wir keine Todsünde gegen die Regeln der japanischen Höflichkeit begangen hatten. Ihrer ausgiebigen Freundlichkeit und Höflichkeit war jedenfalls nichts anzumerken.

Zurück in unserem Lager, kroch jeder in sein Zelt. Das japanische Lager war wirklich etwas ganz anderes. Als ich in voller Kleidung in meinen Schlafsack schlüpfte, schaute ich auf das Thermometer: −11 °C!

Am Dienstag, den 9. Dezember, kehrten John, Al, Ade Burgess und ich zum Lho La zurück. Im Lager gab es immer noch genug zu tun, und vier Leute reichten aus, die Route weiter vorzubereiten.

Außerdem hatte die Ruhr einige Leute erwischt, und so hatten diese die Möglichkeit, sich wieder zu erholen.

Diesmal waren wir schon vertrauter mit dem Weg und verloren keine Zeit, den höchsten Punkt vom Vortag zu erreichen. Al kletterte kraftvoll voraus, hielt sich am unteren Rande einer Felswand und traversierte schräg nach oben. John und ich waren noch unten, als er einen Hang mit losen Steinen überquerte und ganze Steingewitter auf uns herabsandte. Ich war außerhalb der Schußlinie, aber John erwischte es voll. Er fluchte laut, als die Steine von seinem Helm abprallten. Als wir ihn beschimpften, blieb Al stehen und verharrte bewegungslos, wobei er entschuldigend wie ein Unschuldslamm dreinblickte, bis wir zu ihm aufgeschlossen hatten. Wir blieben fortan immer eng beisammen.

Wir hatten jeder einen Rucksack voller Seile mitgenommen, um sie an schwierigeren Stellen zu fixieren. Wir würden mehrmals auf- und absteigen müssen, bevor wir den Berg bezwungen hätten. Um Zeit zu sparen und zur Sicherheit hatten wir Seile mitgenommen, die wir, wo es nötig schien, als Geländer zurückließen, wenn wir einen Abschnitt durchklettert hatten. Auf den größten Bergen ist es kaum möglich, Tag für Tag höherzusteigen. Man braucht Zeit zur Akklimatisierung. Wir hatten keinen detailliert ausgearbeiteten Plan, wie wir den Berg schaffen wollten, glaubten aber, daß es am besten wäre, schwierige Stellen durch feste Seile zu sichern. Manchmal kletterten wir nur ein paar hundert Meter am Tag, aber mit einem einmal fixierten Seil war der Aufstieg viel schneller. Nach nur ein paar hundert Metern ein Lager zu errichten wäre nutzlos gewesen und hätte den Transport von viel schwerem Zeltmaterial, Lebensmitteln und Geräten erfordert. Indem wir die Leistungen mehrerer Tage addierten und ein Lager erst nach Durchsteigen eines größeren Abschnittes errichteten, schufen wir uns die Möglichkeit, uns dabei besser zu akklimatisieren und unsere Energien besser einzuteilen.

Ein Gebiet von grauen Granitplatten erstreckte sich über der übelaussehenden Rinne, an der wir am Vortag umgekehrt waren. Ich blieb zurück, um zu filmen, wie die anderen drei durch den brüchigen Grund der Rinne zu einem Vorsprung auf der anderen Seite hasteten. Am Grund der Rinne hatte man das Gefühl, sich am Ende einer Abfallrutsche zu befinden, am Sammelpunkt für alles, was von oben herabgeworfen wurde. Auf den glatten grauen Platten oberhalb fühlten wir uns viel wohler. Sie waren nicht schwierig zu überwinden, aber feste Seile würden dort Zeit sparen, wenn schwere Lasten zu transportieren waren. Wenn es stark schneien würde, gab es noch viele andere Stellen, wo weitere Seile anzubringen waren.

Als wir losgingen, war es ein schöner, klarer Tag gewesen. Das hatte sich schnell geändert: Die Lufttemperatur war ständig weit unter dem Gefrierpunkt, und nur durch die Sonnenstrahlung hatte man den Eindruck, daß es ein warmer Tag war. Wenn die Sonne hinter Wolken verschwand oder ein Wind aufkam, machte sich die Härte des Winters bemerkbar. Als wir die grauen Platten erreichten, war uns kalt. Die Burgess-Zwillinge, sonst so vorsichtig, hatte es nun auch einmal überraschend erwischt. Sobald sie die Seile aus ihren Rucksäcken aufgebraucht hatten, stiegen sie schnellstens ab, um sich keine Erfrierungen zuzuziehen.

Da wir bessere Kleidung anhatten, konnten John und ich weitergehen. John glaubte, daß er schuld am schlechten Wetter habe. Die Sherpas hatten ihn am Morgen dabei angetroffen, wie er im Basislager ein paar Abfälle verbrannte, und hatten ihn beschimpft. Sie hatten erklärt, daß man Abfälle nicht verbrennen dürfe, weil das schlechtes Wetter mit sich bringen würde. Resigniert erlebte John die Folgen seines Tuns. Keiner von uns ist eigentlich abergläubisch, am Berg aber, ständig unter nervöser Anspannung, ist man für alles empfänglich, was mit Überzeugung behauptet wird. Auf dem Gangtschhensönga hatten wir auf die letzten zwei Meter zum Gipfel verzichtet, weil die Leute aus Sikkim glaubten, daß dadurch die Heimstatt der Götter entweiht würde, die sich dann mit Hochwasser und Erdbeben rächten. Wir sahen keine Götter und glaubten nicht an solche Dinge, aber ein unheilvoller Sturm kam auf, und über dem Gipfel schwebte ein großer schwarzer Vogel und beobachtete uns. Niemand sagte ein Wort, aber keiner von uns dachte daran weiterzugehen.

John war von schmächtiger, leicht gebückter Gestalt, die nichts von seiner großen Zähigkeit verriet. Als ich ihn näher kennenlernte, wurde mir klar, daß sein Schweigen Nachdenklichkeit bedeutete. Er war das, was ich als einen Intellektuellen bezeichnen würde, der sein Wissen, seine Kenntnisse aufbaut und dann im passenden Moment einsetzt. Er hat eine sehr zurückhaltende Art, die die Kraft verdeckt, die ihn motiviert. Dieser Kraft verdankt er den Respekt, den ihm die Polen zollen, mit denen er nach einem Besuch im Rahmen eines offiziellen Bergsteiger-Austauschprogrammes zusammen geklettert ist.

Als er eine heikle Rampe verließ, um in eine andere furchteinflößende Rinne einzusteigen, war ich froh, daß er durch den Ausblick nicht beunruhigt schien. Diese Rinne war steiler und am oberen Ende von einem Halbrund zusammengepreßten Eises eingefaßt. Wie steil sie war, war schwer zu schätzen, und insgeheim hoffte ich aus einer uneingestandenen Feigheit heraus, daß John genug Seil haben würde, um über die vor uns liegenden schwierigen Stellen zu kommen, bevor ich dran war.

Er kletterte am Rand der Rinne entlang und dann so weit wie möglich ins Eis empor. Ich kam nach, und er kletterte weiter. Diesmal mußte er in den Grund der Rinne hinab, wo das Eis schmutzige Spuren von Steinbrocken zeigte, die hier abgestürzt waren. John überwand weitere lose liegende Blöcke, indem er sich in dem engen Felskamin, der oben an der Eiskante endete, höherspreizte. Er entschwand aus meinem Blickfeld, während das

John auf dem Weg zum Lho La

Seil langsam weiterlief. Dann hörte ich, wie er Haken in den Fels schlug, und rief, daß ich nachkommen sollte.

Danach mußte ich führen. Ich mußte die Rinne überqueren und an der gegenüberliegenden Eiswand aufsteigen bis zu einer überhängenden Verschneidung, die auf dem Grat der Eiswand zu enden schien und damit auf das Lho-La-Plateau führte. Auch aus der Nähe sah das Eis sehr steil aus, und ich war nervös.

Eine 100 Meter hohe Felsstufe blockierte den Weg zum Eis. Bei den folgenden riskanten Bewegungen fühlte ich mich in den großen, klobigen Stiefeln sehr unwohl. Meine Nervosität nahm noch zu, als ich mich vorsichtig auf schmalen Tritten hochschieben mußte, bis ich eine Stelle fand, wo ich einen Haken einschlagen, mich sichern konnte. Das Eis war steil, zeigte allerdings ausgeaperte Löcher, in die ich treten konnte und ein paar festgefrorene Steine, die ab und zu als Griff dienten. Wie üblich, war alles doch nicht so schlimm wie vorher befürchtet. Ich erreichte den Fuß der Felswand, die in die überhängende Verschneidung überging, und machte eine Seilsicherung.

Oberhalb konnte ich Spuren der jugoslawischen Expedition sehen: die Reste einer Drahtseilleiter und zerfranste Seile. Die 100-Meter-Verschneidung bot offensichtlich beachtliche Schwierigkeiten. Es war schon später Nachmittag, wir hatten alle unsere Seile aufgebraucht, und ich machte mich an den Abstieg.

Am nächsten Tag stiegen Paul, Brian und Pete, schwerbepackt mit Seilen, auf, um ein Depot für den Hauptangriff auf die Verschneidung und den erwarteten Durchbruch zum Lho La anzulegen. Von ihrer Krankheit hatten sie sich inzwischen erholt, wegen der kalten trockenen Luft litten sie aber immer noch an Halsentzündung und gelegentlichem Husten. Alan hatte die Ruhr am schlimmsten erwischt, und er kämpfte sehr, die Krankheit endlich loszuwerden, die seine Kräfte schwächte. Er beschäftigte sich im Basislager mit den Finanzen der Expedition, dem Lebensmittel- und Brennstoffverbrauch und einer allgemeinen Einschätzung unseres Vorankommens. Die Krankheit ging im ganzen Lager um; als nächster wurde Ade krank.

Fünf von uns steigen als nächste auf; Al und John hatten sich in der überhängenden Verschneidung festgesetzt und bereiteten eine lange Belagerung vor. Brian und Pete quälten sich mit weiteren Lastentransporten ab. Ständig wurden sie von lauten Hustenanfällen geschüttelt. Ich kletterte mit einer Filmkamera auf einen Vorsprung auf der gegenüberliegenden Seite der Rinne und beobachtete Alans mühselige Bewegungen, den gelben Fels emporzukommen.

Die Reste der Drahtleiter hingen verführerisch in die Rinne

herab, aber der Draht war aufgespleißt und die Sprossen von Wind und Wetter oder Steinschlag verbogen und verdreht. Ich sah, wie Al sie ausprobierte und dann zögernd und brummelnd, mit Pausen zum Luftholen, weiter am Fels blieb. Er kletterte lieber am Fels, dem er mehr vertrauen konnte als einem alten Drahtseil. Er verständigte sich durch Zurufe mit John, der ihn sicherte. Offensichtlich hatte er Schwierigkeiten.

Ein Stein brach unter einem seiner Füße aus, prallte an den Wänden der Rinne ab und landete direkt unterhalb meines Sitzplatzes. John schaute zu mir hinüber. Niemand sagte ein Wort; da gab es nichts zu sagen.

Die Rinne und die Wand, durch die Alan einen Weg suchte, waren für die Höhenlage außergewöhlich schwer zu klettern. Es sah aus, als handle es sich hier um den technisch interessantesten Teil der Route. In größerer Höhe würden wir ähnliche Schwierigkeiten nicht bewältigen können, weil in der dünneren Luft der nötige Kraftaufwand nicht mehr zu leisten war. Teilweise war ich neidisch, teilweise erleichtert, daß ein anderer bei diesem Teil führte. Die Genugtuung, dieses schwierige Problem als erster zu lösen, hätte mir schon gefallen, doch es gab auch andere entscheidende Aufgaben. Ich filmte den Aufstieg für die Fernsehgesellschaft ITN; Pete und Brian transportierten Nachschublasten, was wahrscheinlich der anstrengendste und am wenigsten anerkannte Beitrag bei jeder Expedition ist. Ich fühlte mich ein wenig schuldig, wie ich da so genüßlich von meinem Sitz aus zuschauen konnte, wie ein anderer einen Weg nach oben erkämpfte und Seile für alle Nachkommenden fixierte.

Die Rinne war tief und hielt die Sonnenwärme. Der Wind drang hier nicht ein, sein Pfeifen oberhalb der Kante, ein paar hundert Meter höher, war aber zu hören. Die Sonnenwärme löste ein paar Felsbrocken. Mit zunehmender Häufigkeit begannen Steine an meinem Vogelnest vorbeizufliegen. Wären die Steine schon bei meiner Ankunft gefallen, wäre ich hier nicht geblieben. Aber in der ersten halben Stunde hatte es keinen Steinschlag gegeben, und ich hatte mich wohlgefühlt. In der Verschneidung ging es nur langsam vorwärts. Ich wollte aber die letzten Augenblicke, wenn Als die Kante erreichte, mit der Kamera nicht verpassen. Daher saß ich drei Stunden lang, mit dem Rücken an den Fels hinter mir gepreßt, um vor den Steinen sicher zu sein, die jetzt alle zehn Minuten herunterkamen. Einmal stieß Alan auch einen massiven Block herab, der beim Aufprall in Stücke zerbrach, die auf mich herabregneten. John schaute hilflos zu.

Beim Queren der Wand über dem Amphitheater; rechts die Hänge der Westschulter

Auf halber Höhe hatte Al einen Vorsprung erreicht, und John kletterte zu ihm hinauf. Er benutzte Jümarklemmen, die dem Aufstieg die größten Schwierigkeiten nehmen. Die zweite Hälfte der Wand ging schneller, und Al rief begeistert herunter, daß er eine Plattform erreicht habe, aber nicht das Lho-La-Plateau, worauf wir gehofft hatten.

Ich war genauso erleichtert wie er: Ich konnte meine „Hühnerstange" in der Schußlinie verlassen und meine Sachen bis zum oberen Ende der Seile schleppen, die Al fixiert hatte. Bei der Verschneidung konnte ich erst richtig erkennen, daß Al wirklich eine große Leistung vollbracht hatte. Die ersten sieben Meter waren überhängend und auch mit den festen Seilen sehr anstrengend. Ich brauchte eine Stunde, um die Wand zu durchklettern und zu Al und John zu kommen. In der Rinne unter uns erschienen Pete und Brian, und ich riet ihnen, wegen der fallenden Steine in Deckung zu bleiben.

Für diesen Tag war genug geschafft. Viel Zeit und Kraft hatten wir nicht mehr übrig, und so kehrten wir zum Basislager zurück.

Es war psychologisch sehr gut, so ein großes Hindernis überwunden zu haben, obwohl wir enttäuscht waren, daß uns noch weiteres schwieriges Gelände den Weg zum Plateau versperrte. Wenn die Route weiterhin so schwierig und nur langsam begehbar bleiben würde wie dieser Abschnitt, sähen unsere Chancen schlecht aus.

Wir saßen im Verpflegungszelt und sprachen über Taktik und Erfahrungen. Im Vergleich zum Pavillon der Japaner war unser Zelt schäbig und kalt. Auf dem Tisch hatten wir einen kleinen Paraffinofen, der den Anschein von Wärme erzeugte, trotzdem mußten wir auch drinnen im Zelt unsere Daunenanzüge anbehalten. Dichtgedrängt um das gelbe Licht einer Paraffinlampe, erinnerte mich die Szenerie an Fotografien, die ich von Shackleton und seinen Leuten in ihrer Winterhütte in der Antarktis gesehen hatte. Das war jetzt unsere Lebensweise: Perioden harter Arbeit, unterbrochen von Zeiten der Untätigkeit, angefüllt mit planlosen Diskussionen über Strategien und oft auch mit Erzählungen von vergangenen Erlebnissen.

Al, dem die Anstrengung und Nervenanspannung der schweren Kletterei noch in den Knochen steckte, erzählte uns eine Schulgeschichte. In seinen Tagen als Lehrer hatte er eine Methode entwickelt, seine Klasse – in einer recht undisziplinierten Schule – ruhigzuhalten: „Ich habe der Klasse auf einer Hi-Fi-Anlage laute Musik vorgespielt – Jimmy Hendrix oder Frank Zappa –, und zwar so laut, daß sie ihr eigenes Wort nicht mehr verstanden. So blieb ihnen nichts anderes übrig, als zu arbeiten. Außerdem waren sie von zu Hause an die ständige Berieselung des laufenden Fernsehers gewöhnt. Bei Krach konnten sie besser arbeiten."

Am nächsten Tag brachten wir weitere Lasten nach oben, aber bedrohlicher Wind trieb uns alle wieder hinunter, ohne daß wir weitere Fortschritte gemacht hätten.

Mitten in der Nacht hörte ich im Halbschlaf das Heulen eines Sturmes, Stimmen und Schritte. Am nächsten Morgen war unser Lager ein Schlachtfeld. Drei Zelte waren zusammengestürzt, die Zeltstangen zerbrochen, andere waren stark verbogen. Vom Gipfel des Nuptse wehte eine Wolkenfahne nach Norden.

Am Tag zuvor hatte einer aus der Gruppe der Japaner, der uns besuchte und unsere Daunenanzüge, die Ochsenschwanzsuppe und unsere Route zum Lho La bewundert hatte, auf den reglos dastehenden Windgenerator gezeigt, der bis dahin noch keinen Strom erzeugt hatte. „Ich hoffe, er wird niemals laufen", hatte er gesagt. Jetzt raste er wie verrückt.

Den ganzen Tag verbrachten wir mit dem Ausbessern der Zelte, Verstärken der Zeltstangen und dem Bau von Steinwällen als Windschutz rund um die Zelte.

Dawa und die restliche Mannschaft des Basislagers schauten uns bei unseren Bemühungen zu, ohne allerdings die geringste Hilfe anzubieten. Unsere Gefühle Dawa gegenüber waren immer mehr zur Antipathie geworden, besonders nachdem Alan bei der Durchsicht der Abrechnungen entdeckt hatte, daß Dawa dreimal soviel ausgegeben hatte, um die Lasten zum Basislager zu bringen, als Alan selbst. Siebentausend Rupien mehr als veranschlagt waren ausgegeben worden. Dawa erklärte, daß er den Trägern hätte mehr zahlen müssen, da sie im Winter nicht arbeiten wollten, außerdem wäre ein Träger gestürzt und hätte sich das Bein gebrochen. Dawa hätte seine Krankenhausrechnung bezahlen müssen. Eine zwar plausible, aber nicht zufriedenstellende Erklärung.

Die Ankunft unseres Postläufers brachte ein willkommenes Bündel Post; außerdem einen Brief unseres Agenten in Kathmandu, über den wir die Sherpas angeheuert hatten. Alan hatte ihm über einige Schwierigkeiten mit Dawa geschrieben, und in seiner Antwort meinte der Agent, daß wir bei weiteren Problemen nicht zögern sollten, ihn zu entlassen. In einer beiliegenden Kopie eines Briefes, den er direkt an Dawa geschrieben hatte, betonte der Agent seinen Unmut über das geschilderte Verhalten und meinte, daß damit auch erneut schlechtes Licht auf sein Benehmen bei den Vorfällen auf der Numbur-Expedition im vorigen Jahr falle. Damals war viel wertvolles Material einer norwegischen Expedition auf unerklärliche Weise verschwunden.

Als man Dawa befragte, schleuderte er nur Beschimpfungen um sich gegen die reichen Expeditionsteilnehmer, die herkommen und Sherpas anstellen, die nicht für sie arbeiten wollen, aber das Geld brauchen und daher keine andere Wahl haben.

Der Agent erwähnte in seinem Brief auch Dawas geäußerte Absicht, uns zu verlassen, sowie wir das Basislager erreicht hätten. Er wollte mit dem Mädchen, das uns schon einen Tag

Zeitverlust auf dem Anmarsch gekostet hatte, nach Amerika gehen. Es gab zu viele seltsame Zufälle und zuviel Mißtrauen auf unserer Seite, um die Sache so weiterlaufen zu lassen. Nach vielem Grübeln und Zögern sprach Alan mit unserem Verbindungsoffizier und erklärte ihm, daß wir Dawa entlassen wollten.

Mr. Singh, der Verbindungsoffizier, war der Vertreter der nepalesischen Regierung, und nur ihm gegenüber konnten formell Beschwerden oder Gesuche vorgebracht werden. Er war ein kleiner, schüchterner Mann, der sich nie in ein Gespräch einmischte, wenn man ihn nicht direkt ansprach. Er verbrachte viel Zeit mit Körperübungen und dem Gesang von Hinduliedern. Wenn er aber die unangenehme Aufgabe hatte, Wünsche der Mannschaft durchsetzen zu müssen, machte er keine Einwände. Er kümmerte sich bereitwillig um die aufgetretenen Probleme und kam zu den gleichen Schlußfolgerungen. Dawa wurde herbeizitiert und offiziell entlassen.

Es war eine traurige Geschichte, die so sehr im Gegensatz zum Geist der Expedition stand, doch mit Dawas Abreise, so schmerzlich die Umstände auch waren, kam die Erleichterung. Wie wenn ein schmerzender Zahn gezogen wird.

Alan hatte die Geschichte sehr mitgenommen. Er war einer der ausdrücklichsten Anhänger der Idee einer Expedition ohne Leiter. Ich war vor unserer Abreise viel mit ihm zusammengewesen, und bei zahlreichen Reisen nach London hatten wir die ideellen Grundlagen unseres Unternehmens diskutiert. Er glaubte fest daran, daß wir alle ausreichend Erfahrung hätten und keinen Leiter im traditionellen Sinne eines obersten Chefs brauchten. Im Gegenteil, er hielt ein solches System für unproduktiv, weil hierbei leicht Zwietracht innerhalb einer Gruppe so sehr individualistischer Leute entstehen könnte. Trotzdem akzeptierte er den Titel „Leiter", weil das bei den Verhandlungen mit den Geldgebern und den Medien in England nötig war. Diese konnten sich mit der Idee einer „leiterlosen Expedition“ nicht anfreunden, und auch die nepalesische Regierung bestand darauf, daß irgend jemand als Leiter benannt wurde. So blieb es Alan überlassen, die Entscheidung der Gruppe auszudrücken. Und wie auch immer seine Auffassung von Demokratie war, die Tatsache allein, daß er der Sprecher war, beschäftigte ihn mehr als sein eigener Beitrag beim Zustandekommen der Entscheidung.

Als ausgebildeter Mathematiker hatte er Freude an kniffligen Diskussionen um logische Fragen oder hypothetische Betrachtungen, die meist über unseren Horizont gingen. Er hatte etwas von einem Sophisten an sich, der bei Streitfragen die andere Seite nur vertritt, damit die Debatte länger andauert. Dies tat er auch bei den Diskussionen über Dawa, um sicherzugehen, daß wir eher Gnade vor Recht ergehen ließen, als zu schnell und ungerecht zu handeln. Doch dann wurde klar, daß nur durch die Entlassung Dawas die Quelle des ständigen Unfriedens beseitigt werden konnte.

Ein überzeugender Beweis, daß diese Entscheidung richtig gewesen war, kam sofort mit dem Weggang Dawas. Die Stimmung der restlichen Mannschaft des Basislagers, die nach der Ankunft des Sirdar unlustig und unkooperativ gewesen war, verwandelte sich umgehend. Sie sangen und schwatzten, wie wir es tagelang nicht gehört hatten, und eine neue Bereitschaft, mitzumachen und zu helfen, zeigte sich.

Der Lho La

Zwei Tage lang blieb das Wetter ruhig und klar. Wir hatten das Schlimmste befürchtet und wollten unserem Glück nicht trauen, denn wir glaubten, daß wir das wahre Gesicht des Winters bisher noch nicht gesehen hatten. Abgesehen von den kurzen Tagen und den kalten Nächten wäre dies eine ideale Zeit zum Klettern, verglichen mit den unsicheren Perioden vor und nach der Monsunzeit. So, wie es jetzt war, konnte man niedrigere Berge, die vom „jet-stream" nicht so stark betroffen waren und kürzere Aufstiegszeiten erforderten, sehr gut in diesen klaren Dezembertagen bezwingen.

Nachdem die Angelegenheit mit Dawa jetzt vorüber war, fühlte sich Alan physisch wie psychisch viel besser. Zusammen mit den Burgess-Zwillingen und John Porter stieg er auf. Obwohl er zum ersten Male das Basislager verlassen hatte, konnte Alan die überhängende Verschneidung erreichen, und er verbrachte den ganzen Tag zusammen mit John mit dem Heraufbringen von Lasten. Mit einem schweren Rucksack auf dem Rücken war es zu anstrengend, an den festen Seilen und über die jetzt reparierte Drahtseilleiter aufzusteigen. Den Pfeiler zu erklettern kostete dagegen Zeit und Energie. Während also die Zwillinge den besten Weg suchten und bis an die Oberkante Seile fixierten, sortierten Alan und John das Material.

Der restliche Teil der Kante war unerwartet schwer. Hinter der gelben Felswand, über die sorgfältig angebrachte, feste Seile führten, befand sich ein weites Halbrund wie ein Amphitheater, ein Trichter von etwa sechzig Meter Durchmesser, der die Oberkante der Wand vom Lho-La-Plateau trennte. Er führte über von Stein- und Eisschlag glattgeriebene Felsplatten sechshundert Meter tief zum Gletscher hinunter. Wie Häuserreihen standen die Eisblöcke, als ob sie warteten, bis sie an die Reihe kämen, ihr Gleichgewicht zu verlieren, wenn sich das Gletscherbett weiter vorschöbe. Dann würden sie in die Tiefe stürzen, in Millionen kleiner Stücke zersplittern und eine neue riesige Lawine bilden. Wenn die Hölle ein kalter Ort wäre, müßte ihr Eingang so aussehen.

Um den Lho La zu erreichen, mußten die Zwillinge in einem aufsteigenden Bogen an den Felsgraten emporklettern, die diesen Trichter umsäumten. Der Weg war größtenteils leicht, nur manchmal von einer tückischen Stufe unterbrochen, die viel Anstrengung und Atemnot mit sich brachte. Die Atmosphäre des Ortes allein konnte einen nervös machen; dazu war der Fels auch noch sehr brüchig. Die letzten dreißig Meter zum Schnee waren eben und führten über Felsblöcke, die ohne sichtbare Unterstützung an der Wand zu kleben schienen. Wir nannten diese Stelle den „Eierschalen-Quergang". Als Al den Schnee erreichte, hatte er keine weiteren Seile mehr und mußte absteigen. Er war enttäuscht, daß er noch immer keinen Platz gefunden hatte, wo wir ein Zelt aufstellen oder eine Schneehöhle graben konnten.

Im Basislager bereiteten sich Paul, Brian und ich darauf vor, am nächsten Tag aufzusteigen und irgendwo einen Platz für ein Zelt oder eine Schneehöhle zu finden, um oben auf dem Berg bleiben zu können. Seit einiger Zeit war das Filmteam seltsam tatenlos. Ich begann mich zu fragen, ob ihnen die Höhenlage zu schaffen machte und sie dadurch in einen Trott geraten waren, der ihnen das Gefühl vermittelte, daß die Zeit sowieso nicht ausreichte, um alles zu erledigen, und sie deshalb alles auf später hinausschöben. Auf diese Weise scheitern viele Expeditionsfilme – im Basislager täglich nur zu überleben, kann schon ganz anstrengend sein. Trotzdem war Allen, der Regisseur des Films, mit dem Führungsteam bis zum Beginn der Fixstelle aufgestiegen, um günstige Kamerapositionen auszumachen. Weil er mit der Route noch nicht vertraut war, setzte er sich hin und wartete, bis Paul, der Material über eine Seilleiter hochschleppte, eintraf und mit ihm zusammen abstieg.

Es dämmerte schon, als John, ausgepumpt und müde, ins Eßzelt stürzte, wo wir es uns gerade zum Abendessen bequem machten. Unsere aufkommende Sorge wegen der späten Rückkehr wurde dadurch sofort beruhigt. John ließ sich auf eine Kiste fallen, und wir fragten ihn über das erreichte Kletterpensum des Tages aus. John hat eine besondere Art, Fragen nicht gleich oder anders als erwartet zu beantworten.

„Die anderen werden nicht vor Dunkelheit ankommen. Ich glaube, sie haben keine Lampen, außerdem fehlt ihnen ein Paar Steigeisen."

Alle schauten ihn an: Diese Antwort hatte man nicht erwartet. Im Geist ging ich meine Materialliste durch – Eisbeil, Steigeisen, Lampe, Ersatzlampe, Handschuhe, Stiefel. Neben mir tat Brian offenbar das gleiche. John schloß aus unserem Schweigen, daß wir keine Lust hatten, in die kalte Nacht hinauszugehen.

„Verdammt noch mal, die Leute haben den ganzen Tag schwer geschuftet und kämpfen sich jetzt im Dunkeln zu uns runter. Wollt ihr hier auf euren Ärschen sitzen bleiben? Sie brauchen Lampen, damit sie über den Gletscher kommen. Ich würde ja wieder zurückgehen, aber ich bin total erschossen."

Das war ein erstaunlicher Ausbruch. John, der noch voll angezogen war und auch noch seine Steigeisen anhatte, machte sich nicht klar, daß jeder, der in die Nacht hinaus wollte, sich erst einmal fertigmachen mußte. Es konnte zehn Minuten dauern, aber auch zwei Stunden, bis wir die drei finden und mit ihnen zurückkehren würden. Einfach unvorbereitet loszustürzen, würde katastrophale Folgen haben. Ohne Handschuhe würden die Hände in ein paar Minuten gefühllos sein.

Brian und ich suchten im Dunkeln im Zelt und draußen herum und versuchten, uns zu erinnern, wo unsere Sachen lagen. So gut ausgerüstet wie möglich, eilten wir über unebenes Gelände auf die Abhänge des Lho La zu. Es war eine ruhige Nacht, kein Laut drang durch die Luft. Aus der harmlosesten Situation kann in den Bergen eine Tragödie entstehen; ich hatte ein flaues Gefühl im Magen. Als das Eis nicht mehr durch eingesprengte Steine aufgerauht war, hielten wir an und schnallten uns die Steigeisen an die Stiefel, um auf der glatten Eisfläche sicherer gehen zu können. Im Schein unserer Lampen folgten wir den Fußspuren, die wir früher hinterlassen hatten. Dann hörten wir plötzlich Stimmen, und aus einer Senke tauchten schwankende Gestalten auf. Ich kam mir mit meiner Angst um sie dumm vor, als ich das Lachen und die derben Flüche des Trios hörte.

Sie waren müde und waren tatsächlich ohne Lampe. Alan und Al hatten sich ein Paar Steigeisen geteilt, so daß der eine Fuß mit den Metallspitzen festen Halt auf dem Eis bot, während der andere Fuß, mit Gummisohlen unter dem Stiefel, rutschte und sie aus dem Tritt brachte. Sie liefen so komisch, daß sie wirklich nicht wie erfahrene Bergsteiger aussahen.

Als wir zusammentrafen, kam ein gutes Gefühl auf.

„Danke, Jungs, daß ihr gekommen seid", sagte Ade, „es war wirklich ein Stück Arbeit in der Dunkelheit!"

Wir kehrten zusammen zum Lager zurück. Das Eßzelt erschien uns im Vergleich zur Kälte draußen wie eine gemütliche Zuflucht.

Als ich aufwachte, erinnerte ich mich an einen beunruhigenden Traum, in dem ich mit dem Hals am Seil baumelte. Auch hatte ich das Gefühl, als wären wir auf unserer Route gescheitert. Es gab keine Gründe für diese unangenehmen Träume, außer daß ich mit der üblichen Nervosität schlafen gegangen war, die immer vor dem nächsten Abschnitt einer Tour auftritt.

Körperliche Bewegung und das Gefühl, fit zu sein, vertrieben solche Alpträume im hellen Licht des nächsten Tages. Ich erreichte das Ende der Fixseile gegen 13.30 Uhr. Mein Rucksack mit allem Nötigen für einen Aufenthalt von drei Tagen, drückte mich etwas, denn er enthielt fast 20 Kilo an Lebensmitteln und Ausrüstung. Paul und Brian, ähnlich beladen, arbeiteten sich auch die Seile herauf.

Wir wollten anfangen, eine Schneehöhle zu graben, um darin zu schlafen; sollten wir das bis zum Abend nicht schaffen, wollten wir für die Nacht ein Zelt aufstellen. Wir machten uns keine Hoffnungen, daß ein Zelt den Stürmen am Lho La lange standhalten könnte, hofften aber nach einer Nacht, ohne Zelt auskommen zu können. Nirgends war eine Stelle zu entdecken, die sich für eine Höhle geeignet hätte. Überall war der harte, eisige Schnee in einem ungünstigen Winkel, d. h. zu steil aufgetürmt. So wie die Dinge standen, wußte ich, daß wir an diesem Tag gar nicht erst graben würden. Es gab immer noch einige Sachen in unserem Depot auf dem Pfeilerkopf, die wir heraufholen mußten, und auch für ein Zelt gab es nirgends einen geeigneten Platz.

Ich nahm meinen Rucksack ab und kletterte in leichterem Gelände weiter. Ich stieß meine Stiefelspitzen in den Schnee und hielt mich am Fels fest. Es war ein leichtsinniges, aber angenehmes Herumkraxeln, befreit vom Gewicht des Rucksacks und der Beengung durch das Seil. Ein Ausrutscher war nicht erlaubt, auch kein kleiner Irrtum, aber ich hatte genug Kraft und Vertrauen in meine Kondition. Ich griff nach oben, prüfte jeden Griff, rammte den Stiefel in den Schnee und belastete ihn mit meinem Gewicht, bevor ich ihm ganz vertraute. Meine Begeisterung wurde belohnt: ein bequemes Band, eineinhalb Meter breit, zog sich links von mir hinüber. Es war mit Steinbrocken übersät, breit genug für ein Zelt, und aus den Steinen konnte man einen Wall als Windschutz bauen.

Durch die Aussicht, hier ein Zelt aufbauen zu können, anstatt mit aller Gewalt eine Höhle graben zu müssen, war ich wieder zuversichtlicher geworden. Ich stieg zurück, um Paul und Brian von meinem Plan zu berichten.

Als ich so begeistert ohne Seil aufgestiegen war, hatte ich nicht zurückgeschaut. Als ich mich jetzt jedoch umwandte und sah, daß die Eisrinne, durch die ich heraufgekommen war, abrupt am

Absturz in das Amphitheater endete, wurde mir ganz schlecht vor lauter Nervosität über meine unsichere Position. Mit einem sehr flauen Gefühl im Magen kletterte ich sechzig Meter bis zu den rettenden Seilen hinunter. Fester als notwendig klammerte ich mich im vollen Bewußtsein der wahnwitzigen Situation an jeden Griff. Als ich unten ankam, hatte auch Paul das Ende der Seile erreicht. Er stimmte mir zu, daß es am sinnvollsten wäre, sofort ein Zelt aufzuschlagen, anstatt zu riskieren, bei Einbruch der Nacht keine Unterschlupf zu haben.

„Hast du eigentlich das Zelt mitgebracht? Ich konnte es nicht finden."

„Nein, ich habe in einem der Säcke im Depot auf halbem Wege zum Pfeiler nachgeschaut. Es war nicht da."

„Verdammt! Ich frage mich, ob Brian es hat."

„Wie ist es bis zum Band?"

„Okay. – Aber Vorsicht. Nimm lieber die Steigeisen!"

Ich glitt an den Seilen am Rande des Amphitheaters hinab und erreichte den Pfeilerkopf auf so gemütliche Weise, daß mir die Anstrengung, den gleichen Weg wieder hochzuklettern, blödsinnig erschien. Lange bevor ich ihn sehen konnte, hörte ich Brian schon husten. Es mußte sehr schmerzhaft für ihn sein.

An der Spitze des Pfeilers war kein Zelt, und Brian hatte es auch nicht. Ich seilte mich um den Pfeiler herum und stellte mir den peinlichen Rückzug vor, wenn kein Zelt zu finden wäre, aber auch den mühsamen Wiederaufstieg an den Seilen, wenn es doch auftauchen würde.

Das Zelt war in einem Sack versteckt, den Paul nicht kontrolliert hatte. Ich schulterte den Rucksack und stieg wieder auf.

Der ursprüngliche Plan, eine Schneehöhle für die Nacht zu graben, war viel zu ehrgeizig gewesen. Wir hatten kaum Zeit genug, das Zelt aufzubauen, einen Schutzwall aus Steinen aufzutürmen und Schnee zu sammeln, den wir für unser Abendessen schmolzen, bevor die Sonne verschwand und die Dunkelheit schnell hereinbrach.

Brian war von der Tour erschöpft. Er sank ins dunkle Zeltinnere und streckte nur noch eine dankbare Hand nach dem Becher mit Trinkbarem und dem Teller mit Essen aus. Ab und zu tauchte sein schmerzverzerrtes Gesicht im Lichtschein des Kochers auf, wenn er sich bei einem erneuten Hustenanfall nach vorn beugen mußte.

Brian machte mit seiner stämmigen, großen Gestalt auf mich immer den Eindruck, als ob er bei allem immer der erste sein wollte. Wenn Gruselgeschichten erzählt wurden, versuchte er, die schauerlichste zu erzählen. Wenn es um unverschämtes Benehmen ging, war er noch unverschämter als die anderen. Am Berg sah ich, wie er gegen seinen schmerzhaften Husten ankämpfte, wo ich schon längst umgekehrt wäre. Brian zwang sich stets weiterzumachen. Ich stellte mir vor, wie wund und blutig seine Kehle sein mußte.

Wieder war die Nacht verdächtig ruhig. Ich war vor Kälte fast erstarrt, als ich von der Kante der Plattform zurückkroch, nachdem ich vergeblich versucht hatte, Funkkontakt mit dem Basislager, viele hundert Meter unter uns, aufzunehmen. Nur eine leichte Brise ließ unser Zelt erzittern. Unsere Plattform lag auf gefährliche Weise direkt über dem Abgrund, bot aber irgendwie Schutz gegen den Wind über dem Lho-La-Plateau. Eng aneinandergepreßt verbrachten wir drei eine unruhige Nacht. Wenn wir den Zelteingang schlossen, erstickten wir fast – wenn wir ihn öffneten, froren wir. Am nächsten Morgen hatte ich Kopfschmerzen. Alle drei gingen wir es langsam wieder an.

Wir wollten nun zum Lho-La-Plateau selbst, um eine ebene Schneefläche zu finden, wo wir eine Schneehöhle graben konnten, ohne zu riskieren, beim Raustreten gleich einen Steilhang hinunterzurutschen. Eine von Spalten durchsetzte Mulde mit festem Schnee führte zu schwächer geneigten Hängen, die weiter oben eben ausliefen. Ich war zum Aufbruch fertig, und Paul schlug vor, daß ich führen sollte. Ich sicherte das Seil an Aluminiumstäben, die in den Schnee gerammt wurden, bis ich mich nicht mehr direkt oberhalb des Amphitheaters befand. Beim Klettern half uns hier kein Seil, aber da wir diesen Hang noch mehrmals hin und zurück überqueren mußten, war es mit einem „Geländer" viel sicherer. Ohne ein Seil, an dem man sich festhalten konnte, hätte uns ein Windstoß umreißen und uns ins Amphitheater abstürzen lassen können.

Am Anfang war ich unruhig. Der Schneehang sah steil aus, aber das war eine optische Täuschung. Der gähnende Abgrund zu meiner Seite hatte meine Einschätzung der Situation beeinflußt. Als ich an dem Abgrund vorbei war, trieb ich einen letzten Stab in den Schnee und rief Paul und Brian zu, daß sie nachkommen sollten.

Der Schneehang, auf dem ich stand, senkte sich hundert Meter hinab auf ein ebenes Plateau. Das wiederum wandte sich nach Nordwesten und verlor sich abwärts in einem zerklüfteten Labyrinth von Eistürmen. In der Ferne lag braun das weltabgeschiedene, geheimnisvolle Tibet. Hinter dem Plateau erhob sich die Eiswand des Westgrats, tausend Meter Schnee, Felsen und Eis bis zum runden Dom der Schulter. Halb verborgen und hinter der Westschulter kaum zu sehen: der erregende Anblick des Gipfels – so weit in der Ferne! Eine Wolkenfahne wehte dort, das Symbol des Winters, öde und windig. Das war unser Ziel, aber wie gewohnt verdrängte ich jeden Gedanken an das Kommende und konzentrierte mich auf die augenblicklichen Aufgaben.

Brian hatte den Sommer im Karakorum, am anderen Ende des Himalaja, verbracht, wo er an einer Skiabfahrt vom Baltoro Kangri teilgenommen hatte. Dort hatten sie eine Schneehöhle gegraben, von der er ganz begeistert war. Nach seiner Beschreibung mußte sie wie ein Palast gewesen sein. Paul und ich mußten zugeben, daß wir auf diesem Gebiet weniger Erfahrungen hatten, und überließen die Planung Brian. Er sollte vorschlagen, wo und wie wir sie bauen sollten.

Der Höhlenbau war eine Wissenschaft für sich: die optimale Neigung und die richtige Länge des Eingangstunnels in den Hang zu finden, bevor man drangeht, ihn zu einer Kammer zu erweitern. Es war harte Arbeit, dafür brauchte man keine besondere Wissenschaft. Wir befanden uns in 6100 Metern Höhe, und die längste Zeit, die einer von uns graben konnte, waren fünfzehn Minuten. So wechselten wir uns ab.

Der Bau einer Schneehöhle

Als John und Ade im Laufe des Tages ankamen, arbeiteten Brian und Paul, und ich ruhte mich gerade aus. „Du bist hier wohl der Vorarbeiter, was?" scherzte Ade, als Schaufelladungen von Schnee aus der Höhle herausflogen.

Sie erzählten, daß Pete dem Küchenjungen eine Spritze gegen Übelkeit gegeben hatte; die Krankheit schien im Lager umzugehen. Alan war wieder krank, und Al hatte das gleiche erwischt. Normalerweise scheinen auf einer Expedition alle Krankheitserreger zu verschwinden. Es ist so kalt, daß sie entweder abgetötet oder zumindest inaktiv werden. Trotz der Kälte schienen wir aber diesmal von einer besonders bösartigen Art von Virus befallen zu sein. Und wenn sich die Krankheit erst mal festsetzte, war die Wiedergenesung besonders schwer.

John und Ade blieben nicht lange. Sie luden die Lasten ab, die sie heraufgebracht hatten, und stiegen schnell wieder ab. Gegen 16 Uhr hatten wir eine kleine Höhle gegraben, die gerade für einen reichte. Der Schnee war hart, zum Klettern ideal. Man brauchte nur die Vorderzacken des Steigeisens einrammen und hatte einen sicheren Tritt. Das Graben aber war ermüdend. Der Anfang war das Schlimmste, denn als Eingang mußte man einen engen Tunnel graben, um den Wind so weit wie möglich abzuhalten. Dies bedeutete, daß immer nur einer von uns arbeiten konnte, manchmal auf den Knien, manchmal auf dem Rücken liegend in einem Regen von Eissplittern. Für das Arbeitspensum eines Tages sah es nicht nach viel aus, aber jetzt war Platz für zwei Leute, die aufrecht kniend gleichzeitig arbeiten konnten. Am nächsten Tag hofften wir, schneller vorwärtszukommen und schließlich eine bewohnbare Höhle zu haben.

Irgendwie fiel die Rolle des Kochs wieder an mich. Eine mühsame Arbeit, bei der man die meiste Zeit damit beschäftigt ist, Schnee zu schmelzen, um Wasser für das Essen und ein Getränk zu erhalten. Von Anfang bis Ende kann es drei oder mehr Stunden dauern, bis eine Mahlzeit gekocht ist, die für die tägliche Flüssigkeitsaufnahme genügt. Meistens döste ich vor mich hin, während ich darauf wartete, daß der Schnee schmolz und das Wasser schließlich kochte. In großer Höhe liegt der Siedepunkt des Wassers viel niedriger als auf Meereshöhen. Wegen des geringeren Luftdrucks verdampft das Wasser bei einer niedrigeren Temperatur, aber die Hitze reicht noch nicht aus, um das Essen zu kochen. Die meisten Sachen dauern dreimal so lange wie auf Meereshöhe.

„Möchte einer von euch mal ran?"

„Du scheinst besser akklimatisiert zu sein – wir brauchen unsere Ruhepause!"

Mir wurde klar, wie sich Dick Renshaw auf dem K2 gefühlt haben mußte, als wir in unseren Schlafsäcken lagen und er ohne jedes Anzeichen von Energielosigkeit als erster morgens aufstand und uns das Frühstück machte, damit wir loskonnten. Auf Expeditionen gibt es einen Mechanismus des passiven Widerstands, der dazu beiträgt, eine Abneigung gegen jede nicht unbedingt notwendige Anstrengung aufzubauen. So kann es einem als riesige Aufgabe erscheinen, nur eine Tasse Tee zu machen. Aber mehr als auf jeder anderen Expedition muß man durch den Dehydrationseffekt der großen Höhe größere Mengen trinken als die üblichen vier Liter Flüssigkeit pro Tag und sich zum Essen zwingen, ob einem nun danach ist oder nicht. Ohne die notwendige Flüssigkeit kommt es viel schneller zur Höhenkrankheit und zu Kopfschmerzen, und ohne Essen wird man schwach und kälteempfindlicher.

Nach einer weiteren unruhigen Nacht arbeiteten wir bis in den späten Nachmittag an der Höhle. Wir waren jetzt erschöpft, und meine ermüdeten Muskeln schienen nicht mehr viel zur Erweiterung der Höhle beitragen zu können. Al kam, und ich folgte ihm hinunter zum Basislager, nachdem wir das Zelt abgebaut hatten,

Paul beim Abstieg der steilen Wand von Lager 1

damit der Wind es nicht fortblies. Paul und Brian kamen später nach. Als ich über den Gletscher ging, spürte ich die warme schwere Müdigkeit in meinen Beinen. Die dichtere Luft im Basislager machte mich schläfrig. Alan war sehr mitgenommen und durch seine Krankheit geschwächt. Er sah matt und niedergeschlagen aus.

Jetzt hatten wir einen Ausgangspunkt für weitere Unternehmungen direkt auf dem Westgrat. Der Aufstieg zum Lho La war technisch viel schwieriger gewesen, als wir erwartet hatten, und schwieriger als das, was wir weiter oben zu finden hofften. Er erschien mir wie eine Vorbereitung, ein wesentlicher und unvermeidlicher Teil der Tour, aber dennoch nur eine Vorbereitung. Ich hatte das Gefühl, daß vom Lho La aus nun der wirkliche Vorstoß beginnen würde. Wir drei, die wir dort oben gewesen waren, hatten nun Zeit, uns zu erholen, aber ich beneidete die, die jetzt aufsteigen würden, um ihre Entdeckungen, denn sie erkundeten jetzt Neuland.

Fortschritt und Rückschläge

Während wir auf dem Berg die Eishöhle gegraben hatten, war der Postläufer gekommen. Unter den ersehnten Briefen befand sich als Überraschung eine Zeitung, der *Observer*, komplett mit der Farbbeilage, drei Wochen alt, aber trotzdem willkommen. Wir schickten ständig Berichte an den *Observer*, und sie hatten versprochen, uns für die Dauer der Expedition jede Woche ein Exemplar zu schicken. Einen ganzen Tag verbrachte ich damit, gemächlich alles in mich aufzunehmen, Weltnachrichten, Filmkritiken, Buchbesprechungen und sogar Wirtschaftsnachrichten. Es machte kaum etwas aus, daß alles drei Wochen alt war.

Unser kleiner schüchterner Verbindungsoffizier, der den größten Teil des Tages an seinem Radio hing, gab uns manchmal einen Nachrichtensplitter weiter, oder die Japaner berichteten uns etwas, das sie im Radio aufgeschnappt hatten. Auf diese Weise erfuhren wir zum Beispiel vom Tod John Lennons, der uns sehr erschütterte. In diesem zweistufigen Eintreffen von Nachrichten lag etwas von einem *déjà vu*. Bei Zeitungen denkt man an fast die gleiche Geschwindigkeit der Nachrichtenübermittlung wie beim Radio oder Fernsehen. Für uns war der Zeitunterschied so groß, daß die Radionachrichten, lange bevor die Zeitung eintraf, schon ins Unterbewußtsein übergegangen waren, so daß ich den *Observer* mit einem irreführenden, unheimlichen Gefühl des Hellsehens las.

Die Frage, wer wann aufstieg, hatten wir nicht nach einem festen Schema geregelt. Entsprechend den demokratischen Prinzipien unserer Expedition gingen wir davon aus, daß jeder von uns fähig und erfahren genug war, selbst die richtige Entscheidung zu treffen. Jeder war reif genug, daß er so viel arbeitete, wie er konnte, folglich war es auch nicht nötig, irgendwelche Anweisungen zu geben. Also gab es auch keine besondere Ordnung, nach der jemand aufstieg und Lasten trug, in der Schneehöhle schlief oder weiter vorstieß. Nicht alle waren damit einverstanden. Die Burgess-Zwillinge verdammten lauthals, was sie als „Angriff aufs Geratewohl" bezeichneten; John glaubte, daß jeder eine bestimmte Anzahl von Transporttouren zum Lho La machen müsse, bevor er weitergehen durfte. Alan war unerbittlich darin, daß jeder bis zu seiner Leistungsgrenze arbeiten sollte und niemand mehr erwarten durfte: „Im Augenblick kann es vielleicht eine ungleiche Verteilung der Aufgaben geben, am Ende aber gleicht sich alles aus." Trotzdem gab es bei manchen das Gefühl, daß etwas mehr Organisation und Koordination gar nicht so schlecht wären.

Die Burgess-Zwillinge, John und Pete stiegen auf, um die Schneehöhle zu besetzen und sie zu erweitern. Zwei von ihnen blieben nachts im Zelt, bis eine zweite Höhle dicht daneben gegraben worden war, wodurch Platz für uns alle acht geschaffen wurde.

Sie machten den Fehler, das Zelt in einer windigen Nacht stehenzulassen, und am nächsten Tag, als sie Material zu den Höhlen transportieren wollten, fanden sie es zusammengestürzt. Die „unzerbrechlichen“ Fiberglasstäbe waren durch den Wind verschlissen, der das Zelt eine ganze Nacht lang durchgeschüttelt und die Stäbe ununterbrochen an den Felsbrocken gescheuert hatte, der das Zelt am Boden halten sollte. Im Inneren der Höhle hörte man vom Wind nur ein entferntes Dröhnen, und man vergaß leicht seine Kraft und Beständigkeit.

Beim ständigen Wechsel zwischen Lastenschleppen zum Lho La und Ausruhen, stand ich im Basislager vor der schweren Frage, wie ich die freien Tage am besten nutzen konnte. Die Stunden, in denen die Sonne schien, waren kurz, und außerhalb dieser Zeiten war das Leben trübselig. Die Mahlzeiten waren die wichtigsten Ereignisse des Tages. Es begann mit dem Klappern von Pfannen und Teekesseln am frühen Morgen, was bedeutete, daß das „Frühstück im Bett“ vorbereitet wurde. Dies war eine der angenehmsten Traditionen, übernommen von den großen Pionieren des Himalaja-Bergsteigens. Bevor ein Tag beginnen kann, mußte erst das Frühstücksteeritual absolviert werden: Mit einem grinsenden „Guten Morgen, Sahib“ wurde der Tee ins Zelt gereicht. Fehlt es einmal, so empfindet man es ähnlich, wie wenn der Milchmann nicht gekommen ist und man mit einem freudlosen Frühstück mit schwarzem Kaffee und ohne Brötchen den Tag beginnen muß. Das ist wie ein gottgegebenes Recht und ohne Frühstückstee kann man den Schlafsack unmöglich verlassen. Aber wenn der halbe Liter heißen Tees ausgetrunken ist, beginnt bald ein großes Gewühl, und Reißverschlüsse werden aufgezogen, weil jeder raus muß, seine volle Blase zu erleichtern. Am schlimmsten ist es, wenn die Biorhythmen durcheinandergeraten sind, oder wenn ein frühmorgendlicher Aufbruch durch das „Pawlowsche Klappern“ der Kessel im Küchenzelt angekündigt wird.

Das Eßzelt war der Mittelpunkt des Lagers. Hier fand das „gesellschaftliche Leben" statt, hier diskutierten wir, hier wurde geprahlt, gestritten und gegessen. In meinem eigenen Zelt fühlte ich mich isoliert, aber im Eßzelt konnte ich mich nicht konzentrieren, wenn ich lesen wollte und andere unterhielten sich.

Eine Diskussion drehte sich um Taktiken am Berg. Alan war dafür, auf dem ganzen Weg Schneehöhlen zu benutzen. Er und Brian hatten 1979 an der Durchsteigung der Nordwand des Nuptse teilgenommen und waren von den dort benutzten Schneehöhlen sehr angetan gewesen. Ich glaubte, daß er die Schwierigkeiten beim Graben von Höhlen in großer Höhe unterschätzte und sagte, daß wir auf der Westschulter in 7000 Meter Höhe eine Höhle für mindestens sechs Leute und in 7600 Metern Höhe eine für mindestens vier Leute brauchen würden. Meine Rechnung beruhte darauf, daß wir ein Rotationssystem haben müßten, zuerst für die Leute, die die Höhlen gruben, und dann für die, die zum Gipfel weitergingen. Wenn es keine Unterkunft für mindestens vier Leute bei 7600 Metern gab, müßten wir eine Unterbrechung von mehreren Tagen zwischen den beiden Leuten, die zum Gipfel gingen, und dem nächsten Paar in Kauf nehmen.

Die beiden Zwillinge kamen vom Lho La herab, und die Diskussion drehte sich jetzt um den Gipfel. Angesichts der überwältigenden Realität des Everestwinters verflüchtigten sich alle phantasievollen Vorstellungen, die wir zu Hause in England gehabt hatten, und Alan verkündete seine Ansicht: „Ich glaube, es wird alle unsere Kräfte kosten, zwei Leute auf den Gipfel zu bekommen. Wenn zwei von uns nach oben kommen, reicht mir das völlig."

Der Stil unserer Expedition, den wir gemeinsam entwickelt hatten, beruhte nicht auf genauesten, computerberechneten Strategien, sondern mehr auf Erfahrung und der Fähigkeit, vor Ort zu beurteilen, wie wir unsere Möglichkeiten am besten nutzen könnten. Wir hatten keine Gipfelmannschaft bestimmt. Jeder von uns hatte die gleiche Chance, einen Gipfelbesteigungsversuch zu machen. Wer es schließlich sein würde, hing davon ab, in welch guter Kondition er zu dem Zeitpunkt sein würde. Ideal wäre, wenn es alle schaffen könnten, aber in den Bergen ist die „Schwundrate" groß, und der Idealzsutand kommt nie vor. Wir würden die Zahl und den Standort der Lager oder Schneehöhlen bestimmen, wenn es soweit war, und zielten darauf ab, am Schluß mindestens zwei Leute in einem letzten Lager in 8200 Metern Höhe zu haben – in Reichweite des Gipfels. Im nächsten Lager unterhalb, auf 7600 Metern, müßte Platz für die zurückkehrende Gipfelmannschaft und für die beiden nächsten sein, die aufsteigen sollten. Das nächste Lager weiter unten wiederum, dessen Errichtung nicht mehr so schwierig war, könnte größer als nötig sein, um die restliche Mannschaft unterzubringen, damit auch die von oben kommenden Platz fänden. Die tiefergelegenen Lager mußten

Ade und Paul im Lho-La-Hotel

geräumig genug sein, um von dort aus die höheren errichten zu können. War dies erst einmal erreicht, würden sie nur noch Durchgangsstationen auf dem Weg nach oben sein.

Die bisher getane Arbeit und die noch vor uns liegende, war überwältigend. Es war nicht gut, ständig an den Berg zu denken – Mount Everest, der höchste Berg der Welt –, sondern besser, nur an das nächste kleine Stück, allerhöchstens an die ungefähre Richtung des nächsten Lagerplatzes, sonst aber nur an die nächsten Meter, die vor uns lagen. Mir sank der Mut, wenn ich an das Ganze dachte, aber mit kleinen Stücken konnte ich umgehen.

Von den Schneehöhlen auf dem Lho La aus – wir hatten sie an Erinnerung an die grimmige Winterschlacht im Zweiten Weltkrieg „Stalingrad" genannt – wurden die Hänge zur Westschulter angegangen. Die Zwillinge und John Porter überquerten die feindselige Mondlandschaft des Lho La. John beschrieb, wie er den Bergschrund erreichte, die Spalte, die sich beim Übergang von flacherem Eis in die steile Wand bildet.

Über Nacht hatte sich der starke Wind in eine schwache Brise verwandelt, die von Tibet heraufwehte. Wir hatten die Höhle spät verlassen, und der Schatten, den die Westschulter warf, war schon etwa bis zur Mitte der Entfernung zwischen der Höhle und dem Beginn des Aufschwungs zurückgewichen. Als wir den Bergschrund erreichten, übernahm Ade, mit den klappernden Bündeln von Schneestäben und Eisschrauben an seinem Klettergurt, freiwillig die Führung.

Die etwa drei Meter breite Spalte, die uns von der Wand trennte, wurde nur von einer dünnen Brücke ineinander verkeilter Eisblöcke einer früheren Lawine überbrückt. Ade überquerte mit beängstigenden Hüpfern diese Blöcke und hackte mit Eisbeil und Hammer auf das steile, spröde Eis ein, um es sicher zu verankern. Al filmte die Bemühungen seines

Bruders. Die Zeit verging, und die Kälte schlich sich in unsere Daunenanzüge.

Die Eiswand erhob sich etwa fünf Meter senkrecht über uns, bevor sie sich etwas zurücklehnte. Ade kletterte hinauf und hing über der hellblauen tiefen Spalte an den Spitzen seiner Eisaxt und des Hammers und den vorderen Zacken seiner Steigeisen. Seine Bewegungen waren langsam, aber wohlüberlegt, und gerade als das Sonnenlicht über den Grat wanderte und uns erreichte, war er über die größten Schwierigkeiten hinweg und sicherte sich auf leichterem Grund oberhalb.

Al und ich kletterten nacheinander am jetzt befestigten Seil hinauf. Der Steilhang oberhalb war nicht schwierig zu erklettern. Der feste Schnee erlaubte ein gleichmäßiges Steigen. Viel schwerer war es jedoch, einen sicheren Anker für das Seil zu setzen, das wir für die künftigen Auf- und Abstiege festmachen wollten. Mit jeder Seillänge wechselten wir uns in der Führung ab, wobei wir jedesmal ein tiefes Loch graben mußten, bis wir auf festeren Schnee stießen, in den wir unsere ein Meter langen Aluminiumpfosten einschlagen konnten. Das Seil wurde befestigt, die beiden anderen kamen nach und brachten in ihren Rucksäcken weitere Seile mit.

Der Steilhang hatte einen schwierigen Neigungsgrad: zu steil, um mit bequemen, gleichmäßigen Bewegungen zu steigen, und wiederum nicht steil genug, als daß man sich voll konzentrieren mußte. Wir waren enttäuscht, als wir feststellten, daß wir im ganzen nur etwa 200 Meter geklettert waren, als es Zeit war, wieder zur Schneehöhle zurückzukehren.

Im Basislager waren wir froh über diese Neuigkeiten. Inzwischen hatten wir endlich wieder Funkkontakt hergestellt, und zwar mit dem einfachen Trick, daß wir unsere Uhren miteinander abstimmten und beide Seiten zur gleichen Zeit versuchten, Kontakt zu bekommen. Ades Stimme kam rauschend aus dem Äther. Es war besonders kalt, und die Überwindung des Bergschrunds und der Eiswand dahinter war schwer gewesen. Er fragte nach unserer Meinung über die weitere Route. Dreihundert Meter oberhalb des Punktes, den sie erreicht hatten, versperrte eine Barriere von überhängenden, eisüberzogenen Felsen die Wand. Von ihrer Position in der Wand aus war für sie die Entscheidung schwer, welche Richtung sie nehmen sollten. Zu weit nach rechts würde sie in die Fallinie der Eistürme bringen, die drohend oberhalb der Barriere hingen. Daran hatte ich schon früher gedacht und schlug vor, es in einer Rinne zu versuchen, in die eine Eiszunge hineinragte. Gewöhnlich ist es dort, wo Eis und Schnee liegen, nicht so steil. An senkrechten Wänden hält sich der Schnee nicht.

In einer wärmeren Jahreszeit hätten wir sicher daran gedacht, manche Abschnitte ohne Seile zu machen. Wir hätten sogar erwogen, im „alpinen Stil" zu klettern, d. h., in einem Zug zum Gipfel zu steigen, anstatt Seile zu fixieren und jede Nacht zu einem festen Lager zurückzukehren. Beide Methoden sind schwer. Im alpinen Stil zu klettern bedeutet, daß man alles, was zum Überleben notwendig ist, auf dem Rücken mitschleppt: Lebensmittel, Kocher, Schneeschaufel oder Zelt. Mit einem zu schweren Sack sind die Chancen geringer, den Gipfel zu erreichen, denn eine Last von dreißig Pfund ist oberhalb von 6000 Metern lähmend. Da wir im Winter kletterten, mußten wir viel mehr warme Kleidung, Lebensmittel und Brennstoff mitnehmen als im Sommer, und die Schwierigkeiten unserer Route waren viel größer als auf den normalerweise begangenen Routen des Berges. Das Vorkommen wäre sehr langsam, und wenn wir von der Nacht oder einem Sturm überrascht würden, wären die Folgen fatal. Die Fixseile erlaubten uns einen schnellen Abstieg zu einem sicheren Lager oder einer Höhle und einen schnellen Aufstieg zum höchsten Punkt, von dem aus es weitergehen konnte.

Auf welche Weise man auch einen großen Berg besteigt, es ist nie genußreich. Einmal gibt es das langweilige, mehrmalige Auf- und Absteigen in schon bekanntem Gelände, jedesmal ein bißchen höher; dabei erlebt nur die Führungsmannschaft den Reiz der Neuentdeckung und der Überwindung von unbekannten Schwierigkeiten. Die andere Methode bringt quälende Strapazen mit sich, jeden Tag höher steigen zu müssen, ohne daß der Körper die Möglichkeit hat, sich der Höhe anzupassen. Hat man mehr Zeit zur Verfügung, ändert sich die Zusammensetzung des Blutes, mehr Sauerstoff kann absorbiert werden, das Herz muß nicht so schwer arbeiten, man gewöhnt sich an die Kälte und die Fähigkeit, mit den außergewöhnlichen Bedingungen der Höhe und Kälte fertig zu werden, wächst. Will man zu schnell Höhe gewinnen, bevor diese Anpassung erreicht ist, kann es zu fatalen Folgen kommen. Der langsame, richtig bemessene Aufstieg, die Versicherungsarbeiten und der Wiederabstieg jeden Abend zu einem tiefergelegenen Lager sind für den Körper weniger gefährlich.

John und die Zwillinge machten von der Höhle aus „Ausfälle" in die Eiswand. Sie klettterten höher und brachten mit Hilfe von Firnankern oder Eisschrauben weitere Seile zur Sicherung an oder auch Haken, die sie in den Fels schlugen, wo er aus dem Eis hervortrat. Ein Seil ist 50 Meter lang, eine praktische Länge, mit der man auch gut umgehen kann. Fünf Seile zu fixieren war eine Tagesarbeit. Flach auf der Erde machen fünf Seillängen knapp 230 Meter aus, die man in Minuten abschreiten kann.

Am nächsten Tag führte John auf dem windumtosten Westgrat.

> Wir stiegen zuversichtlich an den festen Seilen in Richtung auf die Felsbarriere über uns auf. Sie schien trügerisch nahe, aber wir waren etwa dreihundert Meter über dem Bergschrund, bevor wir die ersten Platten erreichten, die zu dem vorspringenden Überhang führten. Wir befanden uns an einer Stelle

mit glattem Granit, wo es keine Klettermöglichkeit zu geben schien. Ich querte ohne viel Optimismus nach links, um vielleicht einen möglichen Weg durch eine der Eisrinnen zu finden, die durch den Fels zu einer Verengung im Überhang führten.

An einer Stelle waren wir plötzlich in eine zischende Lawine eingetaucht – nichts Ernstes, nur ein massives Bombardement von Eiskristallen. Ade, zehn Meter rechts unter mir, stand direkt vor der Sonne, und im strahlenden Licht erglühte er förmlich, als die Eispartikel um ihn herumflogen. Ein rotblauer Heiligenschein strahlte um seinen Daunenanzug und den Rucksack.

Ich war unzufrieden wegen unseres langsamen Vorankommens, aber als ich über den Lho La zu dem dunklen Fleck unserer Schneehöhle in der Ferne zurückschaute, wurde mir die Ausdehnung der Hänge klar, auf denen wir uns befanden. Ich wußte, daß Brian und Pete in der Höhle warteten, und ahnte, daß sie mit dem mageren Ergebnis unserer Anstrengungen nicht zufrieden sein würden. Diesesmal hatten wir nur knapp 150 Meter fixiert. Aber sie würden die Probleme selbst kennenlernen, wenn sie morgen an der Reihe waren.

John und die Zwillinge stiegen zum Basislager ab und überließen es Pete und Brian, das Problem der Barriere zu lösen.

Paul, Alan, Brian und ich hatten inzwischen weitere Lasten auf den Lho La transportiert. Es hatte keinen Sinn, jetzt schon dort hinaufzuziehen, und es gab nichts Besseres für uns zu tun, als das Lager am Lho La weiter aufzustocken. Wir würden große Vorräte an Lebensmitteln, Brennstoff und Seilen benötigen, wenn wir einmal alle dort hausten.

Brian und Alan beschlossen, aufzusteigen und dort zu bleiben, um zwei der anderen in ein paar Tagen abzulösen. Alan kämpfte immer noch gegen seinen quälenden Husten und die immer wiederkehrende Übelkeit an. Er war fest entschlossen, nicht zurückzubleiben. An dem Tag aber, an dem sie oben bleiben wollten, löste Brian, der über die Platten in die Rinne hinaufführte, einen Stein, der in die Tiefe sauste und Alans Hand aufschlitzte. Verschreckt und entmutigt kehrte Alan ins Basislager zurück; seine Hand konnte er kaum benutzen.

In diesen Tagen verbrachte ich einen Gutteil meiner Zeit mit Paul. Ohne uns irgendwie abzusprechen, fanden wir uns mit ähnlichen Arbeiten beschäftigt. Wir kamen uns allmählich vor, als wären wir die Sherpas für die anderen und genossen das verbindende Kameradschaftsgefühl dabei. Paul strahlte Zuverlässigkeit aus, das beruhigende Gefühl von *common sense,* manchmal überdeckt durch sein nicht zu bremsendes Lachen, das seine entschiedenen Äußerungen über die Wunderlichkeit des Lebens unterstrich. Vor der Expedition hatte ich mich mit ihm meist in einem Pub oder auf Partys getroffen, wo er mit nuschelnder Stimme lange Vorträge über komplizierte Themen gehalten hatte, die ich nicht gleich verstand und an die ich mich hinterher nicht erinnern konnte. Alles in allem gewann ich den Eindruck, daß er sehr intelligent war, doch konnte ich seinen Gedankengängen nicht folgen.

Eigentlich gab es keine festen Zweiergruppen, aber das Filmteam suchte nach solchen Motiven. Nachdem sie Paul und mich mehr als einen Tag zusammen gesehen hatten, ergriffen sie die Gelegenheit und filmten uns beim Klettern am unteren Teil der Wand. Sie gewannen etwas Sicherheit beim Gehen in leichterem Gelände und wurden mit der Route im unteren Teil des Pfeilers vor Beginn der Fixseile vertrauter, und allmählich wagten sie sich höher hinauf und suchten günstige Plätze für ihre Kameras. Uns Bergsteigern war immer noch nicht wohl dabei, das Filmteam am Berg allein zu lassen. Wir konnten schwer beurteilen, wie schwierig es für sie war, mit einem Gelände fertig zu werden, das wir routinemäßig beherrschten. Viel später schilderte Allen Jewhurst einen Vorfall, der unsere Bedenken bestätigte.

Innerhalb von fünfzehn Sekunden können einem viele Gedanken durch den Kopf gehen. Mike Shrimpton, unser Kameramann, rutschte einen Steilhang hinab, der an einer fünfhundert Meter hohen Stufe endete. Wir hatten beschlossen, die Route zum Lho La zu erkunden und gute Kamerapositionen zu suchen. Es war außerdem ein einigermaßen sicheres Gelände, in dem wir sehen wollten, wie Graham, unser Toningenieur, mit dem Klettern zurechtkommen würde. Ich war die Route schon drei Tage vorher mit Pete gegangen. Nach drei Stunden befanden wir uns in einer verzwickten Situation. In 5900 Metern Höhe waren wir von der Route abgekommen und hatten uns verstiegen.

Wir sagten Graham, der auf einer Felsrippe links von einer Rinne saß, daß er sich nicht von der Stelle rühren sollte. Mike wollte rechts und ich links nach einer Abstiegsmöglichkeit suchen. Nach wenigen Minuten hatte ich die Route wiedergefunden. Ich wollte Mike rufen und sah, wie er die Rinne hinabrutschte. Ein lockerer Stein hatte nachgegeben, und er fiel auf Graham zu. Ich war überzeugt, daß Mike verloren war, und was war mit Graham? Wie würde er reagieren? Graham war in seinem Leben noch nie geklettert, und jetzt war er hier auf 5800 Meter, und sein Freund stürzte zu Tode.

Graham war wie erstarrt. Mike streckte die Arme aus und versuchte, sich irgendwo festzuklammern. Seine Finger fanden eine Felskante und direkt vor Graham fand er Halt. In aller Ruhe bat er Graham, einen Fußbreit nach rechts zu rutschen. Er zwängte sich neben Graham, und fünfzehn Minuten später waren wir wieder auf der richtigen Route, wo wir zwei

Beschlüsse faßten: Uns nie wieder zu versteigen und nichts den Bergsteigern zu erzählen.

Das Basislager zeigte eine völlig andere Welt als das Leben auf dem Berg. Der Unterschied war genausogroß wie zwischen England und dem Basislager. Während der ersten 500 Meter des Eisbruchs waren die Bergsteiger außer Sicht. Ich hatte die Aufgabe geerbt, Funksprüche zu machen und meine Vorstellung von den Leuten auf dem Berg wurde von den dünnen, krächzenden Stimmen beeinflußt, die über den Empfänger zu mir drangen. Ohne es zu merken, verband ich die Stimmen mit den kleinen Figuren, die ich zuletzt durch ein Teleobjektiv gesehen hatte, wie sie langsam zum Lho La stiegen. Halb stellte ich mir vor, daß meine Freunde am Berg zu kleinen Strichmännchen geworden waren. Eine komische

Al mit Steigeisen und Eisaxt

Phantasie, erklärbar durch das Riesenhafte unseres Vorhabens.

John und die Zwillinge kamen mit weiteren neuen Einzelheiten über ihr Vorankommen oberhalb des Lho La ins Lager zurück. Sie brachten Informationen über die Route, die Brian und Pete über die Felsbarriere nehmen wollten. Sie waren etwas deprimiert, sowohl wegen der bisher erst zurückgelegten Strecke als auch wegen der unbarmherzigen Kälte trotz des wolkenlosen Himmels und hatten Bedenken wegen der Arbeit, die noch zu tun war.

Das Filmteam hatte ein riesiges Objektiv vor eine der Kameras montiert, und ständig schaute jemand hindurch, ob irgend ein Zeichen von Brian und Pete zu entdecken war. Aufgeregte Rufe ertönten, als man sie ausgemacht hatte; für das bloße Auge unsichtbar, erschienen die beiden durch die starken Linsen wie wirkliche Menschen, obwohl man sie nur an der Farbe ihrer Kleidung unterscheiden konnte. Ich hatte das Gefühl, als würde ich heimlich jemanden beobachten. Die beiden Strichmännchen waren dicht beieinander. Das rote, Brian, befand sich etwas oberhalb des anderen; an seinen suchenden Bewegungen sah ich, daß er Schwierigkeiten hatte. Der Blick durch ein Fernglas kann täuschen; manches sieht einfacher aus, manches problematischer, als es ist. Allem Anschein nach war es eine schwierige Stelle, mit der sie kämpften, Brian schrieb, wie es war.

> Mir war kalt, und ich fühlte mich weit weg von jeder menschlichen Gemeinschaft. Das Basislager, die kleinen bunten Punkte auf dem Gletscher weit unten, war eine andere Welt. Wie ich hier so stand, Stunden über Stunden, wie mir schien, während Pete über das steile Eis und das Felsband führte, hatte ich Zeit, über unsere Einsamkeit und Abgeschiedenheit nachzudenken. Das Leben im Basislager war für uns schon zur Norm geworden, „normal" und doch weit entfernt vom Leben in der Zivilisation.

Pete hatte Probleme. Er wurde weit nach links abgedrängt, weil eine Eisrinne nach der anderen seinem Angriff widerstand. Sein langsames Vorankommen machte mich ungeduldig. Ich spürte den Drang, es selbst zu versuchen, und mußte mich zurückhalten, ihm keine – wie ich meinte – hilfreichen Ratschläge zu geben. Als die Zeit so verrann, bedrückte mich die Szenerie mit den immer tiefer sinkenden Wolken über dem Pumori und Gyachung Kang und der Blick hinunter auf den Rongbuk-Gletscher und die kahlen Berge Tibets.

Dabei war das genau die Gelegenheit, auf die ich gewartet hatte. In den ersten Wochen hatte ich unter Bronchialbeschwerden gelitten, die sich durch die trockene, kalte Luft verschlimmert hatten. Von einem ständigen Husten geplagt, hatte meine Rolle bis heute nur darin bestanden, die Kameraden, die fitter waren, zu unterstützen und Lasten zu schleppen. Kranksein und ewiges Lastenschleppen, das war nicht das, wovon ich vor unserer Expedition geträumt hatte. Die Visionen vom Überwinden schwieriger Eisschluchten, glatter Felsplatten und steiler Schneehänge, vom ständigen Führen, Seillänge für Seillänge, hatten sich in Nichts aufgelöst – zerstört durch Krankheit und Plackereien. Manche aus dem Team erfüllten sich ihre Träume. Ich nicht, und ich zweifelte an meiner Fähigkeit, eine schwierige Route wie diese unter solch harten Bedingungen zu bewältigen.

Diesmal war ich am Berg gut gestartet, hatte das Lager 1 schneller als je zuvor erreicht und war begeistert von der Aussicht, das Felsband zu überwinden. Jetzt wurde es spät, Kopfschmerzen und Benommenheit, die mich anfangs gequält hatten, waren weg, aber der Wind wurde stärker und die Wolken immer dichter. Die Ungeduld wegen der vorgeschrittenen Zeit und die Ungeduld, selbst führen zu wollen, hielten sich die Waage. Die Vorstellung, daß ich den Durchbruch durch dieses Hindernis auf leichteres Gelände oberhalb schaffen würde, sobald ich an der Reihe war, erregte mich.

Als Pete schließlich auf einer schmalen Kante, aber gut durch Felshaken gesichert, einen Standplatz fand, folgte ich ihm voller Ungeduld. Wo Pete vorsichtig hatte klettern müssen, die Eisbeile ins Eis gerammt, mit den Steigeisenzacken am Fels, versuchte ich nun, durch das Seil gesichert, schnell voranzukommen und wieder warm zu werden. Meine Lungen platzten fast. Ich wurde benommen, und mir wurde schwindlig, da ich mich ohne genügend Sauerstoff zu sehr anstrengte. In einem Gewirr von Seilen erreichte ich die Kante. Mein Gehirn war so aktiv wie eine Gartenschnecke, meine Hände spürten die Kälte nicht mehr, und ich brauchte viel Zeit, um den Seilsalat zu entwirren. Als ich von der Kante in die Eisrinne stieg, kehrte die Benommenheit zurück; ich kletterte langsamer. Vom oberen Ausgang der Rinne sah ich, wie die letzten Überhänge zu machen waren. Ein vorspringendes schmales Band verlief nach links zu einer luftigen Kante, die nach oben in den Überhang führte. Wenn ich hier über den Überhang käme, befänden wir uns in leichterem Fels, und ein wesentliches Hindernis wäre überwunden.

Als ich die Rinne verließ, um das Band zu erreichen, fühlte ich mich unsicher, und das Hochgefühl des Führens war bald vorüber. Ich bekam es mit der Angst zu tun, als meine Arme schnell erlahmten und die Aussicht, rückwärts in die Rinne zu stürzen, immer bedrohlicher wurde. Mit letzter Kraft erreichte ich das Band, aber die Anstrengungen der vergangenen Minuten hatten mich vollkommen aus der Fassung gebracht. Was ich vorher als eine große Plattform angesehen hatte, schien jetzt kaum breit genug für die Zacken meiner Steigeisen. Ich konnte mich nicht ausruhen, sondern klammerte mich fest, als gälte es mein Leben. „Paß auf das Seil auf, Pete“, rief ich hinab.

„Ich will versuchen, einen Klemmkeil zu setzen!" Der Keil ging viel zu leicht in einen Riß im Fels, als drückte er den Fels auseinander. Trotzdem vermittelte er mir mehr Sicherheit, und ich schob mich langsam nach links zur Kante.

Die Kante war mit Schnee bedeckt, aber ich konnte mich hier ausruhen. Meine Angst war vergessen, und ich begann den Tag zu genießen. Weiter unten war jetzt Pete an der Reihe, gelangweilt dreinzuschauen und ungeduldig von einem Fuß auf den anderen zu treten. Ihm wurde die Zeit jetzt zu lang, das wußte ich. Für mich existierte sie nicht; das Klettern nahm mich voll in Anspruch.

Ich wischte den Schnee von der Kante, fand viele Griffe und erreichte schnell den Überhang. Nach einer Pause brachte mich ein Armzug und ein Schwung nach links auf den leichteren Fels darüber.

Es gab mir ein Gefühl der Erfüllung, einer vollbrachten Leistung, aber jetzt, wo die Schwierigkeiten hinter mir lagen, zählte wieder die Zeit. Die Nacht war nahe. Durch den Wind aufgewirbelter Schnee verdunkelte den Blick auf den Lho La. Eile war geboten. Ich wartete, bis Pete am Seil heraufkam, seine Lasten ablud, dann machten wir uns schnell auf den Rückweg.

Eine Abseilstelle folgte der anderen, und als es dunkel wurde, erreichten wir die flachen Hänge. Der Weg zum Lager 1 verlor sich im Nebel und in der Dunkelheit. Mehrere Male blies uns der Wind aus der Richtung, und wir waren erleichtert, als wir auf die Reste unserer Konservendosen stießen und den kurzen Anstieg zu unserer Höhle unter den Füßen spürten.

Wir schrieben den 22. Dezember. Alan, Paul und ich wollten am nächsten Tag aufsteigen und Brian und Pete ablösen, von denen wir annahmen, daß sie nach ihrem Durchbruch durch die Felsbarriere erschöpft waren. Als ich am 23. Dezember erwachte, hatten wir Schneefall und tiefhängende Wolken. Per Funk erfuhren wir von Pete und Brian, daß die Bedingungen im Augenblick für seinen Aufstieg zu schlecht seien. Sollte das Wetter aufklaren, wollten sie noch weitersteigen, wenn nicht, würden sie, bevor sie zum Basislager herabkämen, die Höhle vergrößern und eine Toilettenhöhle graben, um die Lebensbedingungen im Lager 1 erträglicher zu machen. Wir beschlossen, bis zu einer Wetterbesserung unten zu bleiben, und ich freute mich – mit etwas schlechtem Gewissen –, daß wir letztlich im Basislager Weihnachten feiern und die nächste Postsendung abwarten konnten, die schon fällig war. Falls das Wetter aber aufklarte, war es keine Frage, daß wir aufsteigen würden, gleichgültig, welch sentimentale Anziehungskraft eine Weihnachtsfeier auch besaß. Tage mit gutem Wetter waren zu kostbar und unwiderbringlich, um sie ungenutzt verstreichen zu lassen.

Der Schneefall ließ den ganzen Tag über nicht nach. Schwere, dicke Flocken hüllten das Lager in schweigendes Weiß. Abends schoben sich Brian und Pete, über und über mit Schnee bedeckt, durch den Eingang des Eßzeltes, die Steigeisen noch an den Füßen. Brian schnaufte schwer, als hätte er gerade ein Drama in der Arktis überlebt. Pete, vollkommen beherrscht, ging durch das Zelt, löste mit betonter Langsamkeit seine Steigeisen und setzte sich.

Dies war unsere erste Begegnung mit dem Berg unter widrigen Bedingungen, und Brians Beschreibung des Abstiegs von der Schneehöhle vermittelte uns einen beunruhigenden Eindruck von den Mächten, mit denen wir zu kämpfen hatten.

Der Sturm vom Vorabend war während der Nacht noch schlimmer geworden. Wir schätzten, daß bei solchem Wetter niemand vom Basislager heraufkommen würde, und Pete und ich beschlossen, so schnell wie möglich abzusteigen. Wir wußten nicht, wie es sein würde, wenn uns ein Wintersturm am Berg erwischte, und die Möglichkeit, dann tagelang eingeschlossen zu sein, schien uns sehr wahrscheinlich.

Ich ging zuerst los und hatte, sobald ich außerhalb der Höhle war, Schwierigkeiten, nicht vom Wind umgeweht zu werden. Vom Höhleneingang führte das Seil sechzig Meter hinauf zu einem Pfosten im Schnee. Von dort ging es weitere hundert Meter eben weiter bis zu den ersten Felsen, wo der eigentliche Abstieg begann. Ich hängte mich mit einer Steigklemme in das Seil, die am Seil entlangglitt, die ich aber auch arretieren konnte, wenn ich wollte. An dieser Stelle wehte der Wind am stärksten. Mit dem Gesicht zum Wind konnte ich nicht atmen, daher versuchte ich, rückwärts zu gehen. Ich konnte mich nicht aufrecht halten, der Wind blies mich um. So ging ich in die Knie, zog den Kopf ein und kroch über den Hang. Ständig wurde ich in die Luft gehoben, und nur das Seil, bis zum äußersten gespannt und im Wind surrend, bewahrte mich davor, weggeweht zu werden.

Am besten ging es, wenn wir uns schnell vorwärtsbewegten und dann ausruhten. Schnelle Bewegungen sind in der Höhe nicht leicht, aber Weiterkommen war das wichtigste. Wenn ich verschnaufte, rollte ich mich zu einem Ball zusammen, das Gesicht mit den Armen geschützt. Dann rannte ich drei Meter weiter, bevor ich mich wieder niederkauerte.

Wo die Seile waagrecht über den Hang liefen, war es noch schwieriger. Hier mußte ich wieder rückwärts gehen. Der Abhang war steiler geworden, und ich konnte mich nicht mehr zusammenrollen. Ich konnte weder mit dem Gesicht gegen den Wind gehen, noch schnell genug rückwärts. Der Wind war noch stärker geworden, und ich schien wie ein Drachen mehr in der Luft zu sein als auf der Schneeoberfläche. Selbst vom Wind abgewandt, fiel das Atmen schwer. Im Windschat-

Brian kurz vor dem Lager 1

ten meines Körpers bildete sich ein Vakuum, und ich keuchte schrecklich, um diese unerwarteten Erstickungsanfälle zu überwinden. In meinem offenen Mund bildete sich beim Luftschnappen Eis, und die kalte Luft, die ich einsog, brannte in den Lungen. Mein ganzer Körper war eiskalt.

Panik ergriff mich, und ich begann zu denken, daß es zum Umkehren noch nicht zu spät war. Ich war benommen und wurde gleichgültig, als der Wind mich von einer Seite auf die andere warf, bis ich keine Orientierung mehr hatte. Ich wußte, daß ich in jeder Sekunde Körperwärme verlor. Es schien mir ein dummer Ort zum Sterben, nur ein paar Seillängen von der sicheren Höhle entfernt.

Meine Angst wuchs noch, als ich meine eigene Stimme hörte: „Los, beweg dich!", und die Worte dabei wie ein trunkenes Lallen aus meinem Mund kamen.

Ich erkannte, daß ich die Stelle erreicht hatte, an der die Seile über eine zwei Meter breite Gletscherspalte führten, die meist unter dem Schnee versteckt war – normalerweise ein Ort, den man meidet, aber jetzt erschien er mir wie ein Segen. Immer noch fest mit dem Seil verbunden, ließ ich mich hineingleiten, und eine unheimliche Ruhe erfüllte mich. Ich schnappte immer noch nach Luft und hatte keine Orientierung, aber die Panik war gewichen. Ich fand Zeit, mich zu erholen und zu überlegen, ob ich zur Schneehöhle zurückkehren oder mich zu den Felsen weiterkämpfen sollte.

Eine halbe Stunde später streckte ich meinen Kopf in den Wind hinaus, der mich wie eine flüssige Wand traf. Ich ging weiter in Richtung auf die Felsen. Ich kämpfte um jeden Schritt, mein Körper im Winkel von fünfundvierzig Grad gegen den Wind gestemmt. An die letzten Meter erinnere ich mich nicht mehr, nur noch an das Gefühl der Erleichterung, als ich im Windschatten der Felsen zu Boden sank.

Pete kam an und hatte ähnliche Anstrengungen hinter sich. Meine Ausbrüche über die Angst, die ich gehabt hatte, verloren sich im Wind, aber er konnte auf meine Schilderungen verzichten.

Weiter unten kamen wir in Schneefall. Die sonst so vertraute Route war unter einer immer dicker werdenden Schneedecke versteckt. In flacherem Gelände quälte uns die Unsicherheit über den richtigen Weg. Die Seile, an manchen Stellen tief im Schnee vergraben, waren durch eine Eisschicht dreimal so dick geworden. Wir glitten und rutschten sechs Stunden lang abwärts, bis wir schließlich auf das Basislager stießen – gerade rechtzeitig für die Weihnachtsfeier.

Der Gipfel bei Sonnenuntergang

Brian hatte einige Einwände gegen die eingeschlagene Route zur Westschulter. Er hatte das Gefühl, daß bei den Zwillingen und John die Neigung bestanden habe, die einfachste, einleuchtendste Route zu wählen, um Pete und ihm dann die schwierigen Stellen zu überlassen, als sie es nicht mehr schafften. „Das müssen wir uns in Zukunft genauer überlegen", sagte er.

Es gab unterschiedliche Meinungen, aber das Haupthindernis war jetzt überwunden, und es war gut, daß wir das noch vor Weihnachten geschafft hatten und wir jetzt alle zusammen feiern konnten.

Weihnachten

Die für diese Zeit am Morgen ungewöhnliche Dunkelheit und die tiefhängenden Bahnen des Zeltdachs, von wo ab und zu das Rascheln rutschenden Schnees zu hören war, sagten mir, daß der Schneesturm, der gestern begonnen hatte, immer noch um das Lager tobte. Auch heute würde niemand aufsteigen können, und insgeheim war ich darüber erleichtert, daß wir nun an Weihnachten alle zusammen sein würden. Sicher war es nicht gut, auch nur einen kostbaren Tag auf dem Berg zu verlieren, aber da uns keine Wahl blieb, war es mir auch recht. Die Bedeutung des Weihnachtsfestes kam mir jetzt zu Bewußtsein, und ich schrieb in mein Tagebuch: Eine unwirkliche Situation – und gleichzeitig so normal. All die Erinnerungen an vergangene Weihnachten, Geselligkeit, Wärme, Geschenke, Lichter, Freunde, Freundinnen, Familie, und hier bin ich jetzt bei Schneefall und grauem, düsterem Wetter im Basislager. Aber schön ist, daß wir alle hier beisammen sind, und heute sollte der Postläufer eigentlich zurückkommen. Allerdings war das Wetter gestern so schlecht, daß kein Flugzeug landen konnte. So wird er nur die Post der vorigen Woche bringen."

Der ganze Tag wurde mit Vorbereitungen für die Weihnachtsfeier verbracht. Wir hatten beschlossen, nach amerikanischer Art am Heiligen Abend zu feiern, denn wenn das Wetter besser werden sollte, würden sich am nächsten Tag drei von uns an den Aufstieg machen.

Auf wundersame Weise hatte John für diese Gelegenheit einen kleinen Vorrat an Getränken bewahren können – Brandy, Sherry und Whisky –, und auch ein paar Dekorationen und bunte Lichter kamen zum Vorschein. Im Eßzelt herrschte bald eine festliche Stimmung, als John mit immer strahlenderem Gesicht zwischen Küchenzelt und Eßzelt hin- und herpendelte, die Arbeiten in der Küche überwachte und sich selbst mit den traditionellen Schnapsschlückchen, die dem Koch zustanden, bediente.

Fünf Japaner folgten unserer Einladung und feierten mit uns. Uemura, den der Sturm im Lager 2 festhielt, sandte uns Weihnachtsgrüße, und auch unsere Sherpa-Mannschaft wurde von unserer Hochstimmung angesteckt. Wan Chup arbeitete ausnahmsweise bereitwillig nach Johns genauen Anweisungen.

Als sich die Dunkelheit über unser eingeschneites Lager senkte, wurden Schüsseln mit Leckerbissen in das Eßzelt getragen: Krabben in Mayonnaise, geräucherte Austern, Pasteten und noch mehr Sherry. Das ständige Heulen des Windes vom Lho La wurde vom Lärm unseres größten Kassettenrecorders übertönt, den wir zur Verstärkung in eine leere Transporttonne gestellt hatten.

Nach einer Weile verbeugten sich die Japaner dankend, verabschiedeten sich auf höflichste Weise und verließen uns.

Das Hauptgericht, gefülltes Huhn, aus Kartoffelpulver hergestellte Kartoffelbällchen und Trockengemüse, wurde aufgetragen, und weiterer Whisky kam auf den Tisch. John hatte seine Hauptüberraschung streng geheimgehalten und servierte nun einen reich verzierten, flackernden Plumpudding mit Brandysoße. Ich war voll und zufrieden. Der einzige Schönheitsfehler des Tages war das Ausbleiben des Postläufers, wahrscheinlich wegen des Schnees.

Gegen 20 Uhr waren wir alle geschafft, müde, und uns war wohlig warm vom guten Essen und Trinken. Die meisten von uns trugen ihre dicken, roten Daunenanzüge. Im Zelt sah es aus wie bei einem Treffen von Weihnachtsmännern. Ade mit seiner leuchtend roten Nase grinste frech und verlor sich in Phantasien über mögliche Berufsaussichten: „Das müßte eine prima Sache sein – Weihnachtsmann, und alle Mädchen wollen mal auf deinem Knie sitzen." Die beiden Zwillingsbrüder sahen sich jetzt so ähnlich wie nie zuvor, weil Ade sich auch einen struppigen Bart hatte wachsen lassen, und wir freuten uns auf Als Freundin aus Kathmandu, die geschrieben hatte, daß sie uns auf unserem Rückweg treffen wollte.

Nur Paul und Alan unterhielten sich noch. Manchmal hatte ich den Eindruck, als vermisse Alan die schwierigen intellektuellen Diskussionen seiner Studienzeit in Cambridge. Oft machte er derbe Scherze, aber dahinter versteckte sich immer ein scharfer Intellekt, der sich danach sehnte, auf die Probe gestellt zu werden. Jetzt waren Paul und Alan in eine Diskussion verwickelt, die sich um logarithmische Gleichungen innerhalb eines Würfels, ausgerichtet auf einen Punkt, drehten. Paul schien immer noch mitzukommen, ich aber verstand das alles überhaupt nicht mehr, und ich sah an dem spöttischen Stirnrunzeln Allen Jewhursts, als er schlafen ging, daß auch er nichts davon begriff. Ich ging auch und fiel in einen tiefen Schlaf. Verschwommene Bilder von der Aufstiegsroute, ausgelöst durch den jetzt sternklaren Himmel, verloren sich im Alkoholnebel.

Dummerweise begann der nächste Tag, der Weihnachtsfeiertag, mit schönem Wetter. Paul, Alan und ich machten uns bereit für den Aufstieg zum Lho La. Ein neuer Arbeitstag für uns, und ich beneidete die, die noch einen Extratag zum Ausruhen und Feiern hatten. Es war 11 Uhr, als wir fertig zum Aufbruch waren, und das Wetter war umgeschlagen. Wolken zogen von Süden herauf, und Schneefahnen wehten vom Nuptse-Grat. Für eine Änderung der Pläne und einen Verbleib im Basislager gab es jede mögliche Ausrede. Ich war mir aber nicht im klaren darüber, ob es der gesunde Menschenverstand war oder der Alkohol, den ich noch im Körper hatte, der mich zögern ließ. Paul und Alan, denen es auch nicht besser ging, folgten mir.

Der wohlbekannte Weg bis zum Beginn der Seile hatte sich verwandelt. Alle die vertrauten Stufen und Tritte waren unter tiefem Schnee verborgen, meine Hände wurden taub, die Handschuhe weichten durch vom ständigen Buddeln im Schnee nach einem festen Griff. Ich löste dabei einen großen Felsbrocken und schob meine Unachtsamkeit auf meine Ungeduld, da ich den anderen vorauseilen wollte. Ich wartete eine Weile, aber im immer stärker werdenden Wind wurde mir kalt. Ich ging schneller, um wieder warm zu werden, und begann an den Seilen der überhängenden Rinne hinaufzuklettern, ohne daß ich etwas von Paul und Alan sah. Von der Kante auf halbem Wege hörte ich Rufe, und durch die wirbelnden Wolkenfetzen machte ich weit unten eine Gestalt aus. Im Tosen des Windes war es schwer, etwas zu verstehen, aber es war Paul, und ich begriff, daß er zum Basislager zurückkehrte.

Ich überlegte, was ich tun sollte. In weniger als einer Stunde wäre ich bei der Schneehöhle; zum Basislager würde es länger dauern. Ich ging weiter.

Wahrscheinlich wirkte der Alkohol in meinem Körper noch nach, denn das Brausen des Windes auf dem Plateau über mir hörte sich an wie ein Zug im Eisenbahntunnel. Der Schnee fiel dicht. Es war nicht mehr der schöne Tag, an dem wir aufgebrochen waren. Wir hatten uns durch die Tage mit relativ gutem Wetter zu einer falschen Einschätzung des Winters hier verleiten lassen. Meine Bekleidung war unzureichend und trieb mich eiligst empor, bevor mir die Kälte durch Mark und Bein drang. Am Ende der Felsen schnallte ich für den Aufstieg im Schnee und das letzte Stück zur Höhle meine Steigeisen an. Auf dem ganzen Weg mußte ich gegen den Wind ankämpfen. Ich konnte nicht aufrecht gehen und zog mich am Seil über die Hänge, die ich vor zehn Tagen zum erstenmal überquert hatte. Damals hatte ich mich gefragt, ob hier Fixseile wirklich nötig wären ... Ich erreichte die Höhlen und floh in die ruhige Zuflucht der ersten. Ich fühlte mich zerschlagen, ausgepumpt und erschöpft. Von Alan hinter mir war nichts zu entdecken.

Pete und Brian hatten den Eingang mit Rucksäcken verbarrikadiert, aber Schneestaub war durch jede kleine Ritze eingedrungen. Schlafsäcke, Kleidung, Konserven – alles im Inneren der Höhle war mit einer dünnen Schneeschicht bedeckt. Ein Daunenanzug lag am Boden, und ich schlüpfte hinein; meiner lag drüben beim Zelt, und dahin wagte ich mich jetzt nicht. Eine halbe Stunde brauchte ich, um die Höhle vom Schnee zu säubern, und nachdem ich einen Rucksack voll Schnee von draußen hereingeholt hatte, machte ich es mir mit einem Buch im Schlafsack bequem.

Um 18 Uhr erfuhr ich über Funk, daß Alan auch umgekehrt war. Paul und er hatten gemerkt, daß sie nach der Feierei am Tag zuvor nur langsam gehen konnten und froren. Sie fürchteten, die Höhlen nicht vor Dunkelheit zu erreichen. Sie waren auf Sicherheit gegangen und umgekehrt. Ade war am Funkgerät und sagte mir, daß der Postläufer angekommen sei. Das machte mein Gefühl der Isolierung und Einsamkeit vollkommen.

„Ist irgend etwas für mich dabei?" fragte ich zögernd.

„Ja, morgen werde ich kein Material heraufbringen können, weil mein Sack mit deinen verdammten Briefen voll sein wird. Ich habe keine bekommen und nehme mir deshalb ein paar von deinen."

Nach ein paar anzüglichen Bemerkungen schaltete Ade ab, und ich kroch in die Höhle zurück, um einen ziemlich langweiligen und öden Weihnachtsfeiertag für mich allein zu verbringen. Ich spürte, wie Heimweh in mir aufkam, das ich unterdrücken wollte. Ich versuchte, nicht daran zu denken, wer mir geschrieben haben könnte. Ich zwang mich, meine Gedanken auf die Lektüre eines leicht durchschaubaren Terroristenromans zu konzentrieren.

Ich dehnte mein Abendessen, das unerfreulich war, weil ich es mit niemand teilen konnte, so lange wie möglich aus.

Die einsame Nacht war sonderbar. Mit Rucksäcken verschloß ich den Eingang der Höhle gegen den Schnee, den der Wind hereintrieb. Ich hatte die Befürchtung, daß, wenn ich meine distanzierte und unempfindliche Gemütsverfassung nicht beibehielt, das Bizarre meiner Situation – allein auf 6000 Metern Höhe am Everest zu sein, einem Berg, heimgesucht von den Geistern toter Bergsteiger – beängstigend werden könnte. Die Höhle war in Sichtweite der Stelle, an der Mallory und Irvine 1924 verschwunden waren, und wo ihre Leichname wohl noch liegen. Ich versuchte mich zu überzeugen, daß ich frei von Aberglauben war, und verdrängte das Gefühl der totalen Einsamkeit aus meinem Bewußtsein. Ich befürchtete, wenn ich solche Gedanken aufkommen und inneren Ängsten Raum ließe, könnten sie von mir Besitz ergreifen und mich aus dem Gleichgewicht bringen. Nachdem ich gegessen hatte, kam der Schlaf gnädigerweise schnell, und ich konnte am nächsten Morgen noch lange, ohne an etwas zu denken, dahindösen, bis es hell wurde und Zeit zum Aufstehen. Ich freute mich auf die Ankunft der anderen und auf meine Post.

Am Nachmittag des zweiten Weihnachtsfeiertages kamen vier Leute herauf – Paul, Alan und die Zwillinge. Ich war gerade damit fertig, ein paar Seile auszuwechseln, die im Wind an den Felsen gescheuert hatten und sehr abgenutzt waren. Ich fragte Ade nach der Post. Er schaute überrascht und plötzlich erschrocken auf: „Ich glaube, unser Jüngster hat deine Post." – Er hatte sie nicht, und Wut stieg in mir auf über ihre Gedankenlosigkeit. Ich war kurz davor, über sie herzufallen, aber Ade wirkte so niedergeschlagen und voller Selbstvorwürfe, daß ich meinen Ärger unterdrückte. Sonst waren die Zwillinge immer zuvorkommend und aufmerksam anderen gegenüber, und sie machten sich selbst wegen der hier am Berg so heißersehnten Briefe sicher mehr Vorwürfe, als ich es je konnte. Der Fehler lag bei uns allen, da wir kein System eingerichtet hatten, durch das Mitteilungen oder Briefe automatisch nach oben weitergeleitet wurden. Wir hatten alles der Initiative der einzelnen überlassen.

Starker, beständiger Wind wehte am nächsten Morgen über das Plateau zwischen den Höhlen und dem Aufschwung zur Westschulter. Paul und ich sollten hochsteigen und die Versicherungen in der Route durch die Felsbarriere vervollständigen. Al und Ade wollten Nachschublasten transportieren, und Alan, der sich wieder völlig erholt fühlte, wollte ein paar nötige Verbesserungen an den Höhlen vornehmen.

Zur Überquerung des Lho-La-Plateaus brauchten wir – im Wind hin und her taumelnd – eine halbe Stunde. Auf der anderen Seite stieg der Gegenhang immer steiler an und endete an einer Kluft im Eis, dem Bergschrund, etwa drei Meter breit und unergründlich tief. An der anderen Seite wechselte der Neigungswinkel abrupt und es erhob sich eine sechs Meter hohe, senkrechte Eiswand, die weiter oben weniger steil verlief. Jetzt aber hatten wir ein Seil angebracht, das die Kluft überspannte, die Eiswand und die oberen Hänge hochzog. Ich hakte meine Steigklemmen in das Seil, schob sie hoch und schwang mich kühn über die Spalte und an der Wand empor.

Der Wind kam jetzt von rechts, aus Süden. Die Kapuze meines Daunenanzugs schob sich um mein Gesicht wie Scheuklappen bei einem Pferd. Das Blickfeld war sehr eingeengt, und der Wind wirbelte den Schnee auf und mir ins Gesicht. Eiszapfen bildeten sich aus der Atemluft in meinem Bart. Die lange Wiederholung gleicher Bewegungen mußte ich durch häufige Pausen unterbrechen, um wieder zu Atem zu kommen. Ich schnaufte schwer und drehte meinen Kopf immer nach links, damit mir der eisige Wind nicht ins Gesicht fegte.

Jetzt beeindruckte mich die Länge der Route durch die Felsbarriere doch. Die anstrengende Plackerei fünfhundert Meter an den Seilen hinauf dauerte zweieinhalb Stunden von den Höhlen bis zu einem Gewirr von Haken, Karabinern und Reserveseilen, die Brian und Pete am höchsten Punkt hinterlassen hatte. Da nun die Seile angebracht waren, merkte ich nichts mehr von den Schwierigkeiten der Kletterei, aber ich sah, warum sie einen ganzen Tag gebraucht hatten, um hundert Meter zu schaffen, und bewunderte ihre Leistung. Ich spürte ein wenig Angst und Aufregung in der Magengrube in Erwartung dessen, was uns selbst bevorstand.

Die Seile endeten an einer Kante, auf die ich mich gegen den Wind niederkauerte, und ich schaute zurück auf die anderen unter mir. Die Zeit verging; ich schien an der zugigsten Stelle überhaupt zu sitzen. Ich duckte mich, um dem Wind ein möglichst kleines Ziel zu bieten; die Kälte drang mir durch Mark und Bein.

Bis Paul ankam, schienen Stunden zu vergehen. Ich war steif vor Kälte und kam mir nutzlos vor. Paul fror ebenfalls, seine Füße waren ohne jedes Gefühl. Sollten wir weitergehen, oder nicht? Ich wußte nicht, ob ich sicher genug war, in dem neuen Gelände zu führen. Der Wind war zu stark gewesen, um ohne Sicherung am Seil weiterzugehen. Paul war unschlüssig, und er fragte sich auch, ob es klug wäre, den Aufstieg in unserem Zustand fortzusetzen.

Ich machte einen Versuch. Durch die Bewegung wurde ich wieder etwas wärmer, und ich war in der Lage, eine Eisrinne emporzuklettern, die teilweise windgeschützt war. Die ausgesetzte Kante, die ich verlassen hatte, war wahrscheinlich der ungünstigste Aufenthaltsort gewesen. Als ich das Seil an einem Stahlhaken festmachte, einer Eisschraube, die ich ins blanke Eis hineingetrieben hatte, kam Paul nach. Ihm war noch nicht wieder warmgeworden, und Ade, der dicht hinter ihm folgte, übernahm seine Stelle.

Die Felsbarriere war eindeutig viel schwieriger gewesen als das, was wir jetzt vor uns sahen. Es war wirklich kein leichtes Gelände, aber nichts deutete darauf hin, daß wir hier wieder in eine Sackgasse geraten würden.

Ade auf den eisüberzogenen Felsen bei der Felsbarriere unterhalb Lager 2

Ich kletterte ein brüchiges Eisband hinauf. Unter meinen Steigeisen zerbrach und zersplitterte das Eis, bevor ich sicheren Halt fand. Eine durch den Wind geformte Schneerampe führte, ohne große Schwierigkeiten zu bereiten, zu einer zerbrochenen Felsplatte mit einem Riß, in den ich einen Haken schlug. Noch ein wenig höher, und mein Seil war zu Ende. Ich führte noch weitere fünfzig Meter, spreizte über eine Flache Vertiefung im Fels und kratzte mit den Steigeisen ungeschickt und unsicher am Granit. Ade kam nach und untersuchte genauestens alle Sicherungen. Er war der einzige unter uns, der eine offizielle Bergführerlizenz hatte, und die Erkenntnisse seiner Ausbildung bestimmten noch immer sein Denken.

Ich dränge ihn, eine Weile zu führen. Es ist viel aufregender und befriedigender, vorneweg zu klettern, als schwere Lasten zu buckeln, obwohl beides gleich wichtig ist. Ade bestand uneigennützig nicht darauf, daß er auch mal drankommen wollte, nicht zuletzt auch deshalb, weil er im unteren Teil viel geführt hatte. Trotzdem übernahm er aber jetzt die Führung und querte diagonal nach rechts oben über eine schräg abfallende Leiste aus brüchigem Gestein, die in schwarzen, vereisten Fels überging. Vorsichtig und sehr ruhig schaffte er noch weitere hundert Meter, bis die Zeit drängte und wir wieder absteigen mußten.

Vorher kletterte ich aber noch an einer Felsrippe weitere fünfzehn Meter bis zu einem Aussichtspunkt hinauf, um einen weiteren Blick auf die oberen Hänge zu werfen. Ade folgte mir, und wir waren froh, daß wir auf den nächsten sechshundert Metern kaum Hindernisse sahen, die mit der Felsenbarriere vergleichbar waren.

Wir hatten unser Zeitlimit überschritten. Als wir uns abseilten, versank die Sonne hinter den Bergen in der Ferne und goß einen rosigen Schimmer über das glitzernde Eis der Felsbarriere. Es war dunkel, als wir erschöpft die Höhlen erreichten.

Brian, Pete und John waren schon vorher mit Lasten heraufgekommen. Es überraschte mich, daß John nicht geblieben war, denn wir brauchten ihn am nächsten Tag, um mit Al zusammen eine Zweierseilschaft zu bilden, damit wir einen Ruhetag einschieben oder in aller Ruhe weiteres Material transportieren konnten. Es schien, als hätte es einen Streit über die nächsten Schritte gegeben. John hatte bleiben wollen, aber Brian hatte nachdrücklich darauf bestanden, daß schon genügend Leute auf dem Lho La wären und John unten bleiben sollte. Fünf Mann waren auf dem Lho La, aber die Arbeit weiter oben war sehr anstrengend. Die Kälte entzog dem Körper Energie, und Ermüdung setzte viel schneller ein, als ich es je zuvor erlebt hatte. Der Wind trug auch noch dazu bei, so daß es besser war, die Leute oft abzulösen und die Arbeit auf möglichst viele zu verteilen. Um am Tage genügend Zeit zu haben, neues Gelände zu erkunden und Seile zu fixieren, würden wir früh aufstehen müssen und auf dem schon gesicherten Weg schnell aufsteigen. Alle anderen waren zu müde oder mußten ins Basislager hinunter, so daß ich widerstrebend einem neuen Tag voll anstrengender Arbeit entgegensah, diesmal mit Al als Partner.

Am nächsten Tag aber erledigten Al und ich nicht viel. Ich war müde und verließ die Höhle erst spät. Das Gelände war doch nicht so leicht, wie zuerst gedacht, und ich merkte, daß Al übervorsichtig war. Aus seinen Bemerkungen konnte ich schließen, daß er meine Methoden und Maßstäbe für etwas sorglos hielt. Als wir wieder zum höchsten Punkt aufstiegen, den wir gestern erreicht hatten, mußte ich mir Mühe geben, mit seinem zielstrebigen, gleichmäßigen Tempo mitzukommen. Er hielt sich an die Theorie Diembergers, derzufolge langsame, egal wie langsame, aber ständige Bewegung der beste Weg sei, Höhen zu bezwingen. Mich langweilte diese gleichmäßige Methode, und als sich Al umdrehte, um zu sehen, wie es bei mir ging, rief ich ihm zu, daß ich lieber „Intervalltraining" mache, wobei mir die „Intervalle" eigentlich lieber waren als das „Training".

Wir verbrauchten bis zum Abend fast einhundertsiebzig Meter Seil, und Paul und Alan kamen mit einem Zelt und schweren Rucksäcken mit Seilen nach. Es war schon wieder dunkel, als wir nach einem wildromantischen Sonnenuntergang die Höhlen erreichten.

Endlich war meine Post angekommen. Eine Weihnachtskarte von Maria war dabei, die dralle Tanzmädchen aus den dreißiger Jahren zeigte. Die Rückseite war mit verschiedenen Lippenstiftabdrücken verziert, und Alan war ganz empört, weil ich nicht sagen konnte, welcher von Maria stammte. Es gab auch einen Brief von meiner Mutter, in dem sie schrieb, daß sie zu Weihnachten eine Messe für unsere sichere Rückkehr lesen lassen wollte. Dies beeindruckte alle sehr.

John blieb nun hier oben, und Brian und Pete sollten am nächsten Tag heraufkommen. Also würden Alan, Paul, Al und ich absteigen. Es war schwer, ohne sich auszuruhen und ohne richtiges Essen, Energie für mehr als ein paar Tage aufzubringen. Es gab genügend Vorräte in den Höhlen, aber durch die stundenlange Vorbereitungszeit für eine Mahlzeit neigte man leicht dazu, auf das Essen zu verzichten und sich der allgegenwärtigen, gleichgültig machenden Müdigkeit zu ergeben, die die Höhenlage hervorrief.

Es war ein stürmischer Morgen; der Wind fegte Schneewolken in die Höhlen. John und Ade steckten immer wieder ihre Köpfe heraus, um zu entscheiden, ob sie sich auf den Weg machen sollten oder nicht. John wollte herausfinden, wie es wäre, bei wirklich schlechten Wetterbedingungen zu klettern. Ade war vorsichtiger und wollte keinen Tag damit vergeuden, sich nur hinaufzukämpfen, um dann zum Rückzug gezwungen zu werden. Falls am nächsten Tag dann besseres Wetter wäre, würden sie zu erschöpft sein, um den Tag voll ausnutzen zu können.

Als ich abstieg, stieß ich auf Brian und Pete, die immer noch von Husten gequält wurden. Das Rauschen des Windes wurde schwächer, je tiefer ich kam, und zu meiner Überraschung spürte ich die Wärme der Sonnenstrahlen, wenn sie durch die Wolken drangen. Der Berg war immer noch in Wolken gehüllt, von Stürmen heimgesucht, eine eigene, andere Welt.

Innerhalb von vier Nächten hatte ich mich an den ständigen Wind und die Kälte gewöhnt. Das Basislager war reiner Luxus dagegen. Ich genoß die warme Sonne, die strahlendes Licht über die Eistürme und Blöcke des Gletschers goß. Durch den frischen Schnee, dessen Helligkeit die Augen blendete, führte ein neugetretener Fußpfad.

Der Postläufer war schon wieder unterwegs; trotzdem machte ich mich eifrig daran, Postkarten und Briefe zu schreiben, wobei mich die Risse und wunden Stellen an den Fingern schmerzten. Die ständige Kälte und der Kontakt mit rauhem Fels und scharfem Eis reißt die Haut an den Fingern auf, und oft entzünden sich die Risse. Selbst einen Kugelschreiber zu halten, tut dann weh. Graham, der Topmann des Filmteams, hatte leichte Erfrierungen in einem Finger.

Von den drei Mitgliedern der Filmmannschaft war Graham am wenigsten davon überzeugt, daß dieser Film zustande kommen würde. Er war der stillste von uns allen und saß oft stundenlang da, ohne ein Wort zu sagen. Er lauschte staunend den vielen Erzählungen von Abenteuern und gefährlichen Erlebnissen, die unsere Unterhaltungen beherrschten.

Graham war mit Alan und Mike zum unteren Teil der Aufstiegsroute gegangen, um Film- und Tonaufnahmen zu machen. Für die Kletterer bedeutete es keinen Unterschied, wenn sie gefilmt wurden, außer daß der Aufstieg länger dauerte. Wir mußten öfter eine Stelle wiederholen, damit wir aus einem anderen Blickwinkel gefilmt werden konnten. Meist blieb die Filmcrew an einem Ort, auch wenn die Sonne schon fort war und die Lufttemperatur weit unter Null sank. Nur Bewegung konnte einen warm halten. Einmal waren Grahams Füße und Hände so gefühllos, daß er sie überhaupt nicht mehr spürte. Wenn es einmal so weit ist, kann es unbemerkt zu Erfrierungen kommen. Nur wenn man die Kälte spürt, weiß man, daß das Blut noch richtig zirkuliert.

Graham wußte darüber nicht genug Bescheid und bemerkte nur, daß er bei seiner Arbeit ungeschickt wurde. Erst als er zum Basislager zurückgekehrt war, wo seine Hände und Füße auftauten und sich mit dem wiederkehrenden Gefühl die Schmerzen einstellten, weil das Blut versuchte, das absterbende Gewebe wiederzubeleben, bemerkte er, daß seine Zehen Froststellen hatten. Er stand stundenlang herum, vertrat sich die Füße und versuchte, die Hände in den Achselhöhlen zu wärmen.

Graham konnte kaum etwas essen. Schon vom Geruch allein wurde ihm übel. Dies war typisch und nicht ungewöhnlich bei einem Aufenthalt in großer Höhe. Er schien vor unseren Augen förmlich zusammenzuschrumpfen, und nachdem er sich im Camp der Japaner auf die Waage gestellt hatte, stellte er fest, daß er mehr als zwölf Kilo Gewicht verloren hatte.

In diesen Tagen erhielten wir Besuch von einem Australier, der trotz der Unbilden des Winters zu uns ins Basislager gelangt war und darauf vertraute, daß wir ihn unterbringen und verpflegen würden. Es gehört zu den angenehmen Seiten des Lebens in den Bergen, daß hier eine ungewöhnliche Gastfreundschaft herrscht. Jedoch hierbei hatte ich das Gefühl, daß er zu viel als selbstverständlich betrachtete. Ich empfand seinen Einbruch in unsere kleine, eigene Welt so, als ob ich abends in mein Haus komme und einen Fremden vorfinde, der es sich bei mir gemütlich macht und mich nach meinen Privatangelegenheiten ausfragt. Ich erkannte, daß ich mich schon ganz mit unserem Leben hier identifiziert hatte und mir wie ein Tier im Zoo vorkam, das angestaunt wird.

Der Australier brachte beunruhigende Neuigkeiten mit. Er war in Lobuje gewesen und hatte dort unseren Postläufer gesehen, der den Sherpa-Frauen, die das Teehaus führten, Kekse und Kaffeetüten zum Kauf anbot, die nur aus unseren Vorräten stammen konnten. Dieser neue Beweis für die Unehrlichkeit unserer Sherpas ließ den alten Ärger wieder aufkommen, der um so heftiger war, weil es um jemanden ging, dem wir besonders freundlich gesonnen gewesen waren. Die Distanz zwischen den Leuten mit dem unergründlichen strahlenden Lächeln und uns wurde wieder größer. Die Tätigkeit des Postläufers war für uns ganz besonders wichtig und verlangte Ehrlichkeit, und so mußten wir wieder einmal Mr. Singh bemühen und ihn darum bitten, jemanden entlassen zu dürfen.

Unser scheuer Verbindungsoffizier wurde gebeten, die unangenehme Aufgabe zu übernehmen. Wir waren ihm seit dem Beginn der Expedition noch immer nicht nähergekommen. Er hatte seinen eigenen Tageslauf und aß nur mit uns zusammen, weil wir darauf bestanden, obwohl wir nach einer Weile erkannten, daß er lieber die kochendheißen und scharfgewürzten Gerichte der Sherpas aß. Er redete nur, wenn man ihn ansprach, und beantwortete meine provozierenden Versuche, ihn aus der Reserve zu locken, mit der geduldigen Miene eines Lehrers, der es mit einem schwierigen Schüler zu tun hat.

„Wales ist ein Teil Großbritanniens, so wie Nepal ein Teil Indiens ist", beantwortete ich absichtlich provozierend eine seiner Fragen.

„Mr. Joe, Sie wollen mich immer aufziehen", erwiderte er. „Nepal ist kein Teil Indiens. Es ist ein unabhängiges Land."

Alan platzte vor Lachen und gratulierte Mr. Singh dazu, mich in meine Schranken gewiesen zu haben.

Später war nervöses Murmeln im Lager zu hören, als der Postläufer in Sicht kam. Als reservierte Briten und ohne die Zwillinge, unsere „starken Männer", die weit oben auf dem Berg waren, war uns die Situation recht unangenehm. Mr. Singh aber rief den Postläufer in sein Zelt.

Sonst gab es immer Glückwünsche bei der Ankunft der Postläufer und eine große Begrüßung; der Unterschied war diesmal offenkundig und verletzend. Niemand verstand die Auseinandersetzung, die stattfand, aber wir nahmen an, daß der Postläufer etwas von den Keksen und dem Kaffee, die er verkaufen wollte, zurückgebracht hatte. Er hatte wohl erklärt, daß er sie aus Versehen anstelle anderer vom Koch als Proviant zugeteilte Lebensmittel mitgenommen hatte. Der Verbindungsoffizier gab sich damit nicht zufrieden. Er glaubte vielmehr, daß ein paar Yak-Hirten, die Holz und Lebensmittel ins Camp der Japaner gebracht und auch uns besucht hatten, dem Postläufer eine Warnung zukommen ließen, bevor sie wieder abstiegen.

Ein lauter Streit brach aus. Der Verbindungsoffizier sprang auf und wollte sich auf den Postläufer stürzen, der über den Gletscher das Weite suchte. Wir alle beobachteten die Szene ratlos und erstaunt. Viel später brachte der Verbindungsoffizier ihn nach einer äußerst behenden Verfolgungsjagd unter vielen Schlägen wieder zurück. Ein sehr unterwürfiger Sherpa kam ins Lager zurück und setzte sich niedergeschlagen vor das Zelt, wo Mr. Singh als Richter Platz nahm. Tränen liefen über das Gesicht des Postläufers, als der Urteilsspruch der Entlassung ausgesprochen und die Rückgabe der wertvollen Kleidung und Ausrüstung angeordnet wurde.

Ein weiterer unangenehmer Vorfall, der uns viel von der Freude über die Ankunft der Post nahm.

Das Basislager war kein Platz der Ruhe und Erholung mehr. Der Besucher, der uns von der Unehrlichkeit des Postläufers berichtet hatte, war wieder abgestiegen, kam aber kurz darauf mit einer Gruppe von Treckern zurück, die er weiter unten getroffen hatte. Er hatte sie überredet, zu uns aufzusteigen und die Annehmlichkeiten unserer Gastfreundschaft zu genießen. Für unsere Küche war dies eine zusätzliche Belastung, und als die Besucher anfingen, Fragen zu stellen und uns gute Ratschläge für den Aufstieg zu geben, war mir das entschieden zu viel. Den meisten fehlte die richtige Ausrüstung für die harten Bedingungen des Lebens im Basislager, und sie mußten sich Bekleidung und Zelte von uns borgen, um die Nächte zu überstehen. Ganz ungeniert freute ich mich, als sie wieder abzogen.

Die weiteren Fortschritte oben verfolgten wir über Funk oder durch das Teleobjektiv der Kamera. Die „kleinen Strichmännchen" befanden sich auf einem ausgedehnten Hang, der zu einem Felsgrat führte. An seinem oberen Ende hofften wir, einen geeigneten Platz für ein Lager zu finden.

Am Neujahrstag machten Alan, Paul und ich uns wieder auf zum Lho La. Unterwegs filmten wir an einigen Stellen, aber ich fühlte mich nicht besonders gut. Ob es der Überdruß war, zum neuntenmal über dasselbe Gelände zu gehen, bloßes Unwohlsein oder der unbewußte Wunsch, nicht noch eine weitere Feier zu verpassen, konnte ich nicht sagen. Nachdem ich mit Paul gesprochen hatte, lud ich meine Last ab und eilte hinter Mike und Allen her, die schon auf dem Rückweg zum Basislager waren. Sie waren überrascht, als sie mich sahen, und ich genierte mich etwas, als ich ihnen erklärte, daß es mir heute einfach nicht gut ging. So stiegen wir also zusammen ab. Es war, als ob ich mir selbst einen Urlaubstag genehmigt hätte. Als wir durch das Camp der Japaner kamen, wurden wir hereingebeten, um mit ihnen auf das neue

Jahr zu trinken und leckere Stückchen Yak-Fleisch zu essen, die in kleinen Scheiben auf einem Holzofen zubereitet wurden.

Wir waren nur sehr wenige im Basislager. Der Koch und der Küchenjunge waren nach Namche Bazar gegangen, um die Beschaffung einiger Dinge zu organisieren, die knapp geworden waren. Nur ein Sherpa-Junge war dageblieben, der uns ein ausgezeichnetes Abendessen machte.

Paul auf dem Weg zum Lager 1

Hier war der Frieden und die Ruhe, die in den letzten Tagen gefehlt hatten. Wir waren eine Gruppe, die für herzliche und ernsthafte Gespräche bis tief in die Nacht hinein gerade klein genug war.

Graham erzählte, daß die Japaner von Yeti-Fußabdrücken in der Nähe ihrer Lager 1 und 2 im Western Cwm berichtet hätten. Sie hätten sie gefilmt und den Film nach Japan geschickt. Wir waren reichlich skeptisch.

Am 2. Januar fühlte ich mich wesentlich besser und stieg auf eigene Faust auf, nahm unterwegs weiteres Material mit und quälte mich mit einem extraschweren Rucksack, als ob ich mich selbst für die gestrige Schwäche bestrafen wollte.

Schreckliche Nächte

Der Platz für Lager 2 war erreicht. Mehr als eintausendzweihundert Meter Seil waren fixiert. Sie reichten vom Lho-La-Plateau bis zu einer Felsrippe dreihundert Meter unterhalb des Grates der Westschulter. Diese Entfernung zwischen den beiden Lagern war groß genug. Eine größere Distanz hätte nur zur Folge gehabt, daß bei einem höherliegenden Lager für jeden ein Ruhetag nötig gewesen wäre, um wieder zu Kräften zu kommen.

Pete und Ade hatten die letzten Seillängen gemacht, aber es gab Unstimmigkeiten über die Rollenverteilung bei den nächsten Unternehmungen am Berg. Dies erfuhr ich, als ich im Lager 1 eintraf. Ade und John waren einen Tag gemeinsam geklettert und hatten das auch für den nächsten Tag vor. Brian und Pete schleppten Nachschub heran. Pete war von der Vorstellung nicht begeistert, daß er zwei Tage hintereinander nur als Lastträger arbeiten sollte und protestierte heftig. Er sei nicht nur Arzt, sondern auch Bergsteiger, und es gebe keinen Grund für ihn, noch länger hier am Berg zu bleiben, wenn er nicht seinen Anteil am interessanteren Führen beim Klettern bekäme.

John und Ade waren davon ausgegangen, daß diejenigen, die sich am besten fühlten, solche Arbeiten verrichten sollten, welche die größten Anstrengungen erforderten. Als sie führten, war Pete weit hinter ihnen zurückgeblieben, und so schien es ihnen am sinnvollsten, selbst weiterzuführen.

John scheut direkte Konfrontationen, er hält sich um des lieben Friedens willen lieber aus jedem Streit heraus, selbst wenn er die Ansichten der anderen Seite ganz und gar nicht teilt. Als Pete darauf bestand, daß er genauso gut und schnell wie jeder andere kletterte, lenkte John ein und ließ Pete an seiner Stelle mit Ade gehen.

Dieser Streit zeigt die typischen Schwierigkeiten einer demokratisch organisierten Expedition: jeder hatte andere Ansichten und Meinungen. Ade mochte es nicht, wenn Entscheidungen nach – wie er es sah – persönlichen Vorlieben und Abneigungen gefällt wurden, und er erklärte Pete unverblümt, daß man nicht von ihm erwarten könne, daß er unterwegs warte. Wenn Pete genauso fit sei wie jeder andere, dann mußte er eben genauso schnell oben sein wie er selbst.

Von Pete wußten wir alle am wenigsten. Er hatte eine sehr individualistische Ader. Er ging gern allein herum und unternahm einsame Ausflüge. Bisher war ich von seinen Leistungen nicht sehr beeindruckt. Im Vergleich zu den Zwillingen hatte er, abgesehen von den Tabellen, die er über jeden einzelnen führte, entschieden weniger geleistet. So kam seine Forderung für alle etwas überraschend, zumal die Zwillinge für ihren selbstlosen Einsatz bei allen anfallenden Aufgaben bekannt waren.

Am Tag, an dem sie zusammen losgingen, erreichte Ade das

Ende der Sicherungsseile lange vor Pete, und da es relativ leichtes Gelände war, fixierte er weitere hundert Meter Seil, bevor Pete nachkam. Zusammen bewältigten sie weitere zweihundert Meter bis sie einen geeigneten Platz für ein Lager fanden.

John und Ade stiegen zum Basislager ab, als ich hochkam. Al und Paul waren zum Lager 2 unterwegs, um dort ein Zelt aufzubauen, und Ade schlug vor, daß Alan und ich es ebenso machen sollten. Nach einer gemütlichen Nacht im Lager 1, in den inzwischen wohlvertrauten Höhlen, brachen Alan und ich zum Lager 2 auf. Brian und Pete sollten Lasten heraufschleppen und dann zum Basislager zurückkehren, um sich eine Weile auszuruhen, während wir auf unserer Route weiterarbeiteten.

Ich bin gern entweder am Ende einer Gruppe oder weit vorn. Wenn jeder Schritt eine Anstrengung bedeutet, ist es schwierig, sich dem Rhythmus anderer anzupassen, und wenn ich vorn bin, denke ich oft, daß die mir folgenden schneller gehen könnten, wenn ich sie nicht aufhielte. Wenn ich am Schluß gehe, kann ich mein eigenes Tempo bestimmen. Bei dieser Gelegenheit nun war ich weit voraus und zählte jede Seillänge, die ich hinter mich gebracht hatte. Achtundzwanzig Seillängen schienen endlos, aber die ersten vierzehn waren die schlimmsten – 1200 Meter langsames Vorwärtsschleppen gegen den Wind. Ich nahm an, das Lager 2 am späten Nachmittag erreichen zu können. Das Wetter war nicht gut. Wolken kamen auf und zogen mit großer Geschwindigkeit über den Grat der Westschulter. Manchmal warf mich der Wind um, und ich freute mich darauf, in ein Zelt kriechen zu können, sobald ich den Lagerplatz erreichte.

Paul und Al waren sehr überrascht, als ich ankam. Sie waren davon überzeugt gewesen, daß bei dem schlechten Wetter niemand heraufkommen würde. Folglich war auch noch kein Platz für ein zweites Zelt gegraben worden. Ich hielt das für Gedankenlosigkeit und sagte es ihnen auch. Sie hatten eine ungemütliche

Nacht in ihrem sargähnlichen Kastenzelt verbracht. Paul und Al waren beide groß und breitschultrig; im Zelt waren sie so eng aneinandergepreßt gewesen, daß keiner richtig schlafen konnte. Es gab nur eine Öffnung, die direkt ins Freie ging und beim Kochen hatten sie die Wahl, den Eingang zugeschnürt zu halten und am Rauch des Kochers zu ersticken oder ihn offenzulassen und sich dem Schnee auszusetzen, den der eisige Wind hereinblies.

Selbst wenn das Wetter besser gewesen wäre, hätten Al und Paul doch zu sehr unter dem Mangel an Schlaf gelitten und unter den ständigen Windböen, die sie durch die Zeltwände spürten. Der einzige Vorteil des Zelts waren seine sehr dicken Stangen und daß es sturmfest schien.

Ich begann reichlich mißmutig eine Plattform in den Hang oberhalb des Kastenzeltes zu graben. Paul beschimpfte mich, weil ich große Schnee- und Eisbrocken hinabschaufelte, die sich hinter seinem Zelt stauten und es von der Plattform zu schieben drohten. Bei dem Gedanken, von der Dunkelheit eingeholt zu werden, ohne ein gut gebautes Zelt zu haben, arbeitete ich verbissen. Lange Eiszapfen hingen in meinem Bart, und meine Hände waren steif vor Kälte. Wolken verdeckten die strahlende Helle der Sonne, und Schnee klebte in meinem Gesicht.

Paul kam herauf, um mir beim Zeltbau zu helfen. Es war ein Zelt, das ich am K2 benutzt hatte und dem ich voll vertraute. Unaufhörlich riß der Wind an der Zeltbahn. Mehrfach versuchte ich vergeblich, die Stangen an den richtigen Stellen einzusetzen. Paul half mir, aber ich war der einzige, der so ein Zelt vorher benutzt hatte. Ich hatte früher Loblieder auf seine Qualitäten gesungen und konnte jetzt nur wenig wirkliche Hilfe erwarten, da das Aufstellen so kompliziert war. Erklären konnte ich ihm nichts, da jedes Wort im Getöse des Windes unterging. Ich bog eines der Aluminiumrohre zu einem Bogen, an dem das Zelt hängen sollte.

Das Rohr zerbrach. Ich kam mir blöd vor, daß ausgerechnet ich für dieses Zelt plädiert hatte. Das Wetter am K2 war damals schrecklich gewesen, aber die Kälte am Everest war noch schlimmer. Mit ungeschickten Händen fummelte ich mit den anderen Zeltstäben herum und versuchte auf verschiedene Weise, meinen Fehler durch irgendeinen Pfusch auszugleichen. Stumm und hilflos schaute Paul mir zu. Als die Stäbe schließlich an ihrem Platz waren, spannte ich das leichte Innenzelt unter die Bögen und begann, das orangefarbene Außenzelt über das Rahmengerüst zu ziehen. Das Außenzelt gibt der Konstruktion den eigentlichen Halt. Wenn sie richtig stehen, halten die Bögen die Außenhaut unter Spannung, und eine stabile Kuppel entsteht. Das letzte

Der Pumori vom Lager 2 aus gesehen

Manöver, das Außenzelt über die Stabenden zu ziehen, war das schwierigste. Bei meinen Anstrengungen mit der in der Luft wehenden Plane brach ein anderer Stab. Ich war außer mir vor Wut und ließ meinem Ärger freien Lauf, ohne meine Arbeit aber auch nur für einen Augenblick zu unterbrechen. Brian kam dazu, setzte seine Last ab und packte mit an.

Es war kein Meisterwerk, aber als wir fertig waren, stand das Zelt aufrecht und hielt, jedenfalls in diesem Augenblick, auch dem Winddruck stand. Wir trieben Stäbe in den Schnee, um das Zelt zu verankern und beschwerten die Ränder mit Schnee- und Eisbrokken. Ich kroch hinein. Paul krabbelte zu seinem Zelt zurück, und Brian machte sich wieder auf den Weg, zurück zum Lager 1. Diese Hänge waren kein Ort zum gemütlichen Herumlungern. Die Schmerzen in meinen halberfrorenen Fingern, die langsam wieder zum Leben erwachten, trieben mir Tränen in die Augen.

Am späten Nachmittag kam Alan und kroch zu mir ins Zelt. Die eisige Plattform unter dem Zeltboden war uneben und nahe der Kante nicht sehr fest. Die nutzbare Bodenfläche des an sich schon kleinen Zeltes wurde so noch weiter eingeschränkt. Wir wühlten uns beide in die Schlafsäcke und versuchten, eng aneinandergepreßt etwas Ordnung in das Chaos aus Lebensmitteln und Material zu bringen, bevor es dunkel wurde. Wir hatten vorher alles was ging, wahllos in das Zelt hineingestopft.

An der Innenseite des Zeltgewebes bildete sich eine Eisschicht. Das Kondenswasser unseres Atems kam mit dem kalten Stoff in Kontakt und gefror. Es war 17.00 Uhr und schon fast dunkel, als wir darangingen, uns ein Abendessen zu bereiten. Plötzlich hörten wir das rhythmische, langsame Knirschen von Fußstapfen und Petes Husten. Er war eben angekommen.

„Pete, es wird gleich dunkel, was machst du hier oben?"

Wie wir wußten, war er mit einer Last aufgebrochen, aber anstatt rechtzeitig abzusteigen, um das Lager 1 noch vor Einbruch der Dunkelheit zu erreichen, war er weitergegangen. Es gab keinen Platz und auch keinen Schlafsack für ihn. Er hatte seinen Daunenanzug an, die normale Kleidung hier oben, aber es war so kalt, daß man auch einen Schlafsack brauchte, um die Nacht zu überleben.

„Ach, ich komme schon zurecht."

Er schien sich keine Sorgen zu machen und ging zum anderen Zelt, um Al und Paul zu besuchen. Ich wunderte mich, daß er nach einer halben Stuinde immer noch nicht wieder gegangen war. Den ganzen Weg hinunter zum Lho La gab es Fixseile, aber im Dunkeln war es leicht, einen tödlichen Fehler zu machen.

„Hast du eine Lampe?"

„Ja, ich komme schon klar", wiederholte er und stapfte davon. Alan schaute mich verständnislos an und schüttelte den Kopf.

Unser Zelt unterschied sich von dem Kastenzelt von Paul und Al dadurch, daß es ein Innenzelt und eine Außenhaut hatte. Das Überzelt reichte bis zum Boden und besaß einen breiten Rand, den wir mit Schnee und Eisblöcken beschwerten. So war es uns möglich, die Verschlüsse des Innenzeltes zu öffnen, ohne daß der Wind hereinblies. Auf diese Weise konnten wir uns Schnee zum Schmelzen holen und auch für Lüftung beim Kochen sorgen.

Rauhreif bildete überall eine immer dicker werdende Schicht. Ein herabhängendes Stück Nylonschnur wurde durch die Eiskristalle dreimal so dick. Draußen blies der Wind unablässig über den Eishang, in den wir den Platz für unser Zelt gegraben hatten.

Jeder Windstoß, der an unserem Zelt rüttelte, sandte einen Eisregen auf uns herab und erschütterte unser Vertrauen, daß es die Nacht überstehen würde.

Einer von uns mußte die ganze Zeit auf den Kocher aufpassen, damit er nicht umkippte und unsere Kleidung und die Lebensmittel ruinierte. Es war eine scheußliche Situation.

Der Einzelgänger Pete im Lager 2

Es war zu unbequem, um einfach schlafen zu können, und das Getöse, mit dem der Wind das Zelt durchrüttelte, machte mich nervös.

Das Kastenzelt lag sechs Meter tiefer, aber ein Kontakt war nicht möglich. Alan verfügte über die beneidenswerte Fähigkeit, unter den unmöglichsten Umständen ausruhen und schlafen zu können. Ein Talent, das er auf seine alkoholreichen Jugendtage in Cambridge zurückführte, wo er oft die Nacht dort verbracht hatte, wo er gerade hinfiel. Ich brauchte Schlaftabletten, um die Unbequemlichkeit und die Anspannung zu überwinden.

Den ganzen nächsten Tag verbrachten wir damit, die Plattform für das Zelt zu vergrößern und eine Schutzmauer aus Schneeblökken als Windschutz zu bauen. Die gräßlichen Windböen und das Schneegestöber ließen nicht nach. Nach zwei Nächten ohne ausreichenden Schlaf und richtiges Essen, ging es Al sehr schlecht. Er schleppte sich nach unten. Wir waren eigentlich ins Lager 2 gekommen, um von hier aus weiterzugehen, aber ohne ein einigermaßen bequemes Camp konnten wir wenig tun, und gegen diesen Wind hatten wir keine Chance.

Alle Anstrengungen richteten sich darauf, die strenge, unerbittliche Kälte zu überstehen. Die Zelte wirkten wie Fliegen gegen die Riesenkräfte, mit denen der Wind gegen den Berg schlug.

In der nächsten Nacht schreckte ich aus dem Schlaf. Ich fühlte Schnee auf meinem Gesicht, und in der Verwirrung zwischen Alptraum und Erwachen rüttelte ich Alan wach und fragte ihn, ob alles in Ordnung sei. Es war ein immer wiederkehrender Alptraum, der mich quälte, seit ich damals jene Lawine am K2 erlebt hatte. Das Gefühl, das ich damals beim Erwachen hatte, nämlich unter Unmengen von Schnee, lautlos, wie mit einer schwarzen Decke bedeckt zu werden, bevor ich endgültig das Bewußtsein verlor, hatte einen bleibenden Schaden an meiner Psyche hinterlassen. – Alan versicherte mir, daß nichts passiert sei. Das Zelt wackelte immer noch im Wind, und mit Hilfe einer Lampe sahen wir, daß Reifschnee die Zeltwände und das Dach mit einer zentimeterdicken Schicht überzogen hatte.

Nach einer unbequemen Nacht war Alan am nächsten Tag lustlos und müde. Er stieg zum Lager 1 ab, um für eine Weile dem Horrorleben in Lager 2 zu entfliehen. Paul kam später herüber. Auch er fühlte sich nach der dritten Sturmnacht völlig zerschlagen. Selbst wenn der Wind nicht durch die Zeltbahn drang, so zerrte doch der Lärm an den Nerven und die ständige Furcht, daß das Gewebe reißen oder die Zeltstäbe brechen könnten. Im Inneren der Zelte schwankte die Lufttemperatur zwischen –30° und –40° C. Ein Öfchen schien daran nichts zu ändern. Wir mußten die ganze Zeit über Handschuhe tragen, und anstatt zu wärmen, trug der Ofen nur dazu bei, daß die Reifschicht an der Innenseite des Zeltes immer dicker wurde.

Ich teilte mein heißes Getränk mit Paul, der mir die Unbequemlichkeit schilderte, die im Inneren des Kastenzeltes herrschte. Dann stieg er zu den sicheren Schneehöhlen des Lagers 1 hinab, und ich blieb zurück.

Wieder allein auf dem feindseligen Berg. Ich schrieb weiter an meinem Tagebuch, das inzwischen kaum mehr als eine Reihe von Notizen geworden war, die den bloßen Zeitablauf beschrieben: „Auf den meisten Bergen gibt es ab und zu Ruhepausen. Wenn man erst einmal auf dem Lho La ist, sind Psyche und Körper ständig dem Wind und der Kälte ausgesetzt. Es ist wirklich schlimm, in einem Zelt zu erwachen, das völlig von Rauhreif überzogen ist."

Eine schwache Sonne schien bleich durch die Wolken, aber die Reifschicht blieb den ganzen Tag über. Ich wußte nicht, was ich tun sollte. Lager 2 lag auf 6850 Meter Höhe. Ich überlegte, ob ich auf eigene Faust das Gelände oberhalb erkunden oder hinuntersteigen und Material heraufholen sollte, das an verschiedenen Stellen der Route deponiert war. Allein auf mich gestellt, war jetzt nichts mehr von unbedingter Dringlichkeit, und jedesmal, wenn ich den Zelteingang öffnete, blies eine dichte Schneewolke herein. So ließ ich den Tag verstreichen, ohne nach draußen zu gehen.

Im Lager 2 hatten wir kein Funkgerät, und ich konnte auch nicht erahnen, was die anderen taten. Die Kälte und die Höhe stumpften meinen Körper und meine Sinne ab. Ich kroch den ganzen Tag nicht aus dem Schlafsack und freute mich darüber, daß ich mehr

Platz hatte, nachdem Alan fort war. Ich wechselte zwischen Schlafen und Wachen, wie jemand der in einem Krankenhausbett seine Zeit verbringen muß. Niemand kam an diesem Tag herauf, und als es dunkel wurde, machte ich mir etwas zu essen und aß mehr aus Pflicht als mit Appetit.

Um meine Umgebung zu vergessen, nahm ich zwei Schlaftabletten, aber gegen 22 Uhr wurde ich vom Wind, der das Zelt durchrüttelte, wieder geweckt. Die restliche Nacht lag ich wach und fragte mich die ganze Zeit, ob das Zelt wohl halten würde. Der Morgen brachte wieder Licht, aber der Wind ließ nicht nach. Ich hatte auch keine Lust, das im Zelt verstaute Material zu ordnen oder mich auf den Weg nach Lager 1 zu machen.

An das Gefühl des Alleinseins kann ich mich nicht mehr genau erinnern. Es fällt mir schwer, zu verstehen, daß ich drei Tage dort oben verbrachte, ohne einmal zu versuchen, höher zu kommen. So wie der Gaumen nach einer Betäubungsspritze des Zahnarztes gefühllos, aber nicht tot ist, erledigte ich das zum Überleben notwendige Minimum und döste in einem passiven Dämmerzustand dahin. Drei Tage und keine Möglichkeit, kein Gedanke daran, höherzuklettern ! Ich vermißte die Gegenwart der anderen nicht, aber ich bemerkte, was für eine lange Zeit schon vergangen war, in der ich kein Wort gesagt hatte. Manchmal dachte ich laut, aber ich verdrängte jede philosophische Spekulation über den Sinn dessen, was ich dort eigentlich machte.

Nachdem ich allmählich das Nachlassen meiner psychischen Kräfte spürte, das auch zu einer psychischen Lähmung und damit letztlich zum Tod führen kann, beschloß ich mit großer Willensanstrengung, am frühen Nachmittag nach unten zu „fliehen". Ich packte Material in Rucksäcke, die ich vor dem Zelt aufstapelte, suchte mir das Fixseil und ging los. Meine Beine, die ganz aus der Übung waren, versagten den Dienst, als ich am Seil hinabglitt, und meine Hände fummelten ungeschickt bei jedem Knoten. Als ich das ebene Plateau des Lho La erreichte und zum erstenmal seit Tagen wieder frei und aufrecht stand, fiel mir eine Seilklemme aus der Hand und rutschte fünfzehn Meter tiefer einen leichten Abhang hinab. Ich war zu erschöpft, ihr nachzusteigen. Stolpernd und fallend kämpfte ich gegen den Wind auf dem Weg zu den Schneehöhlen.

Zahllose Unfälle passieren, wenn Leute allein auf einen Berg steigen oder allein zurückgelassen werden. Bei den herrschenden schlechten Wetterbedingungen hatten Paul und Alan Angst, daß ich versuchen würde, allein abzusteigen, oder daß mir etwas passieren könnte, wenn ich mehrere Tage im Lager 2 gefangen wäre, und niemand zu mir heraufkäme.

„Wenn man hinterher eine aufregende Story erzählen möchte, ist es schon recht, jemanden allein auf sich gestellt zurückzulassen", meinte Alan, „aber nicht, wenn man gefahrlos einen Berg besteigen will."

In der Sicherheit der Höhle machte ich es mir bequem. Alan bereitete das Essen zu und kochte unablässig Getränke für mich. Wir hatten nichts weiter getan, als ein paar Tage in 6850 Meter Höhe verbracht, aber wir fühlten uns, als hätten wir eine traumatische Nervenprobe überlebt und durften jetzt im relativen Luxus der Höhlen von Lager 1 schwelgen. Die Außentemperatur betrug lediglich –10° C.

Später am Nachmittag erschien John, und der Anblick, wie wir drei gemütlich in den Schlafsäcken dösten, ließ ihn einen Schwall von Schimpfworten über uns ergießen. Er ärgerte sich darüber, daß wir über Lager 2 noch nicht hinausgekommen waren und kritisierte, wieviel Vorräte wir hier verbrauchten, während wir im Lager 1 untätig herumlägen.

Mit der Ruhe desjenigen, der das Recht auf seiner Seite weiß, schilderte ich ihm die Zustände, die wir erlebt hatte. Allmählich begriff John, daß die sonnigen Tage, die er im Basislager genossen hatte, in keinem Verhältnis zu dem harten Leben hier oben standen. Kleinmütig und sich entschuldigend gab er zu, daß er mit seinem Urteil wohl „etwas zu weit gegangen“ sei.

Ade solle noch zusammen mit Mike, dem Kameramann, heraufkommen. Zumindest hatte John gesehen, daß sie in der überhängenden Rinne Filmaufnahmen machten. Mike hatte in

Pete am steilen Hang des Lagers 2

England ein paar Felsklettereien gemacht, aber obwohl wir auf der gesamten Strecke bis zur Höhle Fixseile angebracht hatten, erschien es uns doch besser, daß am Berg immer einer von uns bei ihm blieb. Die Unmengen von Filmausrüstung, die sich auf dem Lho La anhäuften, waren alarmierend. Sie zeigten deutlich den Unterschied zwischen den Absichten der Bergsteiger und denen des Filmteams. Ich war fest entschlossen, der Filmerei keinen einzigen Tag zu opfern.

Es wurde dunkel, und der Wind blies mit unverminderter Heftigkeit. Von Ade und Mike war nichts zu sehen. Ich wurde unruhig, verließ die wohlige Wärme meines Schlafsacks, legte meinen Klettergürtel an und kroch in die Nacht hinaus. Gegen den Wind konnte ich mich nicht aufrecht halten. Ich hing Klemmen in das Seil und zog mich auf den Abhang. Nach dreißig Metern querten die Seile den Hang, aber ich konnte noch immer nicht stehen. Ich kroch auf allen vieren, mein Klettergürtel war durch die Seilklemmen mit dem Seil verbunden, was mir erlaubte, mich ohne zurückzugleiten vorwärts zu ziehen. In der Dunkelheit sah ich nichts, und ich konnte auch nicht aufschauen, weil mir der Wind dann den Schnee direkt ins Gesicht blies. Es waren nur hundert Meter bis zu den Felsen an der anderen Seite, aber der Wind drückte mich dreimal auf den Hang. Gegen diese Kräfte kam ich mir töricht und vermessen vor. Ich stieg zum oberen Rand des Amphitheaters ab und starrte in die Dunkelheit. Nichts zu sehen, kein Laut außer dem Wind. Ich rief ein paarmal vergeblich und kehrte um.

Am anderen Ende der Traverse stand eine schemenhafte, dunkle Gestalt. Es war Paul, der, mit dem Rücken zum Wind, abwartete, ob bei mir alles glattging. Schweigend stiegen wir zur Höhle zurück.

Durch einen Funkspruch um 18 Uhr erfuhren wir, daß die beiden noch nicht zurückgekehrt waren. Wir verabredeten einen

Rückruf um 19 Uhr und hörten dann zu unserer Erleichterung, daß sie zehn Minuten nach dem letzten Funkruf erschienen seien.

Ich komme mir immer ein bißchen dumm vor, daß ich in solchen Situationen vielleicht übertrieben reagiere, aber abzuwarten, bis man sicher ist, daß etwas schiefgegangen ist, heißt erst recht, eine Tragödie heraufzubeschwören.

Wir verbrachten eine unruhige Nacht. Die Decke der Höhle schien sich durch den Winddruck zu heben. Das Trommelfell schmerzte uns durch die plötzlichen Druckwechsel, wenn die Windstöße auf den Höhleneingang trafen. Das ständige Dröhnen des Windes zerrte an unseren Nerven.

Um 13 Uhr waren wir zu erschöpft und demoralisiert, um noch länger hier oben zu bleiben. Es gab keine Anzeichen für eine Wetterbesserung, und wir funkten unseren Entschluß abzusteigen nach unten.

Nachdem ich die Kante erreicht hatte, glitt ich hinab, weg von dem ständigen Getöse des Windes, das ich seit Tagen in den Ohren hatte. Es war, als ob ich mich wieder an ein völlig anderes Klima gewöhnen müßte. Dreihundert Meter tiefer kam die Sonne durch die Wolken und wärmte mich. Die Anspannung der letzten Tage ließ nach. Die Felswände, die uns allen viel Kraft gekostet hatten, gaben uns ein Gefühl der Sicherheit, und das Klettern machte Spaß. Ich stellte fest, daß ich drei Tage lang keinen Stuhlgang gehabt hatte, und ein plötzliches Drängen ließ mich den Klettergürtel, den Daunenanzug und die Unterwäsche herunterreißen. Nach drei Tagen gerade noch im letzten Moment.

In den Bergen vergißt man, die Tage zu zählen

Diesmal gab es wenig Post für uns. Alan war beunruhigt, weil seine Freundin so lange nicht geschrieben hatte. Ich versuchte, ihn zu beruhigen oder zu bemitleiden, da auch ich seit drei Wochen weder von Maria Post erhalten hatte, noch von meiner Mutter, die pflichtgemäß jeden Sonntag schrieb. Mein Versuch, ihn zu beruhigen, hatte die gegenteilige Wirkung. Alan meinte schlicht, ich sei eben unmenschlicher und gefühlloser als er. Auf Expeditionen hatte ich den Entschluß gefaßt, mich von allen emotionalen Angelegenheiten frei zu machen. So empfinde ich es zwar schmerzlich, wenn ich keine Post bekomme, aber mir Sorgen zu machen, was in anderen Lebensbereichen geschieht, hieße eine Phantasiewelt heraufzubeschwören, die einen unnötig beschäftigt und die Entscheidungen beeinflußt. Während vieler Jahre, in denen ich mich in der Priesterausbildung befand, lebte ich in einer Traumwelt, machte Pläne für die Ferien, in denen ich *wirklich* leben wollte und entfloh so der Zwangsjacke eines streng geordneten Tages- und Stundenplans, den strengen Regeln und Verhaltensweisen. Nachdem ich diesem System entflohen war, entwickelte ich eine Antipathie gegen jede Art von Phantasiewelt. Ich dachte lieber über Dinge nach, von denen ich wußte, daß sie machbar waren. Ich wollte auf nichts hoffen, nur um ständig enttäuscht zu werden oder erkennen zu müssen, wie die Realität hinter meinen Träumen herhinkte.

Auf Expeditionen übte ich mich in der möglicherweise gefährlichen Fähigkeit, Situationen und Ereignisse meines anderen Lebens in einer distanzierten, verdrängenden Weise zu betrachten. In der letzten Zeit hatten meine Expeditionen oft lange gedauert, und wenn ich nach England zurückkehrte, merkte ich, daß ich eine ganze Weile brauchte, bis ich wieder normal fühlte. Dies war für meine nähere Umgebung manchmal sehr schwer.

Die heftigen Schneefälle, die wir erlebten, beeinträchtigten auch die Flüge nach Thyangboche, von wo unsere Post geholt wurde.

Eine Gruppe von acht Italienern war eingetroffen und hatte ihr Basislager neben unserem errichtet. Sie hatten vor, den Lhotse, den vierthöchsten Berg der Erde, zu besteigen, und zwar auf der Route, auf der die Polen 1974/75 gescheitert waren. Sie waren ein lustiger Haufen. Beeindruckt von den harten winterlichen Bedingungen fürchteten sie, daß ihre Bekleidung nicht ausreiche. Von ihnen hörten wir von einer Äußerung Reinhold Messners, der den Everest zweimal ohne Sauerstoff bestiegen hatte und in Italien wie ein Gott angesehen wird: Er hielt es für unmöglich, den Berg im Winter ohne Sauerstoff zu besteigen.

Ich glaube, er hätte sich anders geäußert, wenn er es selbst einmal vorgehabt hätte. Mit ein Grund, weshalb wir den Winter am Everest verbrachten, war ja herauszufinden, was möglich war.

In unserem Lager hatte sich jetzt eine gewisse Mutlosigkeit breitgemacht. Die langen Schönwetterperioden des Dezembers waren vorüber, und jede Voraussage, die wir von Radio Nepal hörten, sprach von Winden mit 100 Knoten oder gar 120, Niederschlägen und Wolken. Die Voraussagen waren aber keine rechte Hilfe. Anders als in den übrigen Jahreszeiten änderte sich das Wetter ohne Vorwarnung in kürzester Zeit vollkommen. Die Japaner hatten mit den unvorhersehbaren plötzlichen Schneestürmen ebenfalls ihre Schwierigkeiten.

Das Leben im Basislager war, körperlich gesehen, vergleichsweise angenehm und seelisch auch, weil ich wußte, daß mir im Augenblick eine Ruhepause unbedingt zustand.

Ich las ein im Hemingway-Stil geschriebenes Buch über Tauchausflüge in die Karibik und Cocktails auf Hotelterrassen bei Sonnenuntergang; ein traumhafter Gegensatz zu unserem spartanischen Leben hier.

Eines Morgens verpaßte ich einen Funkspruch, weil ich vergessen hatte, das Gerät mit in den Schlafsack zu nehmen und die Batterien kalt geworden waren. Normalerweise schlief ich mit dem Funkgerät dicht an meinem Körper, um es funktionstüchtig zu halten. Auch meine Kamera mußte mit in den Schlafsack, und oft schlief ich ein mit den Kopfhörern meines kleinen Sony Kassettenrecorders über den Ohren, der ebenfalls die Wärme des Schlafsacks brauchte.

Durch das starke Teleobjektiv der Filmkamera konnte ich vom Basislager aus sehen, daß die Zelte des Lagers 2 noch an ihren Plätzen waren, aber über Funk erfuhren wir, daß bisher noch niemand dahin aufgestiegen war. Einen ganzen Tag lang half ich Mike dabei, seine Filmausrüstung auf den Lho La zu schleppen. Das war genau das, was wir befürchtet hatten: nämlich die kostbare Zeit dafür verwenden zu müssen, auf die Mitglieder des Filmteams aufzupassen und ihnen beim Auf- und Absteigen zu helfen. Es gab eine deutliche Interessenkollision zwischen den Erfordernissen des Films und der Kletterei. Verlorene Tage waren nicht wieder aufzuholen, und obwohl wir guten Gewissens niemanden von den Filmleuten an den schwierigen Stellen des Aufstiegs allein lassen konnten, mußte dies das letzte Mal sein, daß der Film unsere bergsteigerischen Aktivitäten behinderte. Ich sah darin eine ärgerliche Belästigung.

Al und ich hatten vor, am nächsten Tag, dem 10. Januar, wieder hinaufzugehen. Paul und Alan litten unter einem Rückfall ihrer Darmbeschwerden und brauchten noch etwas Erholung.

Das Leben im Basislager war zur Routine geworden. Mit den Sherpas gab es keine Probleme mehr, außer daß das Essen nach wie vor nicht mehr so abwechslungsreich im Geschmack war wie auf dem Anmarsch. Der Koch kämpfte mit allerlei widrigen Umständen bei dem Versuch, genießbares Essen auf launischen Kochern zuzubereiten. Selbst der Pudding war entweder nicht richtig gekocht oder aber angebrannt. Wir riefen Mingma, den Küchenjungen, zu uns, um uns zu beschweren, denn Pudding war wohl das Einfachste, das man machen konnte. Er schien nicht davon erbaut, daß wir seine Kochkunst nicht würdigten. Voller Wut nahm er seinen Pudding wieder mit und versetzte ein paar kaputten Kochern, die draußen herumlagen, kräftige Fußtritte.

Al unterhielt uns mit einer weiteren Geschichte aus seiner wildbewegten, gewalttätigen Jugend. Bei einem der seltenen Besuche zu Hause hatten er und sein Bruder ihre Mutter zum Essen ausgeführt. Als sie das Restaurant verließen, um nach Hause zu fahren, mußten sie feststellen, daß jemand ihr Auto aufgebrochen hatte und jetzt auf dem Fahrersitz saß, bereit loszufahren. So wie er es beschrieb, konnte ich mir gut vorstellen, daß die beiden nun wie in einem Gangsterfilm vorgingen.

„Ich wußte nicht recht, was ich machen sollte", sagte Al.

„Warum, hattest du Angst?"

„Nein, man weiß bloß nie, was Mütter über so etwas denken – oder weißt du das? Wir haben ihn jedenfalls ein bißchen aufpoliert."

Auf dem Rückweg zu Lager 1 war ich zum erstenmal etwas schneller als Al, aber ich vermute, daß sein Rucksack schwerer war als meiner. Um die Hänge zu erreichen, die zum Anfang der Fixseile führten, mußten wir unter den drohenden Eiswänden unterhalb des Lho La queren. Man brauchte nur fünfzehn bis zwanzig Minuten, um das gefährliche Gebiet zu passieren, und dabei gab es zwei unterschiedliche Meinungen, welches die günstigste Route sei. 1978 hatte ich eine riesige Lawine vom Lho La herabkommen gesehen. Im Winter schien alles ruhig, aber ich wählte einen indirekten Weg, der allerdings eine mühsame Kletterei über loses Gestein am Gletscherrand erforderte. Die Burgess-Zwillinge, die Verfechter von Fitness und Geschwindigkeit, nahmen einen Weg, der direkt in der Fallinie der Eiswände so hoch wie möglich durch eine Rinne führte. Sie behaupteten, daß sie zur Seite springen könnten, falls etwas herabkäme. Wir nannten ihren Weg inzwischen den „Burgess-Couloir". Ich erklärte ihnen, daß ich lieber zehn Minuten mehr in Kauf nähme, als mich auch nur der kleinsten Lawinengefahr auszusetzen. Die anderen Expeditionsteilnehmer schwankten zwischen den beiden Möglichkeiten.

Es war für mich nichts Ungewöhnliches, mich zeitweise von anderen Leuten zu trennen, und so nahm ich meinen eigenen Weg hinauf zu der Stelle, wo wir die Klettergürtel anlegten und die Steinschlaghelme aufsetzten, um mit der Kletterei zu beginnen.

Mike Shrimpton, von seiner Umgebung sichtlich etwas eingeschüchtert, saß bei den Höhlen und filmte unseren Weg. Ade, John, Pete und Brian waren an diesem Tag zum Lager 2 aufgestiegen.

Den restlichen Tag verbrachten wir in der Höhle, lagen in den Schlafsäcken und diskutierten über die Route, den Film und das Bergsteigen im allgemeinen.

Al und ich versprachen, uns mit Mike am nächsten Nachmittag, wenn das Licht gut sei, zu treffen, und zwar beim Abstieg vom Lager 2, auf das wir den nächsten Tag Lasten hinaufschleppen wollten. Wir hatten vor, die Felsbarriere noch einmal zu durchklettern, damit Mike es filmen konnte. Mike fing an, einige unserer Argumente von damals zu verstehen, als er die Filmausrüstung, die er auf dem Berg haben wollte, zusammenstellte. Er hatte die größte Filmkamera, die ich jemals zu Gesicht bekommen hatte, und mit dem Stativ, das ich unter großen Mühen heraufgeschleppt hatte, war er immer noch nicht zufrieden.

Ade auf dem Weg zum Lager 2

Mike war ein echter Profi. Je länger die Expedition dauerte, um so mehr Respekt bekam ich vor seiner Energie und der Gründlichkeit, mit der er seinen Job anpackte. Die Fernsehindustrie ist bei uns durch Gewerkschaftsvorschriften und Regelungen gelähmt, und manchmal fragte ich mich, wie Mike innerlich damit zurechtkam. Es gab keine Regelung finanzieller Art, wie er jemals für die Härten der Winterbedingungen am Everest entschädigt werden könnte. Ganz am Anfang hatten wir schon Schwierigkeiten mit den Gewerkschaftsvorschriften, die verlangten, daß wir einen Elektriker für den Aufbau und das Anschließen der Scheinwerfer mitnehmen müßten. Die Tatsache, daß es am Everest keine Stromquelle gab, fiel dabei nicht ins Gewicht. Tausende zusätzlicher Kilos, die ein weiteres Mitglied der Filmcrew an Ausrüstung und Material erfordert hätte, brachten uns schließlich dazu, den Film als ein unabhängiges, privates Unternehmen durchzuführen.

Mike war am Everest, weil er selbst hier sein wollte, und seine Erfahrungen als Kameramann bei vielen anderen Unternehmungen, die ihn in fast alle Länder der Erde geführt hatten, gaben ihm eine Abgeklärtheit und Weltgewandtheit, die für das ganze Team ein Gewinn waren.

Was wir für den nächsten Tag planten, war anstrengend und kraftraubend, aber wenn es gut ging, war ein wichtiger Teil seiner Filmarbeit auf dem Berg geschafft. Danach sollten nur noch kleinere Handkameras von den Kletterern selbst benutzt werden. Wir unterhielten uns noch bis spät in die Nacht, bevor wir schließlich einschliefen.

Mitten in der Nacht wurden wir durch den Lärm des Windes geweckt, der in heftigen Stößen in den Höhleneingang wehte. Der Druckanstieg ließ unsere Trommelfelle knacken, und anschließend blieb ich für den Rest der Nacht wach. Ich merkte, daß auch Al und Mike keine Ruhe fanden und den bedrohlichen Winden draußen lauschten. Durch das Dröhnen der Windstöße und die darauf folgenden Druckwellen kam ich mir vor wie in einem Bunker bei einem Artillerieangriff. Wir waren hier ziemlich sicher, das wußte ich, aber die anderen waren aufgestiegen und lagen in den zerbrechlichen Zelten des Lagers 2. Ich konnte mir nicht vorstellen, daß sie diesem Sturm standhalten konnten. Besorgt warteten wir auf den Funkspruch um 7 Uhr.

Ich kroch in den Eingangstunnel der Höhle, wo der Wind mich mit solider Kraft angriff und ich mich an einer ins Eis geschlagenen Axt festhalten mußte, und funkte zum Lager 2 hinauf. Keine Antwort. Alle halbe Stunde schaltete ich das Gerät ein und hoffte auf ein Lebenszeichen. Um 8.30 Uhr knackte es. Eine Antwort. Ade sagte etwas von einem Zelt, das der Wind zerstört hätte, dann brach der Kontakt unvermittelt ab. Mir war unbehaglich zumute, als ich Al und Mike die Nachricht überbrachte. In regelmäßigen Abständen krochen wir zum Eingang, spähten durch wirbelnde Wolken und warteten auf das Auftauchen herabkommender Gestalten und die damit verbundene Erleichterung.

Um 10 Uhr sah ich durch das Teleobjektiv eine Gestalt, die sich eilig abwärts bewegte. Es war Ade, der uns sofort versicherte, daß nichts passiert sei. John folgte etwas später. Alle waren in Sicherheit, aber der Zusammenbruch des Zeltes hatte John und Ade dem Schrecken des Windes und der Kälte ausgeliefert. Johns Hände waren steif gefroren gewesen, und fast bewußtlos durch die beißende Kälte war er in das enge Kastenzelt gekrochen, wo Brian und Pete gerade Teewasser warm machten. Er hatte seine Hände in das heiße Wasser gehalten, und langsam begann das Blut wieder zu zirkulieren.

Ade meinte, daß das Kastenzelt dem Wind standhalten würde, aber Brian und Pete fanden den Aufenthalt darin mehr als unbequem. Jeder Windstoß überschüttete sie mit Eis, das sich an der Plane gebildet hatte. Er wußte nicht, ob sie im Lager bleiben wollten.

Mutlos und verschreckt zogen wir uns in unsere Schlafsäcke zurück und blieben den ganzen Tag darin liegen, lauschten dem Heulen des Windes und spürten das dumpfe Dröhnen, wenn er auf den Eingang traf.

Am späten Nachmittag tauchten Brian und Pete aus dem wirbelnden Nebel auf. Unsere Moral war auf einem Tiefpunkt, und irgendein Weiterkommen gegen diese wilden Urkräfte schien unmöglich.

Ade berichtete, daß sich der Wind irgendwie unter dem Zelt gefangen, es angehoben und die Zeltstangen zerbrochen hatte. Glücklicherweise geschah das um 6 Uhr früh, kurz vor dem Morgengrauen. Fürchterlich, sich vorzustellen, welches Chaos dabei im Dunkel der Nacht entstanden wäre.

Ade war erschöpft. Wir gaben ihm zu trinken und zu essen, und er döste immer wieder ein. Im Laufe des Nachmittags berieten wir über unsere Chancen. Ade meinte, daß es aussichtslos war, von den Zelten aus höher zu kommen. Selbst wenn sie dem Wind standhielten, konnte man sich dort nicht genügend ausruhen, um für ein Tagespensum fit zu sein. Eine Nacht im Zelt kostete allein schon alle Energie. Er hielt eine Höhle für die einzig mögliche Lösung.

Die Zeit schien uns davonzulaufen. Lager 2 war vor elf Tagen errichtet worden. Seitdem hatten wir alle acht abwechselnd einige Zeit dort verbracht, ohne auch nur ein Stück weiterzukommen. Ich schlug vor, eine Höhle 300 Meter weiter oben zu graben, wo die Hänge vor dem letzten Kamm der Schulter weniger steil waren. Ich war jetzt auch zu dieser Ansicht gekommen, die ich vorher wegen des großen Kraftaufwandes abgelehnt hatte. Al und ich erklärten uns bereit hochzugehen, die Unbequemlichkeit des Kastenzeltes in Kauf zu nehmen und trotz der kräfteraubenden großen Höhe so lange zu arbeiten, bis wir eine Art Höhle zustandegebracht hätten, in der die nächste Gruppe bleiben konnte. Anschließend würden wir absteigen, selbst wenn alles gut ging, denn wir nahmen an, daß wir nach dieser Arbeit total erschöpft sein würden. Aber das war die einzige Möglichkeit, einen sicheren Stützpunkt auf dem Berg zu errichten. Mit einer Höhle oberhalb der Zelte hofften wir, uns ein weiteres Lager unter 7600 Meter zu ersparen und damit auch Zeit und Energie.

Die beiden Höhlen von Lager 1 waren durch ein Windloch miteinander verbunden. Wegen des ständigen Zuges hatten wir aber das Loch mit Rucksäcken und Reservekleidung verstopft. So hatten wir diesen Entschluß gefaßt, ohne John, Brian und Pete miteinzubeziehen. Ade stieg am nächsten Morgen ab, um sich unten etwas auszuruhen, da ja im Lager 2 auch nur noch Platz für zwei Leute war. Er wollte wieder fit und einsatzbereit sein, wenn die Höhle fertig war. Er steckte seinen Kopf in die andere Höhle und stieß bei den dreien auf völlige Ablehnung unseres Vorschlages. Dieser war mir als ein so logischer Ausweg aus der Sackgasse, in der wir uns seit zwei Wochen befanden, erschienen, daß ich angenommen hatte, er müsse jedermann einleuchten.

Den dreien in der benachbarten Höhle erschien es zu riskant, alle unsere Hoffnungen darauf zu setzen, in einem uns völlig unbekannten Gelände einen geeigneten Platz für eine Höhle zu finden. Ihr Vorschlag war, bei Lager 2 eine Höhle zu graben. Argumente für und wider beide Lösungen wurden hin und her diskutiert. Das war aber weiter nicht schlimm, denn das schlechte Wetter schloß für eine Weile sowieso jede Aktivität aus. Wir erreichten einen Kompromiß. Al und ich würden unserem Plan folgen, und die drei anderen wollten auch hinaufgehen und mit einer Höhle beim Lager 2 beginnen. Damit sollte eine Rückzugsmöglichkeit geschaffen werden, falls sich unser Plan als zu ehrgeizig herausstellen sollte. Sie konnten nicht im Lager 2 bleiben, wollten aber so lange graben, bis sie wieder zum Lager 1 zurück mußten.

Am nächsten Morgen wachte ich sehr früh auf und schaute im Morgengrauen aus der Höhle. Der Himmel war klar und der Wind schwächer. Eine tiefliegende Wolkenbank im Süden schien weit genug entfernt, um keine unmittelbare Bedrohung darzustellen. Wir frühstückten, schnallten die Steigeisen an, nahmen die Klettergürtel und machten uns bereit. Die Wolkenbank füllte jetzt den ganzen südlichen Himmel. Sie erreichte schon die Westschulter, und auch vom Nuptse wehte eine Schneefahne herüber. Al und ich schauten uns unschlüssig und verärgert an. Ich hatte das Gefühl, der Berg behandelte uns, wie man es von einer anonymen, bürokratischen Behörde gewohnt ist: ohne jegliches Mitgefühl.

Aus der Höhle heraus sagte Brian, daß wir seiner Meinung nach aufsteigen sollten, und Pete stimmte ihm zu. Ihr begrenzter Ausblick zeigte ihnen nur blauen Himmel. Auch als er die näher kommenden Wolken erblickte, war Pete davon überzeugt, daß wir losgehen sollten: „Es macht nichts, wenn ihr aufsteigt und das Wetter wird schlecht. Wenn ihr im Lager 2 zu erschöpft seid, gibt es genügend andere, die euch ablösen können."

Selbst wenn ich seine Meinung geteilt hätte, verstimmte es mich, auf diese Weise zum Handeln gedrängt zu werden. Al und ich verließen die Höhle und wanderten über die oberen Hänge des Roubuk-Gletschers, der nach China hinüberführt. Wir wollten eine Stunde warten und sehen, ob das Wetter sich bessern würde. Wir wollten auch versuchen, Sicht auf den Gipfel zu bekommen, der vom Lager 1 aus durch die Westschulter verdeckt wurde. Die Hänge zogen sich etwa 1500 Meter mit sanfter Neigung hinab, bevor sie in Spalten und Abstürze übergingen. Wo der Gletscher seine Richtung änderte, türmten sich unübersehbare Massen von Eisblöcken auf.

Auf der gegenüberliegenden Seite des Gletscherbeckens konnten wir deutlich den Nordgrat erkennen, wo viele der früheren Besteigungsversuche erfolgt waren. Dort irgendwo lagen die

Leichen von Mallory und Irvine. Ich kam mir wie ein Neuling vor, der zum erstenmal mit der Geschichte konfrontiert wird. Vom oberen Rand des Beckens zog sich eine dünne Schneelinie hinauf und teilte die Felsen der Nordwand. Irgendwo in diesem Gebiet war 1979 der Sherpa Ang Phu gestorben, als er während der jugoslawischen Expedition zum Westgrat beim Abstieg ausglitt und abstürzte.

Oberhalb unseres Lagers 2 am Westgrat sahen wir flachere Hänge, und ungefähr dreihundert Meter über den Zelten erblickten wir eine Schneegrube. Dort hofften wir, vielleicht einen geeigneten Platz für eine Höhle zu finden.

Wir kehrten zu den Höhlen von Lager 1 zurück. Draußen mußte sich Brian gerade übergeben. Bei der erbarmungslosen Kälte hatte er hier oben keine Hoffnung, sich zu erholen. Zusammen mit John stieg er zum Basislager ab.

Joe in der Höhle von Lager 1; rechts die Küche

Am Abend hatten wir Funkkontakt mit Ade, der uns berichtete, daß ein Mitglied der japanischen Expedition getötet worden sei, als es auf einem Eishang unterhalb ihres Lagers 3 auf der anderen Seite des Berges den Halt verlor. Ich hatte den Mann nicht gekannt, um den es sich handelte. Er war für mich so anonym wie jeder andere Verunglückte in den Nachrichten. Es war nicht so, wie wenn man einen Freund verliert, aber das bedrückende Gefühl der Sinnlosigkeit des ganzen Unternehmens, das Törichte unseres Tuns kam mir zu Bewußtsein. Wir machten uns zum Schlafen fertig und unterhielten uns über unsere Rollen als kleine Figuren in einem Spiel, das wir uns selbst ausgesucht hatten.

Al, Pete und ich brachen am nächsten Morgen auf. Das Wetter war ähnlich wie am Tag zuvor. Der Wind blies unablässig über das Plateau und die Hänge hinauf zum Lager 2. Ich war erstaunt, die Abdrücke meiner Steigeisen, die von meinem letzten Aufstieg stammten, im festgepreßten Schnee wiederzuerkennen. Meine Steigeisen unterscheiden sich durch ihre völlig rechteckige Form deutlich von denen der anderen. Trotz des vielen Schnees, der inzwischen gefallen war, hatte der ständige Wind die Hänge blankgefegt und die Abdrücke unversehrt erhalten. Zu anderen Jahreszeiten mag es mehr schneien, aber dann sind die Temperaturen höher, der Schnee ist feuchter und haftet besser auf dem Untergrund, und vor allem ist der Wind dann nicht so stark und andauernd.

Ich war den beiden anderen etwas voraus und sah, wie einer von ihnen am Beginn der Fixseile wieder umkehrte. Im Lager 2 räumte ich erst einmal den Schnee aus dem Zelt und bereitete alles für eine späte Rückkehr vor. Wenn unser Plan gelänge, würden wir bis zum Anbruch der Dunkelheit klettern und nach unserer Rückkehr nur noch in die Schlafsäcke fallen. Während des Aufbruchs im Sturm vor ein paar Tagen war viel Schnee in das Zelt gedrungen. Sechs Meter oberhalb des Kastenzeltes lagen die Überreste des zweiten Zeltes, in dem ich vor langer Zeit drei Nächte verbracht hatte. Die Plattform, an der ich so schwer gearbeitet hatte, war noch da. Sie war teilweise von Treibschnee bedeckt, aus dem Zeltmaterial, zurückgelassene Rucksäcke und zerbrochene Zeltstäbe herausschauten.

Plötzlich kam über der Felsschulter Pete in Sicht und stieg herab zu den Zelten. Ich hatte angenommen, daß Al hochkommen würde, doch Pete erklärte mir, daß er vom Wind so ausgekühlt worden war, daß er befürchtet habe, Erfrierungen zu bekommen. Die Aussicht, sich fünf Stunden lang in diesem Wind an den Seilen hochziehen zu müssen, veranlaßte ihn, umzukehren und zum Basislager abzusteigen.

Es war mehr als bloßes Frieren. Inzwischen lebten wir schon fünf Wochen im Basislager oder weiter oben, und die Strapazen in solcher Kälte forderten ihren Tribut. Manchmal war es unmöglich, das wenig appetitliche Essen hinunterzuwürgen, und selbst im Basislager schien das Essen von Mal zu Mal ungenießbarer zu werden. Ohne eine ausreichende tägliche Nahrungsaufnahme war es aber unmöglich, sich warm zu halten.

Die Abwesenheit von Al war ein harter Schlag. In meinen Augen waren die Zwillinge die stärksten von uns allen, deshalb war es psychologisch schwer zu verkraften, daß ausgerechnet Al absteigen mußte. Pete und ich machten uns zum Klettern bereit. Keiner kannte den anderen richtig, und mit ausgesuchter Höflichkeit, die für den Umgang zwischen Fremden charakteristisch ist, beschlossen wir, die blankgefegten Hänge über uns in Angriff zu nehmen.

Das unsichere Wetter des frühen Morgen hatte sich zum Nachmittag hin in einen blauen Himmel verwandelt, mit Sonne und nur leichtem Wind. Ich führte. Das Klettern war nicht schwierig, lediglich behindert von lockeren Schneeplatten, von denen man nicht wußte, wie fest sie mit dem Untergrund verbunden waren. Ich umging diese Platten, weil ich fürchtete, daß sie, einmal losgetreten, den ganzen Hang in eine rutschende Masse verwandeln könnten. Ich führte hundert Meter, hielt oft an, um auszuruhen, und als Pete mich ablöste, genoß ich diesen seltenen, schönen Tag. Eigentlich freute ich mich jetzt zum ersten Male, hier auf dem Berg zu sein. Die Aussicht nach Norden in das braune, geheimnisvolle Land Tibet, die kleiner werdenden Hügel im Norden und Süden, deren Umrisse sich wunderschön im Licht der sinkenden Sonne abzeichneten, erfüllten mich mit dem Gefühl, etwas ganz Außergewöhnliches, Einmaliges zu erleben. Leider konnte ich meine Begeisterung mit niemandem teilen, denn Pete war zu weit über mir. Ein großer Teil der Kletterei auf einem großen Berg ist Einsamkeit. Viele Stunden verbringt man nur in Gesellschaft seines eigenen Schattens. Von den Menschen ist man entweder durch die Entfernung oder durch die Wetterbedingungen getrennt.

Ich wünschte, daß dieser Nachmittag nie aufhören sollte, daß jeder von uns diese Erfahrung mit mir teilen könnte, denn wenn überhaupt, dann würde sich durch solch ein Erlebnis die sinkende Moral unserer Expedition wieder heben.

Als Pete weitere hundert Meter Seil fixiert hatte, übernahm ich wieder die Führung und wählte in einer Rinne neben einer Stelle mit glashartem Eis eine falsche Route. Pete korrigierte den Fehler, indem er unterhalb des Eises querte, und wir verloren etwas Zeit durch das Umsetzen der Seile. Er verschwand hinter einer Schneekante, und als das Seil nicht weiter ablief, folgte ich.

Auf das, was ich dann sah, war ich nicht gefaßt. Meine Aufmerksamkeit konzentrierte sich ständig auf das Seil und meine Steigeisen, mit denen ich auf dem eisigen Grund sicheren Tritt suchte. Der Hang hatte sich völlig zurückgelehnt, und ich konnte fast aufrecht gehen. Als ich aufschaute, überwältigte mich die hochaufragende Gipfelpyramide des Everest. Von der sinkenden

Sonne ganz in Rot getaucht, zeichneten sich alle Spalten, Kanten und Falten des alterslosen Berges reliefartig ab. Ich schaute und schaute, während die Farben unentwegt wechselten. Das Rot wurde dunkler, ein dunkler Schatten kroch unerbittlich immer höher und wischte alle Farben fort. Pete sagte nur kurz: „Großartig, nicht wahr?", und wir kehrten um, zurück zum Lager 2 und waren zufrieden mit diesem Tag.

Der unerwartete Anblick hatte solchen Eindruck auf mich gemacht, daß ich so schnell wie möglich an den Seilen hinabglitt und innerlich vor Eifer fast platzte, die Nachricht über unseren Erfolg hinabzufunken. Ich versuchte um 17.30 Uhr, noch bevor

Der Gipfel

wir das Lager erreichten, einen Funkspruch durchzugeben, aber ohne Erfolg. Mit meinen steifgefrorenen, ungeschickten Händen hatte ich Angst, daß ich das Funkgerät fallen lassen könnte; daher versuchte ich es nicht wieder. Bis zum Zelt hinab war es nur eine halbe Stunde, im Vergleich zu einem ganzen Nachmittag, den wir für den Weg nach oben gebraucht hatten.

Als wir zur verabredeten Zeit – um 18 Uhr – den Funkkontakt hergestellt hatten, berichtete ich voller Freude und Genugtuung von unserem Durchbruch. Ade im Basislager war überrascht. Unten war es den Tag über kalt und windig gewesen, und man hatte für uns das Schlimmste befürchtet. Er versprach, am nächsten Tag heraufzukommen.

Die Befriedigung über unsere Tagesleistung und die Überzeugung, daß wir in der Lage sein würden, weiter oben eine Schneehöhle zu graben, half uns, den Gedanken an die kalte Nacht zu verdrängen, die uns in dem sargähnlichen Zelt im Lager 2 bevorstand. In dieses Zelt paßten wir gerade so hinein. Ohne daß der andere mitmachte, konnten wir uns nicht bewegen. Pete drückte sich in eine Ecke, damit ich Platz zum Kochen hatte. Ich erklärte ihm, daß ich morgens nur sehr ungern und mit den größten Schwierigkeiten aufstehe, und wenn es ihm recht wäre, würde ich das Abendessen machen, wenn er für das Frühstück sorgte. Da so wenig Platz war, daß nur einer kochen konnte, war das eine logische Arbeitsteilung. Die nächsten drei Stunden schmolz ich Schnee, machte einen Eintopf und etwas zu trinken.

„Ich bin froh, daß du viel trinkst", sagte Pete. „Als ich mit Brian zusammen war, wollte der immer nur schlafen, anstatt zu essen und zu trinken." Pete stand im Ruf, ein großer Esser zu sein, und konnte Unmengen vertilgen. Auf einer Expedition ist das eine beneidenswerte Fähigkeit, da normalerweise jeder wegen Appetitlosigkeit Gewicht verliert, verbunden mit dem entsprechenden Verlust an Kraft und Durchhaltevermögen.

Es war so unbequem im Zelt, daß kaum Hoffnung bestand, einschlafen zu können. Wir nahmen beide ein Beruhigungsmittel und dösten vor uns hin. Im Halbschlaf registrierte ich, daß Pete unruhig war und bei jeder Bewegung unterdrückt stöhnte. Um Mitternacht hatte ich das Gefühl, überhaupt noch nicht geschlafen zu haben, und als ich Pete fragte, erklärte er mir, daß er wegen Schmerzen in der Seite auch nicht schlafen könne. Wir nahmen beide ein Schlafmittel und ich zusätzlich noch zwei Kopfschmerztabletten. Es war eine hohe Dosis, und als ich im Morgengrauen erwachte, war ich ganz benommen. Pete dagegen war hellwach. Er machte Frühstück, und ich trottete anschließend ohne viel Begeisterung hinter ihm her bis zum Ende der Seile, dem höchsten, gestern von uns erreichten Punkt.

An dieser Stelle hätten wir nicht unbedingt Seile anbringen müssen, denn der Hang stieg nur sanft an, und das Wetter war auch an diesem zweiten Tag ungewöhnlich gut. Wir versicherten den Weg aber trotzdem bis hin zu einer Schneebank, in die wir die Höhle graben wollten. Ohne die Reepschnur als Führungsleine könnte es in einem Schneesturm oder bei starkem Wind schwer sein, die Höhle zu finden.

Mein Kopf wurde allmählich klarer. Pete, der kleiner als ich, aber untersetzt war und in seinem roten Anzug wie ein Raumfahrer aussah, stapfte unablässig vorwärts. Er hatte ein sehr zweckmäßiges Tempo, und offensichtlich hatte er nicht unter der Schwäche zu leiden, die ich verspürte. Selbst wenn wir dicht hintereinander gingen, sprachen wir kaum ein Wort. Ich schnaufte sehr, und wenn ich etwas sagte, klang es sehr bedeutsam, dabei machte ich die Pausen zwischen den einzelnen Wörtern nicht zur Betonung des Gesagten, sondern um Luft zu schnappen.

Wir begannen zu graben. Zuerst wollten wir einen horizontalen Tunnel in den Hang graben, bevor wir ihn zu einer größeren Höhle erweiterten. Der Lagerplatz lag etwas unterhalb des Grates

Das mühsame Ausheben der Schneehöhle

der Westschulter. Pete schätzte die Entfernung als sehr kurz ein. Ich dagegen war der Meinung, daß man mindestens eine Stunde brauchte, um dorthin zu gelangen. Ich weiß nicht, ob es an der Höhe liegt oder daran, daß man keine Vergleichsmöglichkeiten, keine Anhaltspunkte im Gelände hat, daß das exakte Schätzen von Entfernungen am Berg so schwer ist.

Nach zehn Minuten Arbeit waren wir erschöpft, deshalb wechselten wir uns ab. Der Schnee eignete sich hervorragend zum Graben. Anders als die Eskimos, die Dutzende von Wörtern für Schnee besitzen, ist unsere Sprache hier begrenzt. Wenn es ein Wort gäbe, das den idealen Schnee für eine Schneehöhle bezeichnet, dann müßte man es auf diesen Schnee anwenden, der fest aber nicht eisig war. Jetzt war ich an der Reihe und kniete in dem immer tiefer werdenden Schacht, den wir in den Hang trieben. Der weiße Schnee der Oberfläche wurde durch die Lichtbrechung weiter innen blau. Ich bemerkte einen schwarzen Fleck am Ende des inzwischen zwei Meter tiefen Tunnels. Ich vermutete einen Felsen, der unsere Bemühungen zunichte gemacht hätte. Als ich dagegen schlug, gab der Schnee rundherum nach, und ein großes schwarzes Loch öffnete sich. Zuerst zog ich mich vor Schreck zurück, aber als nichts weiter geschah, kroch ich vorwärts und schaute in eine gähnende Spalte, die oben vom Eis überdeckt war und phantastisch geformte Eiskristalle und Schneeblöcke enthielt: eine Eishöhle wie im Bilderbuch. Einige große Blöcke überspannten die Spalte und bildeten einen Sims. Zur Linken verlor sie sich in bodenloser Dunkelheit. Ich kroch zurück und ließ Pete einen Blick hineinwerfen.

Spalten haben für Bergsteiger immer etwas Bedrohliches, und meine erste instinktive Reaktion war, woanders eine neue Höhle zu graben. Pete dachte ähnlich. Wenn es möglich wäre, die Spalte mitzubenutzen, könnten wir uns zwei Tage Arbeit ersparen. War sie aber nicht stabil, wäre die Gefahr eines langsamen Erstickungstodes oder eines Sturzes in sich neu öffnende Abgründe sehr groß.

Wir beschlossen, in die Spalte vorzudringen und sie von innen zu erkunden. Wir blieben angeseilt und sicherten uns zusätzlich noch durch ein paar Alustäbe, die wir in den Schnee trieben. Ich ließ mich auf den Sims hinabgleiten und hatte das Gefühl, wie ein Einbrecher bei seinem ersten Raubzug verbotenes Gebiet zu betreten. Mit Eisäxten schlugen wir die Gebilde an der Decke ab. Sie war nur etwa einen Meter dick, und bläuliches, diffuses Licht erleuchtete das Innere. Wir benutzten den von der Decke abgeschlagenen Schnee dazu, den Boden einzuebnen. Mehr und mehr gewöhnten wir uns an dieses eisige Wunderland. Ich kroch zum äußersten Ende, wo sich die Höhle nach unten kegelförmig erweiterte und das helle Licht anzeigte, daß das Eisdach hier am dünnsten war. Mit einem gewissen Bedauern schlug ich die sonderbaren, phantastischen Formen ab und erweiterte so die Höhle. Pete arbeitete an einem neuen Eingang, denn das Loch, durch das wir hereingekrochen waren, lag zweieinhalb Meter über dem Boden. Nach ein paar Stunden – wir fühlten uns inzwischen in dieser Höhle sehr wohl – hatten wir sie so weit erweitert, daß drei Leute darin schlafen konnten und, es gab, wenn nötig, auch noch genügend Erweiterungsmöglichkeiten. Wir waren mit unserer Arbeit sehr zufrieden. In wenigen Stunden waren wir im Besitz einer Höhle, für die wir mehrere Tage Arbeit veranschlagt hatten. Innerhalb von zwei Tagen hatten wir auch die psychologische Sperre durchbrochen, die das Lager 2 bisher dargestellt hatte.

Als wir aufbrechen wollten, hatten wir Schwierigkeiten, wieder aus der Höhle herauszukommen. Pete, der an einem neuen Eingang gegraben hatte, hatte diesen direkt unterhalb des Loches, durch das wir hereingekommen waren, in Angriff genommen. Wir mußten nun durch fünf Meter Schnee hindurch, und Pete war mit dem Tunnel noch nicht ganz fertig. So hatten wir dort ein großes Loch, aber nichts, worauf wir stehen konnten, um an das obere, höhere Loch heranzukommen. Ich kämpfte mich ab, um mich schließlich herauszuwinden, und schimpfte dementsprechend. Sehr zu meiner Genugtuung sah ich, daß auch Pete seine Schwierigkeiten hatte.

Da wir unser Ziel erreicht hatten, ließen wir den Tag etwas lockerer ausklingen. Wir erreichten das Zelt von Lager 2 ganz gemütlich, bevor es dunkel wurde, und sandten die Meldung über unsere glückliche Entdeckung per Funk zu Tal. Pete und ich wollten jetzt unser gesamtes Material am nächsten Tag vom Lager 2 in die Schneehöhle von Lager 3 bringen und danach absteigen, um etwas auszuruhen.

Über Funk bekamen wir schlechte Nachrichten aus dem Basislager. Wan Chup, der Koch, war ernsthaft erkrankt, und Pete, als unser Arzt, sollte herunterkommen. Die Symptome, die wir per Funk übermittelt bekamen, waren Erbrechen, Delirium und Blutungen. Pete tippte auf ein durchgebrochenes Magengeschwür. Der Arzt vom italienischen Lager war herübergekommen, aber wenn keine Besserung eintrat, sollte Pete am nächsten Morgen absteigen.

Es war schon immer Petes Alptraum gewesen, eines Tages in einen Konflikt zwischen seiner Verantwortung als Arzt und seinen Interessen als Bergsteiger zu geraten. Es gab keinen Ausweg. Wan Chup war ernsthaft krank, und obwohl Pete als erster zugeben würde, daß Ärzte keine Wunder vollbringen können, würde man die Schuld – sollte Wan Chup sterben – doch auf die Expedition schieben. Man würde ihr Verantwortungslosigkeit vorwerfen, wenn bekannt würde, daß der Arzt auf dem Berg und nicht erreichbar war.

Für den Rest des Abends schaute Pete recht mißmutig drein. Ich war auch der Meinung, daß es jetzt seine erste Pflicht sei, ins Basislager abzusteigen, aber es tat mir leid, daß er jetzt ging. Es war das erstemal, daß ich während der Expedition direkt mit ihm zu tun gehabt hatte, und ich hatte erfahren, daß sich hinter der anonymen Person, die sich gewöhnlich im Hintergrund hielt und nicht so stark wie die anderen schien, in Wirklichkeit ein Mensch von großer Entschlossenheit und Willenskraft verbarg. Vielleicht wurde er nur durch die extrovertierte Redseligkeit einiger von uns in den Hintergrund gedrängt. Oder aber er suchte einfach seinen eigenen Weg, seinen eigenen Stil. Auf jeden Fall beeindruckte mich jetzt der andere Mensch, den ich in den letzten Tagen kennengelernt hatte. Pete genoß es offensichtlich, allein zu sein. Oft ging er stundenlang, weit ab von der Gesellschaft der anderen, vor sich hin. Bevor wir das Basislager erreichten, machte er manchmal noch kleine Abstecher und freute sich über neue, unerwartete Ausblicke, die er mit den anderen nicht teilen mußte. Am Berg hatten wir uns an seine exzentrische Eigenart gewöhnt, spät loszugehen und oft so spät anzukommen, daß wir ihn schließlich „Midnight Cowboy" nannten.

Nachdem ich zum Zelt zurückgekehrt war, wurde ich plötzlich unsäglich müde. Aber da ich mich an meine eigene Abmachung, was das Essenkochen betraf, halten wollte, ging ich an die Arbeit. Die nächsten drei Stunden verbrachte ich damit, Schnee zu schmelzen, Getränke und Essen zuzubereiten. Die Anstrengungen der letzten Tage schienen Pete nichts ausgemacht zu haben, und er stürzte sich hungrig auf das Essen. Nachdem ich das Wasser für das Hauptgericht warm gemacht hatte, merkte ich, daß ich nichts essen konnte. So reichte ich ihm also die riesige Pfanne mit Lasagne und erlebte zum erstenmal, daß auch er ein Essen nicht vollständig hinunterbekam.

Eine weitere unruhige und unbequeme Nacht folgte, schlimmer als die vorangehende. Ich lauschte Petes Stöhnen, dem Wind draußen und kapitulierte schließlich vor der Versuchung, ein Beruhigungsmittel zu nehmen, um endlich Schlaf zu finden.

Bevor Pete am nächsten Morgen losging, machte er mir noch einen Tee. Ein Funkspruch – früher als erwartet – hatte ihm berichtet, daß man voller Sorge neben Wan Chups Bett gewacht hatte, der stark fieberte. Widerstrebend brach Pete auf, und ich schlief wieder ein. Gegen Mittag wachte ich mit klarem Kopf auf. Ich beeilte mich mit dem Aufstehen, damit mich Ade nicht womöglich noch im Schlafsack erwischte.

Es war 13 Uhr, als er auf seinem Weg zur Höhle das Zelt erreichte. Ich hatte etwas Warmes zu trinken für ihn vorbereitet, aber er neckte mich trotzdem wegen meiner Faulheit. Er ging weiter zur Höhle, und ich folgte ihm, froh darüber, daß ich keine weitere Nacht mehr in dem unbequemen Zelt zubringen mußte.

Aufstieg von Lager 2 zur Westschulter; unten ist der Lho La zu sehen

Als ich mich schwer beladen den gleichen Weg wie an den beiden voraufgegangenen Tagen emporschleppte, färbte sich der Schnee im Licht der untergehenden Sonne schon rosa. Weit unten erschien ein rotes Streichholzmännchen neben dem Zelt vom Lager 2. Es war Paul beim Aufstieg, aber bevor er die Höhle erreichte, würde es dunkel sein.

Paul hatte im Lager 2 eine Pause eingelegt und sich noch mehr auf seine breiten, kräftigen Schultern gepackt. Sein vertrautes, herzliches Lachen hatte einen resignierten Unterton erhalten. Ade berichtete von der Stimmung im Basislager. Mutlosigkeit hatte sich breitgemacht. Es war jetzt Mitte Januar, und man hatte das Gefühl, daß der Versuch, den Westgrat zu ersteigen, zu einem kräfteverschleißenden Zermürbungskrieg wurde. Man hatte darüber diskutiert, ob man für Anfang Februar einen Zeitpunkt festlegen sollte, an dem die Träger wiederkommen und wir das Basislager verlassen sollten, falls wir bis dahin nicht unmittelbar vor dem Gipfel seien. Das waren entmutigende Nachrichten, die so ganz im Gegensatz zu unserer Euphorie nach den Erfolgen der letzten Tage standen. Wenn jeder von uns nur ein paar solcher Tage, wie sie Pete und ich hinter uns hatten, erleben könnte, würde die Moral sofort wieder steigen.

Die Höhle des Lagers 3 war geräumig und folglich kälter als im Lager 1. Ein ständiger kalter Luftzug strömte – scheinbar aus dem Inneren des Berges – aus dem Loch am hinteren Ende der Höhle. Paul war erschöpft und konnte nicht viel essen, weil er inzwischen eine unüberwindliche Abneigung gegen die gefriergetrockneten Speisen entwickelt hatte, die den Hauptbestandteil unserer Ernährung bildeten. Es war eine unangenehme Nacht, in der wir uns wegen der Kälte eng aneinanderdrängten.

In den Nächten schliefen wir völlig eingeschlossen in unseren Schlafsäcken, vollständig bekleidet mit Ausnahme unserer Stiefel. Die Kapuze des Schlafsackes, fest über den Kopf gezogen, ließ nur noch ein kleines Loch zum Atmen frei. Jeden Morgen bis zum Erwachen hatte sich eine Eisschicht rund um diese Öffnung gebildet. Die Atemluft kondensierte und gefror auf der Außenschicht des Schlafsacks.

Glücklicherweise lag das Lager 3 auf der windabgewandten Seite des Westgrates, was uns so manchmal Schutz bot. Am Morgen nach unserer ersten Nacht erklärte sich Paul freiwillig bereit, einen Tag lang an Verbesserungen der Höhle und einem neuen Eingang zu arbeiten. Pete war mit dem Graben noch nicht fertig gewesen, und in die Höhle hinein- und wieder herauszukommen wurde nach wie vor durch die Zweieinhalb-Meter-Stufe behindert. Pauls Aufgabe bestand darin, von außen durch fünf Meter Schnee einen neuen Tunnel zu graben und den alten Eingang wieder dicht zu machen.

Ich glaube, daß Ade und ich den angenehmeren Teil erwischt hatten. Wir machten uns auf den Weg zur Westschulter, um die Route entlang des Grates zum möglichen Lager 4 zu erkunden.

Worte können die Langsamkeit der Bewegungen nicht beschreiben, auch nicht den Fatalismus, der einen in dieser Höhe überkommt. Das Gedächtnis trügt und übergeht die weißen Flecken zwischen den einzelnen Ereignissen. Eine halbe Stunde zum Anziehen der Stiefel und Befestigen der Steigeisen mag lächerlich erscheinen, ist aber normal. Das Leben auf dem Berg spielte sich im Zeitlupentempo ab.

Wir waren bereit zum Aufbruch und standen vor der Höhle herum; es war der Augenblick des Zögerns vor dem Betreten von Neuland, die kurzfristige Unschlüssigkeit, wer als erster geht. Ade holte einen schokoladenüberzogenen Pfefferminzriegel hervor. „Müßte mir Kraft geben", sagte er. „Kann ich brauchen." Das war eine gute Idee, obwohl ich kein Anhänger der Burgess-Vorliebe für Diätkontrolle und Energienahrung war. Ich aß vier Stück, und Ade verschlang seinen ganzen Riegel.

„Du hast doch nicht etwa alles auf einmal gegessen?" fragte ich ihn ungläubig. Wie konnte er soviel süßes Zeug auf einmal vertilgen?

„Ich brauche das, um da hinaufzukommen." Er lachte, und wie um diesen Punkt zu unterstreichen, stapfte er los.

Der Schnee war fest, und die Steigeisen fanden guten Halt. Bruchlinien überzogen die Oberfläche, und bald kamen wir in ein Gebiet von größeren Spalten. Zu jeder anderen Jahreszeit wären sie Anzeichen für die todbringende Beweglichkeit und Instabilität des Hanges gewesen, aber einer der wenigen Vorteile des Winters lag darin, daß sich der Schnee, wie auch die Menschen, wenn sie nicht ganz zum Stillstand gezwungen wurden, entschieden langsamer bewegten. Wir waren ziemlich sicher, daß es jetzt keine Lawinengefahr gab.

Glitzernde Schneefahnen wirbelten über die Westschulter, als wir uns dem Grat näherten und gegen den Wind ankämpften. Ade war weit voraus und wollte sein Vertrauen in seine diätgestützte Leistungsfähigkeit unter Beweis stellen. Eifrig machte ich viele Fotos von seiner Silhouette gegen die aufsteigende Sonne und überspielte damit mein langsameres Tempo.

Wir hatten Seile und Firnanker bei uns, aber im Augenblick benutzten wir keine Seile. Obwohl vereist, war der Hang leicht. Auszugleiten konnte zwar eine Rutschpartie von 1500 Metern in die Tiefe bedeuten, aber diese Art Gehen ist tägliche Routine für einen Bergsteiger und so gefährlich wie Autofahren. Der ständig stärker werdende Wind erforderte größere Konzentration. Die Eisaxt in der Hand schuf einen weiteren Haltepunkt und war, ins Eis geschlagen, im Falle eines Ausrutschers die letzte Rettung.

Die Silhouette verschwand hinter dem Grat. Ich konnte nicht schneller gehen und ihn einholen. Ich konnte nur in meinem gewohnten Tempo weitergehen; dabei blieb ich oft stehen und freute mich am Anblick des Pumo Ri hoch über dem Basislager.

Ade saß auf einem Felsen, der aus einem vom Wind gehärteten Schneeplateau herausschaute. Er stemmte sich gegen den Wind. Wahrscheinlich lächelte er, aber Eiszapfen verdeckten seinen Mund, und seine Augen waren hinter der Schutzbrille verborgen. Hinter ihm entfaltete sich ein großartiges Panorama. Die großen Wände des Everest, Lhotse und Nuptse umrahmten das Becken des Western Cwm, eines der unheimlichen, unzugänglichen Gebiete der Erde. Das Cwm ist das Tal, durch das der Weg zu diesen Bergen führt, sein Eingang ist durch den furchterregenden Khumbu-Eisfall versperrt.

Wir waren jetzt rundum von Bergen und tiefreichenden Schneehängen umgeben. Vor ein paar Jahren hätte ich die Aussicht als bedrohlich empfunden: so viele Berge, die zu bezwingen waren, so viele Strapazen und Anstrengungen und so viele Zweifel an der Ausdauer und der eigenen Leistungsfähigkeit.

Inzwischen wußte ich, daß ich mit dem Bergsteigen nicht mehr aufhören würde. Ich freute mich mehr über diese Berge, als daß sie mir Furcht einflößten. Manchmal glaube ich, daß Berge für mich eine Sucht geworden sind. Das Glücksgefühl des Augenblicks ist seltener geworden, aber in der Erprobung der Grenzen des Möglichen, physisch wie psychisch, liegt die Befriedigung: die Gefahr, die Erschöpfung und die begeisterte Rückkehr ins Leben und die Freude am Dasein.

Ich stapfte über die Unebenheiten des Plateaus. Ade litt unter der Höhe, aber ich trieb ihn weiter. Das Plateau verengte sich zu einem schmalen Grat. Der Grat wurde steiler und zu einer messerscharfen Kante, die sich einer Pyramide aufschwang, die uns sehr nahe erschien. Rechts von uns ging es eintausend Meter hinab zum Grunde des Western Cwm. Ich war auch müde. Nur der Wunsch, die Schulter zu erreichen, nach Wochen auf den tieferliegenden Hängen, ein neues Panorama zu sehen, hatte mich weitergetrieben. Ade, vorsichtig wie immer, hatte Bedenken, so

Ade auf dem Gipfel der Westschulter

dicht dem Grat zu folgen. Der Wind blies in immer stärkeren Böen. Wenn er noch stärker würde, könnte er uns leicht umwerfen und über den Grat ins Western Cwm hinabschleudern. Wir einigten uns auf einen Punkt, bis zu dem wir gehen wollten, bevor wir umkehrten, aber jeder hatte eine andere Stelle gemeint. Als der Grat so steil wurde, daß es Leichtsinn gewesen wäre, unangeseilt weiterzugehen, meinte Ade, daß wir für heute weit genug gekommen wären.

Wir hatten 7300 Meter erreicht. Der restliche Teil des Grates sah schwieriger aus, aber wenn der Wind nicht stärker werden würde, sollten wir in der Lage sein, einen geeigneten Platz für Lager 4 zu finden. Trotz der zermürbenden Arbeit mußte es wieder eine Höhle sein, auf etwa 7600 Meter. Dicht unterhalb führte eine Schneerampe nach links in die Nordwand zu einer schmalen Rinne, die die gelben Felsen der Gipfelpyramide des

Everest durchschnitt. Das war das letzte große Hindernis. Wir sicherten unsere Rucksäcke an einem Alustab, den wir in den Schnee rammten, und machten uns zufrieden auf den Rückweg.

Wie Pilger auf der Rückkehr von einem geheiligten Ort stiegen wir zum Lager 3 ab. Es war ein langer Weg, der volle Konzentration erforderte, aber wir erreichten Paul, bevor es dunkel wurde.

Der neue Eingang war fertig und der alte mit Schneeblöcken verschlossen. Trotzdem drang Licht durch die dünneren Eisschichten und die Ritzen zwischen den Blöcken.

Unerwartet kam Alan gegen Abend zur Höhle herauf. Der Funkkontakt von hier oben funktionierte noch nicht richtig, deshalb wußten wir nicht, was die anderen machten. Von Alan erfuhren wir, daß John an diesem Nachmittag auf dem Lho La erwartet wurde und morgen zum Lager 3 gehen wollte.

Ade auf dem Grat der Westschulter; hinter ihm der Gipfel

Seit seiner Ankunft hatte Paul kaum etwas gegessen. Ein bißchen Tee und etwas Suppe war alles, was er hinunterbrachte. Es tat ihm leid, daß er sich auf diese Weise nicht fithalten konnte und damit auch das Team schwächte. Zu viert war es ein wenig unbequemer. Es gab zwar genügend Raum, und wir nutzten nur etwa ein Drittel der Höhle, aber bis jetzt war nur dieses Drittel geebnet und ausgeweitet. Am hinteren, weit entfernten Ende der Höhle befand sich die bodenlose Spalte, die uns jetzt den Luxus einer Innentoilette bot.

Alan hatte den ungünstigsten Platz. Er lag am Rand der eingeebneten Grundfläche der Höhle und benutzte Materialsäcke, um sich mehr Platz zum Schlafen zu schaffen. Paul und Ade hatten es in der Mitte zwischen uns am wärmsten.

Ich war entschlossen, am nächsten Tag abzusteigen. Ich brauchte Erholung und wollte Platz für andere machen. Paul meinte, daß auch er hinunter sollte, weil er ohne Nahrungsaufnahme einfach zu schwach geworden war und nicht weiterkonnte. Ade hatte nach drei Tagen Kletterei keinen großen Antrieb mehr. Er wollte einen Tag Pause einlegen, bevor er wieder aufstieg. Nur Alan wollte unbedingt etwas Konstruktives tun, wenn schon nichts Besseres, dann wenigstens zum Lager 2 absteigen und das restliche Material heraufbringen.

Alan kroch durch den Tunnel und kam mit der niederschmetternden Nachricht zurück, daß es draußen stürmte und schneite. Er verschwand erneut im Tunnel, und als er nach einer längeren Weile nicht zurückkam, nahmen wir an, daß er zum Lager 2 gegangen war.

Paul machte sich voll böser Ahnungen zum Abstieg bereit. Er befürchtete, daß er vielleicht vorzeitig nach England zurückfliegen müsse, wenn die Expedition noch länger dauerte. Er hatte sehr optimistisch seine Rückkehr für Mitte Januar angekündigt. Wir hatten bereits den 18. Januar, und wenn es so weiterging, würde es

Mitte Februar werden, bevor wir zurückkehrten. Paul unterrichtete an einem College und hatte einen strengeren Zeitplan als die meisten von uns.

Um Ade nicht ohne einen Partner allein zu lassen, beschloß ich, noch eine weitere Nacht zu bleiben. Wir verbrachten den Tag mit Essen und tranken soviel wir konnten. Die Nacht brach an, ohne daß Alan oder John gekommen wären. Pulverschnee wehte durch den Eingang, und wir verschlossen ihn mit Rucksäcken.

Obwohl wir ein paar Funksprüche erhielten, hatte unser Lager keinen Sichtkontakt mit dem Basislager, und unsere Funksprüche kamen nicht durch. Zum Senden braucht man mehr Energie als zum Empfangen, und nach verschiedenen Versuchen gab es Ade auf, obwohl wir manchmal Funksprüche vom Basislager sogar im Inneren der Höhle empfangen konnten. Die dünne Stimme von Al war schwach zu vernehmen: „Basislager an Lho La und Lager 2 oder 3. Hört ihr mich?“ Er wiederholte es wieder und wieder.

„Falls ihr mich hört . . .“, dann verloren sich die Wörter wieder.

„Hört euch diese Kinderstimme an“, schimpfte Ade. „Wenn er ein bißchen mehr Ausdruck reinlegen würde, könnten wir etwas aufschnappen. Er leiert das alles so runter.“

Wir hatten kein gutes Gefühl wie die Dinge so lagen. Von großem Nutzen war ich im Augenblick nicht. Ich war jetzt zehn Tage auf dem Berg und wußte, daß ich mich erst einmal ausruhen mußte, bevor ich wieder einsatzbereit war. Die Frage, ob der Everest im Winter nicht doch zu schwer war, stellte sich immer öfter. Sicherlich war die Kälte unerträglich, wir konnten schlecht schlafen, und die Kopfschmerzen waren häufiger. Selbst im Daunenanzug mit dem Schlafsack darüber hatten wir fast ständig kalte Füße. Wenn wir etwas aßen, spürten wir, wie die Wärme der „Verbrennung“ der Nahrungsmittel durch den Körper bis in die Zehenspitzen drang. Dieses Thema ersetzte oft das Wetter als den sonst üblichen Gesprächsstoff.

Die Burgess-Zwillinge hatten den Nachteil, daß sie nicht auf der Seite schlafen konnten. Alan erklärte das damit, daß bei ihren breiten Schultern kein Kopfkissen hoch genug wäre, den Kopf zu stützen. Woran es auch immer lag, Ade mußte auf dem Rücken liegen und zur Decke zu schauen, wo sich seltsame Eisgebilde geformt hatten. Jedesmal wenn er hustete, regnete es feinen, kristallenen Schnee herab. Die Höhle war aber sowieso ständig mit feinen Schneepartikeln gefüllt, die im Lampenlicht glänzten. An einer Stelle der Höhle befand sich eine unvermutete Ritze, durch die feiner Schnee eindrang. Es war bisher die schlimmste Nacht in der Höhle.

Als wir aufwachten, war alles von pudrigem Schnee bedeckt. Vom Wind hörten wir nichts mehr. Die Temperatur stieg auch am Morgen nicht an: konstante −20 °C. Ich tat ein paar Schneebrokken in einen Topf, legte mich wieder hin und wartete, daß sie schmolzen.

Zwei Stunden später machte ich mich für den Abstieg zum Lager 2 bereit, von wo ich das restliche Material holen wollte. Ade brauchte noch Ruhe. Ich schob die Rucksäcke, die die Höhle verschlossen, zur Seite. Nur eine kleine Röhre war von unserem Tunnel übriggeblieben, der Rest war mit Schnee gefüllt. Am anderen Ende der Röhre sah ich Sonnenlicht. Der Sturm war vorüber, aber wir waren eingeschneit.

Als ich den Tunnel freigeschaufelt hatte und ins Freie kroch, war der Himmel immer noch etwas bedeckt, aber es gab auch Stellen mit blauem Himmel, und die Kraft des Windes hatte nachgelassen. Neues frisches Weiß bedeckte den Berg, und die nach unten führenden Seile waren begraben.

Ich transportierte weitere Schlafsäcke und Essen vom Lager 2 herauf und nahm auch das kaputte Zelt mit, das uns als Vorhang für unseren Tunnel dienen konnte. Allmählich verbesserte sich unsere Behausung.

Niemand kam an diesem Tag herauf, und angesichts meiner geringen Kraftreserven beschloß ich, am nächsten Tag abzusteigen. Ade war auch erschöpft und ging mit. Tiefe Schneebänke bedeckten die Hänge, und von unseren Schritten losgetreten, wurden sie zu kleinen Lawinen. Es war besser, wenn wir das taten, als abzuwarten, bis sich riesige Schneemengen ansammelten und von sich aus als Lawine zu Tal gingen. Der Wind war konstant, aber nicht stark. Ich taumelte und stolperte, aber mehr vor Übermüdung als wegen des Windes.

Weit unten kam uns eine einsame Gestalt entgegen. An der Farbe seiner Kleidung erkannten wir, daß es John war. Sein Gesicht war schneebedeckt und angetrocknetes Blut von einer kleinen Verletzung mischte sich mit dem Eis in seinem Bart.

Durch den Ausfall des Funkverkehrs war ein schlimmes Durcheinander unserer Bewegungen am Berg entstanden. Allein auf sich gestellt, würde John im Lager 3 nicht viel ausrichten können, und ich beneidete ihn nicht um seine einsame Wache dort oben.

John hatte sich während der letzten Sturmnacht im Lager 1 aufgehalten und berichtete, daß er beim Erwachen auch eingeschneit gewesen war. Er hatte dringend auf die Toilette müssen und in seiner Verzweiflung schließlich eine Plastiktüte benutzt, die er, Stunden später, nach seiner Befreiung fortwarf.

Sehr besorgt über die augenblickliche Lage auf dem Berg, ließen wir John allein weiterziehen und trotteten selbst dem Basislager zu.

Die Begeisterung über die Fortschritte, die wir erzielt hatten, wurde durch die allgemeinen trüben Erfolgsaussichten gedämpft. Im Lager hatte es weitere Krankheitsfälle gegeben. Von uns angetrieben, stiegen trotz drohender Schlechtwetteranzeichen Brian, Pete und Al zum Lho La auf. Im Basislager begann nun eine intensive Diskussion über weitere Taktiken und Aussichten.

Am Nachmittag schneite es unaufhörlich. Wir erwarteten das Eintreffen des Postläufers, zweifelten aber an der Wahrscheinlichkeit, daß er irgendwelche Post brächte. Dafür trafen zuerst zwei Sherpas ein. Der eine von ihnen war Nima Norbu, unser neuer Sirdar, der Dawas Stelle einnehmen sollte. Er brachte unangenehme Nachrichten über knietiefen Schnee in Thyangboche, und damit war es unwahrscheinlich, daß auf dem kleinen Flugfeld in den nächsten Tagen ein Flugzeug landen konnte.

Das Basislager war kein gemütlicher Ort mehr. Seit den Tagen vor Weihnachten hatten wir nur wenige schöne sonnige Tage gehabt. Die Zelte sackten unter der Schneelast zusammen, und wenn ein Tag heiter begann, zogen doch bald Wolken auf, und das Lager war nichts als rauhes, kaltes Ödland. Langsam dachte ich daran, wieder auf den Berg zu steigen. – Da wußte ich wenigstens von vornherein, daß es ungemütlich sein würde und man ums Überleben kämpfen mußte. Hier kam ich mir betrogen vor und ärgerte mich darüber, daß ich den ganzen Tag über fror.

Ein Schrotthaufen von geschwärzten, unbrauchbar gewordenen Kochern lag neben dem Küchenzelt. Einer nach dem anderen unserer Paraffin- und Benzinkocher, vierzehn Stück insgesamt, hatten ihren Geist aufgegeben. Alan und Brian waren auf einen Bittgang zu den Japanern gegangen und kehrten mit zwei riesigen Paraffinkochern zurück, die – wie wir hofften – bis zum Ende der Expedition ausreichen sollten.

Auch die Japaner kamen wegen der Wetterbedingungen nicht weiter. Abgesehen davon, daß sie alle noch sehr erschüttert über den Tod ihres Kameraden waren, hatten verschiedene Bergsteiger und fünf Sherpas Erfrierungen erlitten. Einige Gesichter der Japaner zeigten die verräterischen blauroten Schwielen, wo das Fleisch erfroren war. Einem der Sherpas würde man einen Teil des Fußes amputieren müssen. Eine Yak-Karawane war zusammengestellt worden, um ihn zum Flugplatz zu bringen.

Am 20. Januar hatten drei Japaner ihr Basislager verlassen, um einen letzten Versuch zu starten. Die Italiener, die auf den Lhotse wollten, hatten über den Teil des Anmarschweges hinaus, den sie mit den Japanern gemeinsam hatten, wenig Fortschritte gemacht. Von Anfang an schienen sie zum Scheitern verurteilt zu sein. Ihre Bekleidung und Zeltausrüstung unterschied sich kaum von dem, was sie in den Alpen benutzt hätten. Auch ihnen ging allmählich die Luft aus.

Der einzige Weg, zu etwas Wärme zu kommen, war im geschlossenen Zelt, wenn die Sonne schien und der Wind abgeschirmt war. Die Sonne auf den Zeltwänden ließ die innere Temperatur manchmal bis zu luxuriösen Höhen steigen. Obwohl ich die geselligere Atmosphäre des Eßzelts der Einsamkeit vorzog, durfte ich mir die Gelegenheit, den Blutkreislauf wieder einmal in Ordnung zu bringen, nicht entgehen lassen.

An einem dieser Tage lag ich in der Sonnenhitze, genoß, wie die Wärme wieder in meine Füße zurückkehrte, und dachte über verschiedene Ereignisse nach. Um 7 Uhr früh hatte ich gehört, wie Ade über Funk mit dem Lho La sprach. Das Wetter war noch unbeständig, versprach aber aufzuklaren. Sein Bruder war nach mehreren Stunden Spurarbeit zum Lho La erschöpft. Die Wände und Felsplatten sahen jetzt ganz anders aus als beim ersten Mal. Dreißig Zentimeter Schnee verbargen die Tritte, und die Hände wurden taub vom ständigen Wühlen im Schnee nach Halt. Der Weg zum Lager 1 hatte die doppelte Zeit erfordert. Brian hatte eine schlechte Nacht hinter sich und wollte nicht weiter. Ade redete seinem Bruder gut zu, er solle Pete überreden, zum Lager 3 weiterzugehen, wo John noch immer allein war. Seit wir ihm bei seinem Aufstieg begegnet waren, hatten wir nichts mehr von ihm gehört.

Gegen 9 Uhr früh war der Himmel über dem Basislager bedeckt. Durch einen zweiten vorher vereinbarten Funkspruch erfuhr Ade, daß das Wetter auf dem Lho La schrecklich war. Pete war trotzdem losgestiegen, um dem eingeschlossenen John zu helfen. Das waren gute Nachrichten, jedenfalls gab es wieder etwas Bewegung.

Nach meiner Erfahrung an der Westschulter war ich davon überzeugt, daß wir den Berg bei gutem Wetter besteigen könnten. Die Schulter ist ungefähr 7300 Meter hoch und ist auch nicht schwerer als jeder andere Berg dieser Höhe zu einer anderen Jahreszeit. Der Hauptunterschied bestand in der Stärke des Windes, der tödlichen Kälte und der Geschwindigkeit, mit der das Wetter umschlagen konnte. „Wenn das Wetter nur halten würde", schrieb ich in mein Tagebuch, „würden mir die anderen Strapazen nichts ausmachen. Ich glaube nicht, daß es die Kälte, der Sauerstoffmangel und die trockene Luft sind, die uns aufhalten werden."

Diese Art von Expedition war nicht das, wovon ich vorher begeistert geschwärmt hatte. In mir war inzwischen die Überzeugung herangereift, daß – wenn wir es diesmal schafften – ich nie mehr im Winter in den Himalaja gehen würde.

Eine Unruhe draußen kündigte die Ankunft unseres Küchenjungen an, der jetzt als Postläufer eingesetzt wurde. Obwohl die Flüge ausgefallen waren, hatte er etwas Post mitgebracht. Vielleicht von einem früheren Flug oder auf irgendeine andere Weise, die wir uns nicht zusammenreimen konnten. Zu unserer Enttäuschung war keine Zeitung dabei.

Wir saßen alle im Eßzelt. Graham versuchte durch Hin- und Herschaukeln etwas Blut in seine Füße zu bekommen. Die kurze Mittagssonne war jetzt hinter grauen Wolken verborgen.

Als Ade und ich vom Lager 3 ins Basislager zurückgekommen waren, hatten wir darauf gedrängt, daß immer alle Lager gleichzeitig besetzt sein sollten. Wenn das Wetter schlecht war, sollte man dort ausharren, um später entweder die Route weiterzutreiben oder den anderen dabei zu helfen. Diese Vorstellung beruhte auf unseren eigenen Erfahrungen, als wir nämlich auf Nachschub warteten und John allein ohne Unterstützung aufsteigen sahen. Aber das andauernde schlechte Wetter und jetzt die Nachricht, daß Pete sich im Sturm zum Lager 3 durchkämpfte, stellte dieses Konzept in Frage. Alan wollte warten, bis das Wetter aufklarte, dann sollte jeder lossteigen. Auf diese Weise könnte von acht Mann die Arbeit an einem Tag erledigt werden anstatt an zwei Tagen wie beim Rotationssystem.

Blick vom Lager 3 auf den Everest

Es wurde der 23. Januar. Unsere Erlaubnis für den Everest sollte am einunddreißigsten des Monats auslaufen. Alan hatte die japanische Funkverbindung mit Kathmandu benutzt, um eine Verlängerung unseres „Permits" zu erreichen. Man erlaubte uns noch zwei Extrawochen.

Lebensmittel und Brennstoff wurden knapp, und unsere Kost war sehr monoton geworden. Wieder tauchte die Frage nach unserem Abreisetermin auf. Ich war immer noch so von unserem Erfolg begeistert, daß ich mich gegen jede Festlegung eines festen Abreisedatums wandte: „Wenn wir ein bestimmtes Datum festlegen, haben wir bereits über das Ergebnis der Expedition entschieden. Psychologisch haben wir dann aufgegeben. Wir sollten nicht daran denken, wie wir am besten von hier zurückgehen, sondern was für Chancen es gibt, auf den Berg zu kommen, selbst wenn unsere Genehmigung ausläuft."

Alan wies darauf hin, daß wir damit unvermeidlich Ärger mit der nepalesischen Regierung bekämen, die in der Vergangenheit sehr heftig auf die Verletzung ihrer Regeln reagiert hatte.

„Bergsteigen heißt immer Regeln brechen! Es liegt in der Natur des Spiels. Wäre die Eiger-Nordwand je durchstiegen worden, wenn sich die Bergsteiger damals an die Gesetze gehalten hätten, die einen solchen Versuch untersagten? Wir sollten die Erlaubnis noch einmal verlängern lassen, mehr Lebensmittel und Brennstoff heraufholen und uns bei unseren weiteren Schritten nicht von außen beeinflussen lassen."

Alan, als offizieller Leiter, war in einer schlechten Position. Jeder von uns konnte machen, was er wollte, auch Gesetze übertreten. Aber die Verantwortung lag beim Expeditionsleiter, und die Strafe besteht meistens darin, ihm für mehrere Jahre keine Einreisegenehmigung zu geben. Für einen versessenen Bergsteiger war das wie ein Bannfluch und besonders ärgerlich, wenn die Strafe durch das Vergehen anderer verursacht wurde.

Grundsätzlich bestand Einigkeit darüber, daß wir zu irgendeinem Zeitpunkt eine Entscheidung über die Abreise treffen mußten. Wir konnten ja nicht ewig hier bleiben.

Alan und Brian, auf deren Schultern der größte Teil der Organisation ruhte, wollten, daß man über praktische Fragen und einen Zeitplan für den Abmarsch diskutierte. Wir waren uns auch darin einig, daß wir für einen Gipfelerfolg noch eine gewisse Anzahl Tage mit gutem Wetter brauchten und am Ende des Monats besser übersehen könnten, ob noch eine Wahrscheinlichkeit für den Erfolg bestünde. Allen Jewhurst erklärte sich freiwillig bereit, so lange in Kathmandu zu bleiben, wie es nötig sei, alle Formalitäten zu klären.

Die Diskussion reinigte die Atmosphäre. Eine neue Entschlossenheit, bis zum Ende durchzuhalten, war wieder spürbar. Fotos, Karten und Bücher wurden ausgebreitet, um neue Informationen und neuen Mut zu sammeln. Die Konturen der Gipfelpyramide wurden auf der Karte mit anderen bekannten Gebieten des Gipfels verglichen. Die Abschlußkapitel des Buches von Hornbein und Unsoeld, die bei ihrem Aufstieg gegen alle Schwierigkeiten in letzter Minute doch noch triumphiert hatten, wurden als Beispiel herangezogen.

Die Unterhaltung wurde nun entspannter, und am Abend sprachen wir wieder locker über weniger wichtige Fragen. Der schreckliche Schneemensch kam ins Gespräch und sein Vorkommen am Everest, von dem die Japaner berichtet hatten. War er vielleicht der Grund für die Unterbrechung der Funkverbindung zum Lho La? Alan spann das Thema weiter aus und entwickelte eine wilde Phantasiegeschichte über Pete und seinen unbändigen Appetit. Immer mehr Bergsteiger verschwinden vom Lho La, nur Pete überlebt und wird immer dicker und dicker, bis man ihn zum letzten Mal auf dem Weg hinunter zum Khumbu-Gletscher sieht.

Alan brachte die Anspannung und Zerrüttung unserer Sinne

nach so langer Zeit in den Bergen gut zum Ausdruck. Denn als er versuchte, eine Liste mit allem Nötigen für seine nächste Expedition zusammenzustellen, hatte er nach einer Stunde erst drei Dinge notiert. Er schaute verdutzt in die Runde und meinte: „Das Denken fällt einem schwer nach ein paar Wochen hier, nicht wahr?"

Zermürbung und Wendepunkt

Dunkel und verschneit begann der Morgen des 24. Januars. Niedergeschlagenheit herrschte oben wie unten. Der Funkverkehr hingegen funktionierte nun schließlich. Pete hatte ein Stück Draht mit auf den Berg genommen und eine Antennenverlängerung hergestellt. Dasselbe wurde am Lho La gemacht. Jetzt konnte man sich sogar von den Schlafsäcken in der Höhle aus per Funk unterhalten.

Oberhalb vom Lager 3 ging es nicht weiter. John erlebte einen Rückfall seiner Amöbenruhr und versuchte, für einen Abstieg wieder zu Kräften zu kommen. Brian und Al weiter unten im Lager 1 hatten versucht, zu Lager 3 aufzusteigen. Sie mußten aber, vom Wind hin und her gebeutelt, wieder aufgeben und zurückkehren.

Paul und Alan waren bereit, jederzeit aufzusteigen, aber solange es für niemanden da oben Erfolgsaussichten gab, war es besser, im Basislager zu bleiben, wo der Energieverlust geringer war. Paul, der nach Hause fahren mußte, wollte nicht viel darüber reden, weil er befürchtete, den Schwung der Expedition zu stören. Er erklärte nur kurz und klar, weshalb er abreisen müsse. Er würde dann einfach seine Koffer packen und fortgehen. Er wollte noch einmal aufsteigen, obwohl er wußte, daß er in der ihm verbleibenden Zeit keine Möglichkeit mehr hatte, den Gipfel zu erreichen. Er wollte aber der Expedition mit aller Kraft so lange helfen, wie er konnte.

Die Öde des Basislagers bei Schlechtwetter

Aus dem italienischen Basislager besuchte uns oft der einsame Maurizio, wenn er mal Gesellschaft brauchte. Er war nicht als Bergsteiger, sondern als Dolmetscher mit auf die Expedition genommen worden. Seine Freunde waren in ihrem Lager 2 im Western Cwm, und seit vielen Tagen war das Funkgerät die einzige Verbindung zwischen ihnen. Die Küche der Italiener war stilgerecht mit großen Brocken Parmesankäse, Schinken und anderen längst vergessenen Köstlichkeiten versehen. Auf die eine oder andere Weise gelang es Brian, unserem unermüdlichen Unterhändler, zu einem Tauschgeschäft zu kommen, wobei wir eine Auswahl der Köstlichkeiten im Austausch gegen unsere gefriergetrocknete Bergsteigernahrung erhielten, gegen die die meisten von uns inzwischen eine herzliche Aversion hatten. Eine Zeitlang waren wir dem ungeliebten „Nudelmampf", mit dem wir uns sonst alle begnügen mußten, entronnen.

Auch im japanischen Lager herrschte eine düstere Stimmung. Wir waren immer willkommen, und um den nötigen Tapetenwechsel zu haben, gingen wir sie öfter mal besuchen. Die Besuche waren in der letzten Zeit häufiger geworden, weil wir von ihnen die genaueren Wettervorhersagen haben wollten. Sie hatten einen Telekopierer, der die Wetterkarte aus Delhi ausdruckte, und den Wetterbericht aus Kathmandu erhielten sie durch ein Mitglied ihrer Mannschaft, das wegen der Formalitäten im Zusammenhang mit ihrem Todesfall dorthin zurückgekehrt war.

Die Karte und die Berichte sagten nicht viel über das Wetter in den Bergen aus. Solch ein Gebiet erzeugt sein eigenes Wetter, und das einzige, was wir dem Wetterbericht entnehmen konnten, war ein allgemeiner Trend. Am 24. Januar informierten uns die Japaner, daß es nach den Berichten für sie unmöglich sei, irgendwelche Voraussagen für die nächsten acht Tage zu machen. Die Wetterkarte war ein Gewirr von eng beieinanderliegenden Linien, die den gesamten indischen Subkontinent bedeckten.

Die Mitglieder ihres eigenen Teams saßen in ihrem Lager 2 fest. Sie wollten zum Lager 3 weiter und danach zum Süd Col, wurden aber durch Sturm und schlechte Sicht zur Umkehr gezwungen. Jetzt wurden ihre Lebensmittelvorräte knapp. Zum Basislager konnten sie nicht absteigen, weil die Trasse durch den Eisfall beim Zusammensturz mehrerer Eiswände verwüstet worden war. Dabei wurden auch etliche Brücken zerstört, die sie mit viel Mühe über die Spalten gebaut hatten. Zuerst mußte jetzt eine Reparaturmannschaft von unten kommen und die Brücken und Leitern ersetzen.

Im japanischen Lager gab es eine Badezimmerwaage, und wir wogen uns. Alan und Graham hatten jeweils sechseinhalb Kilo verloren. Beide waren im Vergleich zu ihrer normalen Erscheinung zu hageren, dürren Gestalten geworden. Alle anderen glaubten, daß sie auch an Gewicht verloren hatten, fanden aber nur kleine oder gar keine Abweichungen von ihrem Normalgewicht. Ade hatte etwas zugenommen, eine Entdeckung, durch die er sich gleich viel wohler fühlte.

Die ganze Nacht heulte ein Orkan über den Lho La. Ich lag gemütlich und sicher in meinem Zelt im Basislager und lauschte dem Tosen mit Unbehagen, denn ich wußte, welche Wirkung so ein Sturm auf Al und Brian in der Höhle von Lager 1 haben mußte. Der „Artillerieangriff" würde die ganze Nacht dröhnen. Später am Tag kamen die beiden zurück. Seelisch und physisch hatte es sie so sehr mitgenommen, Tag für Tag in der Höhle zu liegen und auf besseres Wetter zu warten, daß sie schließlich abgestiegen waren. Sie hatten das Gefühl gehabt, immer mehr Kraft zu verlieren.

Im Basislager hatte uns der Wind nicht erreicht, aber gleich nach Sonnenuntergang ließ uns ein gewaltiges Dröhnen, das nicht vom Wind herrührte, aus dem Eßzelt stürzen. Vage und formlos sahen wir im Zwielicht eine Lawine wie eine Wolke aus dem

„Burgess-Couloir" hervorströmen. Eine der Eisklippen am Lho La war eingestürzt. Eine graue, schäumende Schneewand näherte sich langsam und bedrohlich dem Lager. Ausläufer schleuderten Pulverschnee über uns und unsere Zelte, aber der Hauptstrom zog etwa einen Kilometer entfernt an uns vorbei. Ade grinste vor sich hin, als wir wieder im Zelt saßen.

Noch in der Nacht kam ein sehr erschöpft und ausgepumpt wirkender John ins Eßzelt. Er erzählte vom Horrorleben im Lager 3 während der Stürme, von der Kälte und dem ständigen feinen Schneegestöber im Inneren der Höhle. Die Ruhr hatte ihr sehr geschwächt, und er hatte keine andere Wahl mehr, als abzusteigen. Er war sehr betrübt, daß er nicht weitergekommen war, und hatte einen enttäuschten Pete zurückgelassen, der allein auch nichts ausrichten konnte. Johns Erfahrungen im Lager 3 waren eine einzige Tortur gewesen, die ihren Höhepunkt – wie er selbst schreibt – in einer schlimmen Nacht und einem qualvollen Abstieg fanden.

> Die Nacht in der Höhle klang wie ein einziges Stöhnen. Die Kälte drang in alle Glieder. Schlafen war unmöglich. In dem Moment, in dem ich eindöste, wurde meine Atmung krampfhaft und unregelmäßig. Ich riß die Augen auf und schnappte nach Luft. Zuerst fühlte ich mich unsagbar erschöpft.
>
> Gegen 11 Uhr morgens wußte ich, daß ich absteigen mußte. Der Durchfall war wiedergekommen, und von dem ständigen Husten hatte ich starke Schmerzen in der Brust. Ich hatte Angst, daß ich eine Lungenentzündung bekäme.
>
> Das Wetter draußen war schlecht, aber auch nicht schlechter als an den Tagen, als ich Lasten vom Lager 2 heraufgeholt hatte. Pete, der unbedingt weiter wollte, war über meinen Entschluß enttäuscht, aber er wußte, daß ich keine andere Wahl hatte.

Als ich mich zum Abstieg fertig machte, fiel ich mehrmals hin. Mich an den Seilen herunterzulassen war ein Alptraum. Der Wind blies mich völlig unerwartet mal von der einen, mal von der anderen Seite um. Ich war die ganze Zeit mit dem Seil verbunden, aber einmal, als ich gerade über die Felsbarriere hinunter wollte, hörte ich ein unmißverständliches Klick, da der Karabiner, der meinen Klettergürtel mit dem Seil verband, aufsprang und das Seil freigab. Ohne großen Schrecken sicherte ich mich wieder und ging weiter.

Auf halbem Wege überkam mich zu allem anderen wieder mein Durchfall. Ich konnte aber nicht anhalten. Als ich den Lho La erreichte, war der Wind so stark, daß ich nicht mehr aufrecht gehen konnte. Auf allen vieren kroch ich die achthundert Meter zur Höhle, wobei ich vom Wind ständig umgeblasen und wie ein Ball umgeworfen wurde. Meine größte Hoffnung war, daß hier im Lager 1 jemand mit einem Topf heißen Tees auf mich wartete. Doch die Höhlen waren leer. Ich schaufelte den Eingang frei, kroch hinein und begann, mich sauberzumachen.

Ich fühlte mich hundeelend und beschloß abzusteigen, weil ich fürchtete, daß ich am nächsten Tag dazu vielleicht zu schwach sein könnte.

Erst, als ich die Felsen erreicht hatte, wurde ich mir der Zeit bewußt. Um schneller zu gehen, fehlte mir die Kraft; so schleppte ich mich langsam aber stetig weiter und konzentrierte mich auf jeden Schritt. In der Dämmerung erreichte ich den Gletscher.

„Nicht mehr weit", beruhigte ich mich selbst, als ich meine Stirnlampe anknipste. Aber wo ich eine vertraute Spur erwartet hatte, war nichts als weicher, tiefer Schnee und Lawinenreste. Bald war es völlig dunkel, und das Licht meiner Lampe wurde langsam schwächer. Überall sah ich Eistürme, die ich nicht wiedererkannte, und ich versank bei jedem Schritt tief im Schnee. Jedesmal erwartete ich, daß sich vor mir eine schwarze Spalte auftäte. Ich hatte mich verlaufen. Die einzige Rettung war, meine Spuren zurückzuverfolgen und irgendwo einen Platz für die Nacht zu finden.

Das Adrenalin ließ mich weiterlaufen, und ich hatte fast wieder den Gletscherrand erreicht, als ich in der Ferne den Schein einer Lampe im Basislager sah. Jemand bewegte sich dort. Erleichterung mischte sich in meine Erschöpfung und ich trottete in Richtung auf das Licht zu. Frischer Schnee verdeckte alle Spuren, aber ich kannte jetzt den Weg. Ich fragte mich, ob ich wohl wieder so zu Kräften kommen würde, um noch einmal aufzusteigen. Ich hörte die Geräusche aus dem Eßzelt. Als ich eintrat, erschien mir das helle Licht und die Wärme wie die Erinnerung an eine vergessene Welt.

John konnte keine Nahrung bei sich behalten, und er zog sich früh in sein Zelt zurück.

Es konnte einen schon ärgern, als am Morgen des 26. Januars wieder gutes Wetter herrschte. Es war der erste schöne Tag seit langem, und trotzdem würden wir nicht weiterkommen.

Alan und Paul gingen los, um Lager 1 zu besetzen. Spät am Nachmittag erkannten wir Paul durch das Teleobjektiv. Er näherte sich gerade der Spitze der hohen Kante. Er und Alan waren durch den tiefen Schnee aufgehalten worden, der immer noch die Route bedeckte, und als wir auf unseren Funkspruch um 18 Uhr keine Antwort erhielten, war das ein Anzeichen dafür, daß sie wahrscheinlich zu müde sein würden, um am nächsten Tag zum Lager 3 zu gehen. Gegen Abend kamen Wolken von Süden herauf.

Der Plan sah jetzt für Ade und mich vor, am nächsten Tag aufzusteigen, Lager 1 zu besetzen, während Paul und Alan zum Lager 3 gingen. Wir sollten im Lager 1 warten, bis wir die beiden ablösen könnten, nachdem sie die Route weitergeführt hätten und ausruhen müßten. Pete war auch im Lager 3, aber er würde nach den Sturmtagen noch etwas Ruhe brauchen. Das bloße Überleben in solchen Höhen und bei dieser Kälte ist allein schon eine kräftezehrende Prüfung.

John hatte eine feste Anstellung und sollte zu einem bestimmten Termin zu Hause sein. Aber er wollte darüber nicht nachdenken und fand sich mit dem Gedanken ab, daß er zu Hause vielleicht keinen Job mehr vorfinden würde. Er wollte bis zum Ende mitmachen.

Als Ade und ich am anderen Morgen aufbrachen, schaute ich bei Johns Zelt vorbei, um zu sehen, wie es ihm geht.

„Danke, Joe, viel besser. Ich sollte übermorgen schon wieder so fit sein, daß ich nachkommen kann."

Erleichtert über Johns Besserung gingen Ade und ich los. Ade in seinem üblichen stetigen Rhythmus, und ich schnaufend hinterher. Er wollte mich sogar auf die schnellere Route durch das „Burgess-Couloir" locken und erklärte, daß ja inzwischen alles lose Zeug durch die riesige Lawine vor zwei Tagen mitgerissen worden sei.

Als wir die steilen Wände an der Kante erreichten, erblickten wir Pete, der langsam an den Seilen herabglitt. Pete hatte immer einen Sack mit irgend etwas darin bei sich. Die meisten von uns versuchten, Energie zu sparen und beim Abstieg möglichst gar nichts zu tragen. Aus welchem Grund auch immer, vielleicht um ständig Reservekleidung zur Verfügung zu haben, sah Petes Sack immer voll aus.

Er steige nur ungern ab, sagte er, aber er habe sich eine Rippe gebrochen. Es hatte keinen Unfall gegeben, aber er war niemals seinen quälenden Husten losgeworden, den er schon seit Wochen hatte. Während eines starken Hustenanfalls war ihm eine Rippe gebrochen.

„Heißt das, du bist jetzt für den Rest außer Gefecht gesetzt?"
„Nein, das ist mir schon mal passiert, und es ist auch wieder besser geworden. In ein paar Tagen bin ich wieder okay!"

Es war mir neu, daß er sich eine Rippe gebrochen hatte, aber jetzt wußte ich, warum er im Lager 2 nachts immer so gestöhnt hatte, als er das Zelt mit mir teilte. Wie wortkarg er doch war.

„Wir sehen uns dann später", rief er, und wir gingen weiter zum Lager 1.

Als wir die Höhle erreichten, war Alan da. Paul war früh am Morgen zum Lager 3 losgegangen. Man konnte ihn als kleinen roten Fleck auf dem Weg zur Westschulter sehen. Die Höhle war wie ein zweites Zuhause. Die Vorräte hatten etwas abgenommen, und die Decke über der Kochstelle war nach einem Unfall mit einem Kocher rußgeschwärzt. Sonst hatte sich nichts verändert.

Alan beschäftigte sich mit dem Schneeschmelzen und gab uns zu trinken. Er wurde immer noch von häufigem Husten geschüttelt, und zeitweise bekam auch ich jetzt einen Anfall. Wenn das erst einmal anfängt, gibt es kein Entrinnen. Die kalte, trockene Luft verstärkt die Reizung im Hals, und der Körper des Opfers wird von Hustenanfällen durchgerüttelt, bis irgendwann die Attacke vorüber ist. In den Nächten im Basislager wie auch oben am Berg halten solche Anfälle die Kranken wie auch die anderen oft wach.

Über Funk hörten wir, daß die japanische Expedition zum Stillstand gekommen war und begonnen hatte, die Hochlager zu räumen. Für die kurze Zeit, die ihnen geblieben war, hatten sie keine Hoffnung mehr, daß sich das Wetter bessern würde und sie den Gipfel erreichen könnten. Die Italiener zweifelten auch an ihren Chancen, und nach dem Abzug der Japaner würde der Weg durch den Eisfall schwerer instand zu halten sein. Diese Ereignisse bestimmten natürlich auch die Diskussionen über unsere Lage. Wenn wir bei diesem Versuch jetzt keinen definitiven Durchbruch schafften, blieb uns wenig Hoffnung, den Berg noch zu ersteigen. Alan kalkulierte, daß wir noch zehn Tage gutes Wetter bräuchten, um eine Chance zu haben.

Die letzte Errungenschaft im Lager 1 war der Bau einer Toilette, den Pete bewerkstelligt hatte. Vorher waren wir auf den Hang gegangen und hatten uns immer ein kleines Loch gegraben. Da es aber auf dem Lho La selten windstill war, war das Auf-die-Toilette-Gehen zu jeder Zeit ein schwieriges, mühseliges Unterfangen. Unsere Kleidung war so konstruiert, daß man die nötigen Verrichtungen vornehmen konnte, ohne sich ganz ausziehen zu müssen. Dazu gab es lange Reißverschlüsse. Trotzdem war aber ein großer Teil vom Hinterteil und den Schenkeln völlig entblößt. Man versuchte also, sein Geschäft mit der größten Eile zu verrichten, und rannte wieder zur Höhle zurück. Ich hatte mir auf Expeditionen angewöhnt, meinen Körper zur Disziplin zu erziehen und nur einmal am Tag auf die Toilette zu gehen, und zwar morgens. Auf diese Weise wurde das zusammen mit den anderen Morgenpflichten erledigt. Sonst hätte es bedeutet, unterwegs den Klettergürtel abzulegen, sich aus den Seilen zu entwirren und das Geschäft womöglich an einer heiklen Stelle zu erledigen.

Selbst auf dem Lho La war es ein Problem, da der Wind, wie man sich auch drehte und wendete, immer eine schwache Stelle fand, und selbst das Erreichen eines günstigen Platzes war ein gefährliches Unternehmen, weil man riskierte, auszugleiten oder den Hang hinuntergeweht zu werden. Wir trugen alle, auch in der Höhle, zwar immer unsere gesamte Kleidung, abgesehen von den Stiefeln. Das einzig Richtige aber wäre in dieser Situation, daß man sich zudem noch vollständig fertig macht, die Steigeisen an die Stiefel schnallt, die Handschuhe anzieht und den Pickel nimmt. Demgegenüber steht der Wunsch, so schnell wie möglich nach draußen zu gelangen, schnell fertig zu werden und wieder in die Wärme des Schlafsackes zu kriechen.

So hatte Pete nun – als ein Werk der Nächstenliebe – in einigen Stunden Arbeit einen Graben in den Hügel geschaufelt und an drei Seiten eine Mauer aus Eisblöcken errichtet. Es war einfach, aber zweckmäßig, und obwohl der schmale Pfad zur Toilette mit der Zeit vereiste, war dieser notwendigen Tätigkeit nun doch die Gefährlichkeit genommen. Pete hatte zusätzlich die Befriedigung, eine Toilette mit der schönsten Aussicht der Welt gebaut zu haben: mit Blick hinunter nach Tibet, vom Everest überragt und flankiert von den Wänden des Nuptse.

Spät am Abend, als wir beim Abendessen saßen, das durch etwas Schinken aus dem Tauschgeschäft mit den Italienern verfeinert war, hörten wir draußen ein ungewohntes Knistern und erschraken, als Paul plötzlich aus dem Dunkel auftauchte. Er sah verstört und niedergeschlagen aus. Er war zwei Drittel des Weges bis zum Lager 3 geklettert, bis er nicht mehr weiterkonnte. Für ihn hatte die Expedition zu lange gedauert. Er hatte keine Energie mehr, und seine Rückenschmerzen, die von einer Hepatitis vor ein paar Monaten herrührten, waren unerträglich geworden. Es war schon fast Nacht gewesen, als er sich zur Umkehr entschlossen hatte, aber er hatte sich gesagt, daß er in seiner Verfassung vom Lager 3 aus sowieso wenig werde unternehmen können.

Am Morgen hatte Paul noch immer Schmerzen und erklärte bedauernd, daß er sich entschlossen habe, zum Basislager abzusteigen. Für ihn war die Expedition vorbei. Er nahm an, daß er schon fort sein würde, wenn wir wieder runterkämen, und so verabschiedeten wir uns von ihm.

„Ruf alle an, wenn du zu Hause bist, und sag ihnen, daß wir auch bald kommen, ja!“

Mit Paul verloren wir ein solides, verläßliches Arbeitspferd. Zu jeder Zeit hatte er sich gut eingefügt und war bereit gewesen, auch die weniger attraktiven, aber wichtigen Rollen zu übernehmen. Ich bedauerte sehr, daß er ging.

Alan lief als erster los und überquerte den Lho La in Richtung auf die Seile zu. Ade und ich testeten gegenseitig unsere Rucksäcke und schätzten das Gewicht der Lebensmittel und des Materials, das wir zum Lager 3 mitnahmen. Draußen vor der Höhle fühlten sich die 15–20 Kilogramm nicht schwer an, aber auf halbem Wege zu den Seilen wurden sie eine Last. Wir holten Alan am Bergschrund ein, wo er eine Pause einlegte, um Fotos zu machen. Ich bummelte lange genug herum, um Ade die Führung zu überlassen. Er schien mehr Energie zu haben als ich. Dann schwang ich mich hinter ihm an den Seilen empor und begann den mühevollen Aufstieg zu Lager 3. Ich zählte jede 50-Meter-Seillänge, wenn ich zu einem Sicherungshaken kam: eine geschafft, noch fünfunddreißig vor mir. Alan folgte, blieb aber immer mindestens eine Seillänge hinter mir, damit niemals unser Gewicht zugleich an einem Haken hinge.

Ade war mir bald weit voraus, aber Alan ging das gleiche Tempo wie ich. Stunde für Stunde kletterten wir empor, nur 50 bis 70 Meter voneinander entfernt. Trotzdem sprachen wir kein Wort. Der Wind war so stark, daß wir die Kapuzen aufbehielten. Der Himmel war klar. Als ich durch die Felsbarriere kam, war von Ade nichts zu sehen. Er war hinter einer Felsrippe verschwunden, hinter der ich im Gegenlicht kleine Dampfwolken aufsteigen sah, die mir seine Position verrieten.

Ich konnte ihn nicht einholen. Ich habe alles versucht, aber mein Tempo blieb langsam, mein Rucksack wurde immer schwerer. Als ich in die Nähe des verlassenen Lagers 2 kam, waren es nur noch zehn Seillängen, nur noch anderthalb Stunden – fast schon da. Alan war zurückgefallen, er würde spät ankommen.

Auf dem Rongbuk-Gletscher lagen lange Schatten, und die Sonne ging unter, bevor ich Lager 3 erreicht hatte. Ich kroch durch den engen Tunnel und griff mir die Filmkamera, eine alte Bolex. Draußen filmte ich die Wolkenmassen, die über den Gipfel zogen

Der Gipfel

und von der sinkenden Sonne an manchen Stellen orange gefärbt wurden. Die Kälte war beißend. Ich blieb mit den Fingern am Metall kleben, als ich es wagte, die Kamera ohne Handschuhe zu bedienen. Das kalte Gehäuse sog sofort jegliche Wärme aus den Händen. Beim Filmwechseln machte ich eine heillose Unordnung und kroch, nicht sehr zufrieden mit meinem Versuch, doch hilflos wegen meiner schmerzenden Hände, in die Höhle zurück.

Ich hatte sieben Stunden bis zum Lager 3 gebraucht. Ade hatte es in nur fünf Stunden geschafft. Es war schon lange dunkel, und immer noch war nichts von Alan zu sehen. Die Lage der Höhle verhinderte jede Sicht. Nur ein Abstieg von 100 bis 150 Metern oder eine Querung über gefährliche Eishänge ermöglichte einen Blick nach unten, dorthin, wo wir ihn zuletzt gesehen hatten.

Um 18 Uhr hörten wir Alans Stimme aus dem Funkgerät. Sie kam vom Lager 1. Auch er mußte noch weit unterhalb von Lager 3 aufgeben und absteigen, solange er noch genügend Kraft hatte und es noch nicht dunkel war. Wir waren erleichtert, daß er in Sicherheit war, gleichzeitig aber beunruhigt, weil unsere Mannschaft für das Weiterkommen nun noch mehr geschwächt war. Wieder allein in dieser ungastlichen Eiskammer, krochen und wühlten Ade und ich herum wie Hunde in einem neuen Körbchen, bis wir schließlich in den Schlafsäcken steckten, mit Lebensmitteln neben uns und den Kocher zur Hand, sowie ein Häufchen Eisstücke zum Schmelzen.

Im Himalaja sind die Stunden der Dunkelheit sehr lang. Im Winter noch länger, dabei fällt das Schlafen schwer. Ich hatte nach meinen letzten Erfahrungen hier oben genug davon, irgendwelche Schlaftabletten zu nehmen. Folglich verbrachte ich eine unruhige Nacht. Aus irgendwelchen Gründen wurde ich immer wieder im Schlaf gestört. Vielleicht war es der kalte Luftzug durch die Höhle, vielleicht ein Eisstückchen, das von der Decke fiel, oder der Kontakt mit der eiskalten Außenhaut meines Schlafsackes, wenn ich mich umdrehte. Manchmal merkte ich an Bewegungen und Atem, daß auch Ade wach war. Ich fragte ihn nach der Zeit. Ich hatte eine Uhr, aber um das Zifferblatt zu erleuchten, mußte ich einen Knopf an der Seite drücken. Mit meinen von der Kälte steifen Fingern konnte ich das nicht bewerkstelligen.

Das blasse Morgenlicht drang durch die Schneewände. Die Isoliermatten, auf denen wir lagen, waren mit einer dünnen

Schneeschicht bedeckt. Ade bemühte sich, den kleinen Gaskocher in Gang zu bringen und den Tag zu beginnen. Ich gestand ihm, daß mir schlecht war und ich Kopfschmerzen hatte. Es reizte mich überhaupt nicht, irgend etwas zu tun, aber die Vorstellung, heute keinen weiteren Vorstoß nach oben zu machen, war noch demoralisierender.

Ich stand auf, um zur Toilette zu gehen, und schaute hinaus. Hinter dem primitiven Vorhang, den wir vor dem Eingang angebracht hatten, war der Tunnel wieder mit einigen Zentimetern neuem Schnee bedeckt. Ich kroch hindurch und steckte meinen Kopf hinaus in einen stürmischen Wind. Die Wolken hingen tief, und es fiel weiterhin viel Schnee. Mit etwas schlechtem Gewissen kam mir der Gedanke, daß wir nun einen wohlbegründeten Ruhetag einschieben konnten. Der Versuch, auf die Westschulter zu gelangen, wäre zu gefährlich. Um 8 Uhr früh funkten wir einen Bericht über unsere Lage nach unten. Auf dem Lho La war es ähnlich, aber Al und Brian waren vom Basislager aus auf dem Weg zum Lager 1.

Ade half mir den ganzen Tag beim Teekochen und Essenzubereiten. Ich entschuldigte mich für meine Schwäche. „Es tut mir leid, daß ich dir die ganze Arbeit überlasse.“

„Ist schon in Ordnung, das letzte Mal hast du es für mich getan.“

In der Höhle hatten wir $-21\,^\circ$C. Der einzige Vorteil, den sie gegenüber der Höhle weiter unten hatte, war unsere Innentoilette.

In der Zivilisation kann man sich nicht vorstellen, daß man einen ganzen Tag und die Nacht neben einem Menschen liegt, mit dem man gefühlsmäßig nichts zu tun hat. Wir unterhielten uns kaum. Das wenige, was gesagt werden mußte, hatten wir schon gesagt und mehrmals während der vergangenen Woche wiederholt. Eine neue Tasse Tee zu machen, war ein Ereignis, gleichbedeutend mit einer Abendgesellschaft. Es dauerte auch fast genauso lange. Nachdem ich viel getrunken und ein paar Schmerztabletten genommen hatte, verschwanden meine Kopfschmerzen.

Selbst vom Basislager aus konnte man sich an diesem Berg noch verschätzen. Ich habe mich manchmal gefragt, was uns denn überhaupt daran hindern könnte, einen Fuß vor den anderen zu setzen und wenigstens ein kleines Stück weiterzukommen. Das Herumliegen in der Höhle war frustrierend. Wir waren voller Neugierde, wie es weitergehen würde und wir brannten darauf, ein weiteres Stück zu schaffen. Wir hätten hinausgehen können, einfach losgehen, aber selbst ohne darüber zu reden, wußten wir beide um die Sinnlosigkeit eines solchen Unterfangens.

Ich war jetzt sehr lange mit Ade zusammen gewesen und schätzte seine großzügige Kameradschaft. Er und sein Bruder waren ziemlich verschieden, das sah ich jetzt immer deutlicher, aber so, als ob es nur verschiedene Züge ein und derselben Person wären. Ade war der „ernstere" von den beiden, der oft mißbilligend auf die Streiche seines Bruders schaute, der den Ruf hatte, unachtsam zu sein und oft Dinge kaputtzumachen. Irgendwie war ihm eine Schaufel zerbrochen, als er im Lager 2 an einem Zeltplatz schippte; irgendwie war die Antenne des Hauptfunkgerätes abgebrochen, als er damit hantierte; irgendwie hatte sich die Injektionsspritze in seinen Händen in ihre Einzelteile aufgelöst, als er Pete an Wan Chups Krankenbett helfen wollte. Al überstand das alles mit einem spöttischen Lächeln. Man bekam manchmal den Eindruck, daß Ade ihn am liebsten verleugnen wollte.

Unser Essen hatte sich, dank der Sachen, die wir von den Italienern bekommen hatten, ein bißchen gebessert. Manche dieser leicht zu kochenden Gerichte schmeckten wie richtiges Essen. Tee und Kaffee schmeckten inzwischen leicht säuerlich, und das Lieblingsgetränk war jetzt ein kräftigender Mineraltrunk für Sportler. Für uns war er eine willkommene Abwechslung und half uns, die nötigen Mengen zu trinken.

Die zweite Nacht war genauso schlimm wie die erste. Diesmal nahmen wir beide eine Schlaftablette, die Ade aus seinem eigenen kleinen Medizinvorrat hervorholte. Er versicherte mir, daß sie am nächsten Tag keinen lästigen Kater verursachte wie die anderen. Die Nacht war aber zu lang, und lange vor dem Morgengrauen erwachten wir. Jetzt hieß es wieder abwarten und sehen, ob wir heute bei Morgengrauen aufsteigen könnten.

Am Morgen war uns beiden übel. Wir wußten nicht, woher. Wir hatten genügend Atemluft in der Höhle, und in solchen Höhen waren wir beide schon oft gewesen. Wenn man das erste Mal auf einer Expedition eine gewisse Höhe erreicht, ist es nicht ungewöhnlich, daß man Kopfschmerzen bekommt, aber nach mehreren Wochen kann man davon ausgehen, vollständig akklimatisiert zu sein. Wir konnten uns nur vorstellen, daß es vom ständigen Einatmen von extrem kalter Luft kam.

Ade machte Frühstück, aber ich kniete erst einmal eine Weile und erbrach mich, bevor es mir wieder so gut ging, daß ich etwas zu mir nehmen konnte. Der Tag war klar, aber immer noch windig. Wenn wir überhaupt noch weiterkommen wollten, mußten wir uns jetzt an die Arbeit machen. Wir funkten nach unten, daß wir etwas Material zur Westschulter bringen wollten, um die Bedingungen zu verbessern, vorausgesetzt, der Wind ließ das zu.

Wir nahmen ein paar Seilrollen und Schneeschaufeln und hatten vor, am Westgrat Materialdepots anzulegen, damit wir es am nächsten Tag, wenn wir bis zur Höhe des geplanten Lagers 4 vorstoßen wollten, leichter hätten. Da wir nicht so schwer zu tragen hatten, nahmen wir noch die Filmkameras mit. Ade die große, schwere „Bolex“ und ich eine kleine „Autoload“-Kassettenkamera. Mike sollte ja nicht höher als bis zum Lho La gehen, und wir fühlten uns nun in Abwesenheit des Profis weniger gehemmt bei unseren ungelenken Versuchen und doch auch mehr verantwortungsbewußt, einen guten Film zu machen.

Die „Autoload" war leicht zu handhaben. Es gab wenig einzustellen, und die Kassetten konnte man auch mit Handschuhen an den Händen leicht eingeben. Eine Kassette reichte allerdings nur für sechzig Sekunden, kaum genug Zeit, um in den richtigen Rhythmus beim Filmen zu kommen. Ade ging wieder voran, und ich versuchte, das faszinierende Bild einzufangen, wie er in der gleißenden Sonne, umgeben von Schneefahnen, über das glitzernde Eis ging. Ob es etwas werden würde oder nicht, würden wir leider erst in England erfahren. Es blieb uns nichts anderes übrig, als zu schießen und abzuwarten.

Sechzig Sekunden, bis ich den Filmzähler überprüfte, kamen mir in der Höhe sehr, sehr lange vor. Der Film war in der Kälte gerissen. Ohne großes Bedauern legte ich die Kamera beiseite. Meine Pflicht hatte ich jedenfalls getan. Als ich das gewölbte Plateau erreichte und in den Wind hineinkletterte, war ich viel mehr damit beschäftigt, bei den heftigen Windstößen das Gleichgewicht zu behalten.

Ade saß wieder auf demselben einsamen Felsen, auf den er sich schon beim ersten Mal gesetzt hatte. Er hatte die schwere Bolex in den Händen, das Auge an den Sucher gepreßt, und filmte meinen sonderbaren Gang. Beim Filmen aus der Hand soll man am besten den Atem anhalten, solange man den Finger auf dem Auslöser hat. Jeder Versuch, in dieser Höhe die Luft mehr als ein paar Sekunden anzuhalten, verursacht augenblicklich ein plötzliches, angstvolles Schnappen nach Luft. Der Sauerstoff war auch so schon knapp genug. Als ich Ade erreichte, nahm er die Kamera vom Gesicht. Ein weißer Striemen zog sich über seine Nase, wo das kalte Metallgehäuse der Kamera festgefroren gewesen war. Ade hatte noch gar nicht gemerkt, was geschehen war, bis ich ihm durch das Getöse des Windes zurief, er solle damit vorsichtig sein. Sein ganzes Gesicht war gefühllos, und er würde die Erfrierungen erst spüren, wenn er es wieder erwärmte. Als der große Perfektionist, der er war, hatte er seine Schutzbrille abgenommen, um ein besseres Bild im Sucher zu haben.

Eine Weile lang saugten wir das wunderbare Panorama in uns auf. Eine Unterhaltung war kaum möglich. Der Wind war stärker als beim ersten Mal, und weiterzugehen würde sehr riskant sein. Es war aber ein Risiko, das wir eingehen mußten, wenn wir jemals weiterkommen wollten. Angeseilt zu gehen war die einzige

Ade auf der Westschulter

Möglichkeit; nur dadurch konnten wir uns einigermaßen gegen ein Ausgleiten sichern. Manchmal erschien mir das Ende der Route nur noch wie ein kleiner Schritt, manchmal schien es unerreichbar. Die einzige Möglichkeit, es zu schaffen, war ein kleines Stück nach dem anderen.

Wir kehrten um. Das Material deponierten wir neben dem Felsen. Den großen Spaten, der selbst Als Zerstörungskräften widerstanden hatte, steckten wir in den Schnee, um die Stelle zu markieren. Wir glaubten, daß wir am nächsten Tag wiederkommen – wenn wir Glück hatten, vielleicht auch mit Verstärkung – und unseren Weg am Grat entlang fortsetzen würden.

Zurück im Lager 3 waren wir sehr überrascht, keine Anzeichen von der Ankunft irgendeines anderen vorzufinden. Auch als es dunkel wurde, war niemand angekommen. Der klare Himmel war verflogen, Schneewolken zogen auf.

Wir erwarteten eine Erklärung durch einen Funkspruch von Lager 1, aber nichts kam durch. Vom Basislager hörten wir schlechte Nachrichten: John hatte sich nicht erholt und war mit Paul auf dem Heimweg. Pete war am Mikrofon und erklärte uns, daß er bei John außer Ruhr auch eine Brustinfektion festgestellt habe. John konnte nichts essen und hatte daher beschlossen, tiefere Regionen aufzusuchen.

Auf diese Weise war unser Team um ein Viertel schwächer geworden. Es gab viele vernünftige Gründe für Pauls und Johns Abreise, aber es war trotzdem ein schwerer Schlag und schien unsere Versuche, doch noch weiterzukommen, zu vereiteln. Man konnte ihnen ihre Entscheidung wirklich nicht übelnehmen, und Pete selbst hatte über Funk versichert, daß John hier keine Chance hätte, sich wieder ganz zu erholen. Doch mit dem Hochmut der Gesunden war ich innerlich frustriert, und es fiel mir schwer, meinen Optimismus zu bewahren. Aber ihre Abreise und die Tatsache, daß niemand heraufaufgekommen war, machte uns doch sehr unruhig. Noch lange bis in die Nacht hinein kauten Ade und ich alles durch, und auch die Frage, ob wir uns im Lager 3 nicht doch in einer prekären Lage befänden. Wenn niemand es schaffte, bis ins Lager 3 hochzukommen, welche Aussichten hatten wir beide dann allein? Sicherlich würden wir den Platz für Lager 4 erreichen und anfangen können, eine Höhle zu graben. Aber abgesehen von den Anstrengungen, in dieser Höhe allein und ohne Hilfe mehrere Tage zu arbeiten, würden wir in ein paar Tagen unsere Vorräte verbraucht haben und absteigen müssen.

Wir beschlossen, am nächsten Morgen über Funk mal ein paar klare Worte zu sprechen. Angenommen, es käme niemand mehr herauf, waren wir nicht mehr sicher, ob es das Risiko wert sei, an der Westkante weiterzugehen. Auch diese Nacht war sehr unruhig, aber aus anderen Gründen als den schwierigen physischen Bedingungen, unter denen wir hier lebten.

Klare Worte

Al antwortete auf den morgendlichen Funkspruch seines Bruders. Für dieses Gespräch waren die beiden am besten geeignet. Vertraut, wie sie miteinander waren, gab es keine Möglichkeit zu Ausflüchten. Sie konnten schonungsloser und offener miteinander umgehen, als die meisten Leute mit ihren engsten Freunden.

Ade machte den ersten Funkspruch: „Lager 3 an Lho La, bitte kommen."

Al antwortete: „Lola" – er sprach das immer wie den Frauennamen aus – „an Lager 3. Wir hören euch klar und deutlich. Hört ihr mich? Over."

„Klar und deutlich. Was ist los? Warum ist niemand heraufgekommen? Haben welche vor, heraufzukommen? Over."

„Gestern war es zu windig, und niemand hier fühlt sich wohl. Heute ist es wieder zu windig, um Lola zu überqueren."

„Hör mal, wir waren gestern auf der Westschulter und haben nachgeschaut, wie es geht. Es war windig, aber wir hätten weitergehen können. Wenn wir es da oben trotz des Windes schaffen, solltet ihr doch wenigstens heraufkommen können."

„Also, es sieht so aus: Mir geht es überhaupt nicht gut, und Brian und Alan hier haben Zweifel, ob sie überhaupt etwas bringen können, wenn sie Lager 3 erreichen."

Die Unterhaltung zwischen den beiden wurde immer von den Pausen unterbrochen, in denen sie auf das „over" warteten, das das Ende der Meldung der einen Seite beendete und die Bereitschaft des anderen signalisierte, eine Antwort zu empfangen. Es konnte jeweils nur einer sprechen, denn beim Schalten auf „Senden" wurde gleichzeitig der Empfang abgeschaltet. Wie bei sonstigen Unterhaltungen waren damit Zwischenbemerkungen unmöglich. Bei einem so heiklen Gespräch wie diesem war es schon frustrierend, immer warten zu müssen, bis man wieder an der Reihe war.

Ade sagte: „Wenn ihr nicht zum Lager 3 hochkommt, werdet ihr euch nie an die Höhe akklimatisieren. Ihr solltet besser hochkommen und, wenn nötig, einen Ruhetag einlegen, anstatt auf dem Lho La zu warten, bis ihr euch fit fühlt. Ihr seid immerhin tausend Meter tiefer. Kommt nun einer hoch, oder nicht?"

„Hier glaubt man, daß du ein bißchen überoptimistisch bist, was das Höherkommen betrifft."

„Also, wir sind gestern extra aufgestiegen, um das herauszufinden, und wir meinen, daß es der Versuch wert ist, selbst wenn man im Wind angeseilt gehen muß."

„Brian schlägt vor, daß ihr beide losgeht und das Lager 4 errichtet, wenn du denkst, daß es geht. Und wenn ja, können andere hochkommen und euch helfen."

„Wir brauchen jetzt Hilfe. Wir brauchen zumindest die moralische Unterstützung, daß wir wissen, daß wir nicht Kopf und Kragen riskieren, wenn wir den Grat machen – was schwer genug ist –, bloß um dann festzustellen, es für nichts und wieder nichts gemacht zu haben."

„Wenn du und Joe daran zweifeln, daß ihr da weiterkommt, und ihr seid besser dran als wir alle, welche Chance soll dann jemand anders haben?"

„Schau, das ist nicht richtig gedacht. Wir können allein nicht alles schaffen. Wenn keiner hochkommt, hat es für uns keinen Sinn weiterzumachen."

„Versuch nicht, uns den Schwarzen Peter zuzuschieben! Wenn ihr es mit Lager 4 versuchen wollt, dann tut es."

Diese künstlich bruchstückhafte Unterhaltung brachte auch eine gewisse Schärfe mit sich. Wenn andere so miteinander gesprochen hätten, wäre leicht ein feindseliger Ton aufgekommen. Andererseits wurde der Ärger, den ich Ade anmerkte und den er seinem Bruder deutlich machen wollte, durch die technischen Gegebenheiten auch wieder etwas gebremst. Ich hörte, wie Ade laut vor sich hinfluchte, während die monotonen Antworten seines Bruders aus dem Lautsprecher kamen. Zwischen beiden Lagern bestanden unüberbrückbare Gegensätze, und wir schienen uns im Kreise zu bewegen.

Brian beschrieb das gleiche Gespräch aus der Sicht von Lager 1.

> „Wir drei, Alan, Al und ich, lagen nebeneinander in der Eishöhle inmitten eines Durcheinanders von Kleidungsstücken und Material. Alan saß zusammengekauert da und schaute mürrisch vor sich hin. Al hielt das Walkie-talkie in der Hand.
>
> Ich unterbrach das Gespräch der beiden Brüder: „Was zum Teufel meinen sie – sie brauchen unsere Unterstützung? Laß mich mal mit ihnen reden, Al!"

„Nein, ich möchte erst mal mit Ade zu Ende reden. Sie müssen begreifen, daß wir jetzt nicht bis zum Gipfel kommen können."

Ich stimmte ihm zu. „Genau, sehen sie denn nicht ein, daß wir jetzt, wo Paul und John auf dem Weg nach Hause sind, Pete eine gebrochene Rippe hat, du mit deiner Brustgeschichte, ich und Alan total demoralisiert, daß wir jetzt einfach nicht genug Leute mehr haben, einen Gipfelangriff zu starten?"

Plötzlich brach es aus Alan heraus: „Die sollen uns am Arsch lecken. Gib mir das Ding! Lho La an Lager 3, hört ihr mich? Over."

„Ade von Lager 3. Wir empfangen euch mit Stärke 1. Wiederholt bitte! Over."

Alan drehte an den Knöpfen und der Antenne, bevor er in das Gerät brüllte und Ades Antwort erhielt: „Empfangen euch mit Stärke 4. Wenn keiner kommt und uns hilft, können wir alleine nicht weitermachen. Wir brauchen eure Unterstützung. Wenn ihr nicht heraufkommen könnt, kommen wir runter. Over."

Vom Funkgerät abgewandt, schimpfte Alan ungeduldig: „Wovon quatschen die eigentlich? Von den letzten zehn Tagen sind wir sieben hier oben rumgesessen. Wir haben im letzten Monat drei gute Tage gehabt, um am Westgrat zu klettern. Wir brauchen acht gute Tage hintereinander, um zum Gipfel zu kommen. Ich habe genug davon, Tag für Tag hier rumzuliegen, frierend, hungrig und krank."

„Lho La an Lager 3. Hier ist Alan!" brüllte er und machte eine Pause nach jedem Wort, um seine Meinung zu unterstreichen. „Wenn ... das ... Wetter ... besser ... wird, ... kommen ... wir ... hoch ... Sonst ...nicht ... Versauern ... in ... Lager ... drei ... Nur ... ihr ... zwei ... seid ... stark ... genug, ... um ... weiterzukommen ... Over."

„Lager 3 an Lho La. Tut uns leid. Empfang schlecht. Bitte wiederholen. Over."

„Wenn . . . das . . . Wetter . . . besser . . . wird . . ., kommen . . . wir . . . Over."

Dann kippte Alans Stimme um, und er flüsterte: „Verflucht noch mal, soll jemand anders denen Verstand einhämmern." Er bekam einen Hustenanfall und würgte.

Auf der Westschulter

Plötzlich mischte sich Pete ein: „Hallo Lager 3 und Lager 1. Hier spricht Pete von Basis. Darf ich eine Bemerkung machen? Over."

„Hören dich laut und deutlich. Over."

„Da scheint mir eine entscheidende Diskussion im Gange. Ich habe eine gebrochene Rippe, aber wenn ich etwas sagen darf, ich bin für weitermachen. Ich sage nicht, daß wir es zu diesem späten Zeitpunkt noch schaffen, aber ich glaube, wir sollten noch ein paar Tage am Ball bleiben. Vielleicht wendet sich das Blatt doch noch."

Ich nahm Ade das Gerät ab: „Hallo, hier spricht Joe. Ich denke genauso. Die Zeit ist knapp, aber wir sollten sie trotzdem nutzen. Wir brauchen allerdings Unterstützung."

„Kannst du mit Ade noch ein paar Tage oben bleiben", kam Pete durch, „und so gut wie möglich weitermachen?"

„Sicher können wir noch ein paar Tage bleiben, aber dann haben wir nichts mehr zu essen. Wir brauchen zumindest die Gewißheit, daß noch andere heraufkommen. Ich habe nur keine Lust, hier weiterzumachen, ohne zu wissen, wie es weitergeht."

„Könnt ihr uns nicht mal eine Vorstellung davon geben, was noch möglich ist, indem ihr zum Lager 4 geht? Das würde die ganze Sache ändern."

„Wir haben schon gestern eine verdammte Vorstellung gegeben. Was denkst du denn, was das hier ist, ein Zirkus? Ich glaube nicht, daß das der Augenblick für Vorstellungen ist! Keiner in Lager 1 glaubt noch daran, daß wir bei diesem Wetter eine Chance haben. Wenn sie jetzt nicht heraufkommen können, was für eine Wahrscheinlichkeit besteht dann, daß sie in drei Tagen kommen? Wir schieben ihnen den Schwarzen Peter nicht zu, den haben sie schon. Mit dieser Rederei kommen wir nicht weiter. Niemand sagt, was er wirklich denkt. Bevor wir zu einem übereilten Entschluß kommen, sollten wir noch mal nachdenken. Rufen wir uns um elf wieder zusammen, dann hat jeder noch Zeit zum Nachdenken."

Wir schalteten das Funkgerät ab. Ade und ich verfielen in finsteres Schweigen. Wir wußten beide, was der andere dachte. Wir wollten es versuchen, obwohl wir wußten, daß nur noch eine geringe Chance blieb. Die größten Erfolge werden immer gegen alle Wahrscheinlichkeit erreicht. Andererseits mußten wir gegen mehr als nur gegen das Wetter ankämpfen. Ade und ich hatten Glück gehabt, daß wir von den meisten Krankheiten, die die Expedition heimgesucht hatten, verschont geblieben waren. Und wenn man fit ist, fällt es einem schwer, zu verstehen, wie groß die seelischen und physischen Probleme für einen Kranken sind. Es hat viele Krankheitsfälle gegeben, und der Everest im Winter hat mit den Kranken kein Mitleid gehabt. Brian hatte sich gerade von seiner erneuten Ruhrattacke erholt. Alan war nur noch ein Schatten seiner früheren Erscheinung. Über Funk konnte man ihn kaum verstehen, so heiser war seine Stimme, und jetzt hatte auch Al eine Brustinfektion. Es bestand kein Zweifel, daß in krankem Zustand alles viel schwerer erscheint, und selbst wenn einer von ihnen noch in der Lage wäre, sich zum Weitergehen zu zwingen, könnte das fatale Folgen hagen.

Ade war davon überzeugt, daß sich die Meinungen nicht ändern würden. Es gab wirklich nur eine schwache Hoffnung. Wir schrieben den 31. Januar. Wir waren jetzt fast zwei Monate auf dem Berg. Die ständige Kälte, die brutalen Winde und Schneestürme hatten ständig an unseren Kräften gezehrt. Vielleicht war der Everest ein zu großes Ziel, in dieser neuen Phase der Himalajaerforschung noch zu früh. Die Probleme unterschieden sich zu sehr von denen, die man in anderen Jahreszeiten zu lösen hatte. Irgendwo in mir spürte ich auch, daß ich erleichtert sein würde, wenn wir diesen nicht enden wollenden Kampf aufgäben. Die seelischen und körperlichen Anstrengungen über mehr als zwei Monate waren einfach zu extrem, und wie groß auch die Enttäuschung darüber sein würde, daß wir den Gipfel nicht erreicht hätten, so wäre doch das Glück groß, das Ganze überlebt zu haben. Dazu käme noch die Genugtuung, zu wissen, daß wir am Everest zur schlimmsten Zeit des Jahres gekämpft und niemanden verloren hatten, auch keine ernsthaften Unfälle zu beklagen waren.

Wir warteten bis 11 Uhr und auf die Entscheidung, so oder so. Inzwischen machten wir uns etwas zu trinken und begannen, das Material danach zu sortieren, was wir mit hinunter nehmen und was wir da lassen wollten.

Das Wetter draußen konnte nur ein Optimist als annehmbar bezeichnen. Den ganzen letzten Monat hatten wir, von drei Tagen abgesehen, nur Wind und Sturm gehabt. Daß es in den nächsten Tagen besser werden würde, dafür gab es keinerlei Anzeichen.

Um 11 Uhr schalteten wir das Funkgerät wieder ein.

„Hallo, Lager 1 und Basis, hört ihr uns? Wie ist jetzt die Lage? Habt ihr euch etwas Neues überlegt? Over."

Pete kam über den Sender und sprach mit Lager 1.

Petes Stimme klang enthusiastisch, das konnte man selbst durch den kleinen Lautsprecher hören.

„Pete an Lager 1 und 3. Ich meine, da wir noch Zeit haben und Leute am Berg, sollten wir es zumindest noch für eine Woche versuchen. Vielleicht kommt eine Periode mit besserem Wetter. Kann jemand von Lager 1 zu Lager 3 aufsteigen? Over."

Ich ärgerte mich darüber, daß Pete im Basislager saß und uns sagte, was wir tun sollten.

„Danke, Pete, aber der Wind ist heute zu stark. Ich würde an den Seilen nicht hochkommen und sähe auch keinen Sinn darin, wenn das Wetter weiterhin schlecht bleibt."

Alan kam nach einem Hustenanfall gerade wieder zu Atem und sprach aus, was Al und ich dachten: „Laß uns in Ruhe, Pete, du machst alles nur noch schlimmer!"

Pete hörte das im Basislager offenbar nicht, und Al meinte nach einem Augenblick des Nachdenkens: „Ich glaube, Pete kann genauso seine Meinung sagen, wie jeder andere auch."

„Ja", sagte ich, „nur wenn man das mögliche Ende eines Unternehmens, für das wir immerhin die vergangenen sechs Monate gearbeitet haben, bei schlechtem Empfang über Funk diskutieren will, dann ist das nicht der Augenblick für eine belanglos-freundliche Unterhaltung."

Joes Stimme tönte eisig scharf aus dem Lautsprecher: „Wenn ihr von Lager 1 nicht zur Unterstützung heraufkommt, kommen wir eben runter. Over."

Im Lager 3 hörten wir Als Antwort: „Wenn ihr oben bleiben wollt, sind wir bereit, euch zu unterstützen. Nur sehen wir wenig Sinn darin."

„Kommt jemand hoch?"

„Niemand ist dafür wirklich fit genug."

Keiner kam zur Sache, und das Herumreden um den eigentlichen Punkt ging weiter.

Ade stöhnte. Er ließ das Gerät auf Empfang stehen, und wir hörten Pete wieder aus dem Basislager. Es entspann sich ein längerer Dialog mit Lager 1 auf der gleichen Linie wie die frühere Diskussion.

Ade sagte zu mir: „Nichts hat sich geändert. Finden wir uns damit ab! Die werden nie heraufkommen. Wenn wir von Unterstützung reden, meinen wir verschiedene Dinge. Ich glaube, die meinen, daß sie für uns beten werden. Sie können nichts dafür, daß sie krank sind. Aber warte, bis ich unseren Kleinen sehe. Ich glaube, dieses Winterspielchen war für alle zu lang."

Resignation spiegelte sich in seinem Gesicht, und er begann, seinen Rucksack für den Abstieg zu packen. Ich lehnte mich zurück und hörte zu, wie die Diskussion zwischen Lager 1 und dem Basislager weiter hin und her ging. Pete brachte ein überzeugendes Argument für das Durchhalten. Lager 1 antwortete ihm, daß er die Lage falsch einschätze, und er selbst sei mit seiner gebrochenen Rippe ja auch nicht von großem Nutzen. Die Diskussion ging weiter und weiter. Eine halbe Stunde verging, und Ade war bereit zum Aufbruch. Jeder beharrte immer noch auf dem gleichen Standpunkt wie am Anfang.

„Da wird sich nichts mehr ändern", sagte Ade. „Ich gehe jetzt hinunter. Ich kann ja gleich versuchen, in einem Zug bis zum Basislager zu kommen. Bis später dann." Er schob seinen Rucksack durch den Tunnel und verschwand.

Ich hatte nicht den Eindruck, als ob man noch auf eine Antwort auf uns vom Lager 3 warte, und ich machte mich daran, die wertvolle Kameraausrüstung und die Schlafsäcke einzupacken. Als ich fertig war, wartete ich noch ein bißchen und hörte dem immer noch andauernden Streit zu. Seit mehr als einer dreiviertel Stunde drehten sie sich jetzt im Kreise. Immer noch keinen Schritt weiter. Ich kroch durch den Tunnel. Meine Gedanken wandten sich jetzt der tröstlichen Seite dieser Entscheidung zu: Keine grimmigen Nächte mehr in diesem Loch, Rückkehr in die Wärme und Bequemlichkeit der Zivilisation.

Mein Rucksack war ausnehmend schwer. Ade und ich nahmen jetzt soviel wie möglich mit hinunter, weil wir wußten, daß wir keine Energie mehr sparen mußten und daß es unwahrscheinlich war, daß noch jemand aufsteigen würde, um Material zu bergen. Als ich mich an den Seilen über die steilen Hänge zum Lho La hinunterschwang, mußte ich mit dem Wind kämpfen, der mich aus dem Gleichgewicht warf, und ich fragte mich, wie realistisch ich eigentlich gewesen war, als ich verkündet hatte, daß wir bei diesem Wetter weitergehen sollten. Hatte ich wirklich gedacht, daß wir jetzt noch eine Chance hätten, den Gipfel zu erreichen, oder hatte ich einfach nur nicht mein Gesicht verlieren wollen, indem ich vor einer vernünftigeren Einschätzung unserer Situation kapitulierte? Ich wußte keine Antwort darauf.

Der Weg bis zum ebenen Plateau des Lho La schien endlos. Weit unten in der Ferne sah ich Ade und einen kleinen Punkt, der Lager 1 talwärts verließ. Bei jedem Verankerungspunkt der Fixseile sank ich in die Knie und wünschte nur noch, endlich aus dem ermüdenden Wind zu kommen.

Das ebene Plateau war nur eine Abwechslung, aber keine Erleichterung. Der wütende Wind stieß mich hin und her, und ich blieb häufig stehen und wartete auf ein Nachlassen der Windstärke, bevor ich mich ein paar Schritte weiterschleppte. Der leichte Anstieg zur Höhle von Lager 1 dauerte ewig. Unter den prüfenden Blicken Alans, der am Höhleneingang mit einem Tee auf mich wartete, fühlte ich mich sehr befangen.

Al war schon abgestiegen. Alan und Brian waren im Lager 1 geblieben, um alles einzupacken und soviel Material wie möglich wieder mit hinunterzunehmen. Gerade als ich angekommen war, ging Ade los, und ich hetzte hinter ihm her, um das Basislager noch vor Einbruch der Nacht zu erreichen.

Meine Beine gaben immer wieder unter mir nach, und auf halbem Wege mußte ich meinen Rucksack zurücklassen. Da ich die versicherten Kletterstellen hinter mir hatte, wußte ich, daß ich ihn morgen leicht wiederfinden würde. Die Sonne war untergegangen, und im letzten Licht erreichte ich das Lager. Ich wurde mit einem Schwall von Fragen überschüttet, ich wurde gefilmt, und man hielt mir ein Mikrofon hin. Die Filmcrew wollte meine Reaktion auf die Entscheidung zum Abbruch der Expedition sofort festhalten.

Ade war in einen heftigen Streit mit seinem Bruder verwickelt. „Scheiß-Unterhaltung", hörte ich ihn. „Du könntest nicht mal einen Einkaufskorb zum Supermarkt tragen, geschweige denn einen Sack mit Material auf diesen Hügel." Al schaute niedergeschlagen und beschämt drein. Zwischen diesen beiden konnten härtere Worte fallen als zwischen uns anderen, und Ade ließ seinem ganzen Ärger freien Lauf, der sich in den letzten Tagen aufgestaut hatte. Doch bald wurden wir wieder zu einem Arbeitsteam, das sich nun darum kümmerte, diese Expedition zu einem geordneten Ende zu bringen.

Das große Packen

Ein Postsack war verlorengegangen – eine Unmenge von Briefen und Postkarten, 90 Minuten Film, 300 Dollar in Travellerchecks. Unser Postsystem hatte offensichtlich ein Leck. Wir hatten den fraglichen Postsack Anfang Januar abgeschickt, und es hatte einen Monat gedauert, bis man uns berichtete, daß er nicht in Kathmandu angekommen war. Niemand von uns konnte sich noch erinnern, an wen er wann geschrieben hatte; die Post war verloren. Mike Shrimpton, Profi bis zuletzt, hatte Notizen über jede Filmrolle, die er abgeschickt hatte, gemacht. Pflichtbewußt stieg er wieder zum Lho La auf, um soviel wie möglich von den fehlenden Metern noch einmal zu drehen. Es gab ein ständiges Kommen und Gehen, bis die Ausrüstung vom Berg herabgeschafft war, und so stieg Mike zusammen mit Brian und Pete auf. Pete zeigte einen unerwarteten Hang zur Sparsamkeit und stieg sogar zum Lager 3 auf, um die restlichen Sachen, die Ade und ich nicht mehr hatten tragen können, zu holen. Manche Dinge waren zu sperrig, aber anstatt sie aufzugeben, machte er große Bündel und ließ sie die tausend Meter zum Lho-La-Plateau herunterrollen und sammelte die Überbleibsel anschließend selbst wieder auf.

Die Japaner und die Italiener waren auch dabei, ihre Basislager abzubrechen. Horden von Trägern und Sherpas kamen an und drangen in unsere Einsamkeit ein. Wie Plünderer schnappten sie sich jede unbewachte Ausrüstungs- oder Lebensmittelkiste. Sie waren seit langem an Expeditionen gewöhnt, die beim Aufbruch viel wertvolles Gerät zurückließen, das sie sich holen konnten, und so meinten sie, daß es ihr gutes Recht sei, alles an sich zu nehmen, was herumlag. Wir lernten jetzt eine andere Seite der Sherpas kennen. Das Lager machte den Eindruck einer belagerten Garnison, als wir aufräumten, Abfälle verbrannten und unser Hab und Gut für den Abmarsch zusammenpackten.

Mr. Singh wurde krank und kam drei Tage lang nicht aus seinem Zelt hervor. Das einzige, was wir aus dieser Richtung hörten, waren Laute, die mal Singen und mal nach Stöhnen klangen. Graham, dessen Zelt neben seinem stand, hörte diese Laute die ganze Nacht und glaubte, daß die Strapazen von nahezu drei Monaten in den Bergen unseren schüchternen Verbindungsoffizier etwas aus dem Gleichgewicht gebracht hatten.

Schließlich zogen wir los, und der vertraute Geruch des Rauches von brennendem Wacholderholz aus dem italienischen Lager begleitete uns noch eine lange Zeit. Das Chaos beim Packen und Beladen der Yaks, bei Streitereien um Löhne und Gewichte, all das hatte sich aufgelöst. Jetzt war nur noch eine lange Reihe schwergewichtiger Tiere zu sehen. Wir stapften hinunter durch den tiefen Schnee, dort, wo der Wind nicht so stark geblasen hatte.

Sehr bald verschwand der Everest hinter der Wand des Nuptse, und unser selbstgewähltes Exil war vorüber. Ich hatte ein Gefühl der Freiheit und lief unbelastet von allen Zwängen. Es gab keine Gefahren mehr, denen wir uns stellen mußten. Ich war am Leben, meine Träume waren unversehrt, ich hatte ein Ziel, auf das ich zuging.

Dies war eine schmerzliche Erfahrung gewesen. Wir hatten alles unter Kontrolle behalten und kehrten ohne Verlust an Leib und Leben zurück, aber innerhalb von zwei Monaten hatten wir

Der Kantega

die qualvollsten Lebensbedingungen, die wir je erlebt hatten, allmählich als normal anzusehen gelernt. Wir hatten versucht, den höchsten Berg der Welt auf seiner schwierigsten Route zu besteigen. Die Japaner waren mit einem ganz anderen Expeditionsstil auf einer anderen Route in vergleichbarer Höhe zur Umkehr gezwungen worden. Die Zeit, die wir auf dem Berg verbringen mußten, hatte uns ausgelaugt und uns anfällig gegen Krankheiten gemacht. Es war oft physisch unmöglich gewesen, gegen die unbarmherzigen Winde anzukämpfen. Es gab gar keinen Zweifel, daß unser Rückzug gerechtfertigt war, bevor wir um unser Leben hätten kämpfen müssen, ohne physische und materielle Reserven. Aber das Ziel blieb weiterhin. Vielleicht war diese Expedition nötig gewesen, um zu erfahren, was für einen Erfolg erforderlich war. Kaum jemand wagt heute zu behaupten, daß es im Bergsteigen unlösbare Probleme gibt; ein Mißerfolg steigert nur den Reiz eines Ziels. Nachdem der Everest in den letzten Jahren durch die zahlreichen Besteigungen etwas von seinem Nimbus verloren hat, war seine außergewöhnliche Stellung jetzt wieder gestärkt worden. Winterbergsteigen im Himalaja eröffnet ein neues Kapitel im Bergsport, und der Everest ist das höchste Ziel, das zu erreichen ist.

Wir brauchten noch einige Tage bis zum Flugplatz von Lukla, von dem wir abfliegen wollten. Die tieferen Täler mit den schneebeladenen Bäumen boten ein vertrauteres Winterbild als das Basislager, das hinter uns lag.

Wir trafen „Long" Tensing, einen Sherpa, der mit den Burgess-Zwillingen auf einer früheren Expedition zusammengewesen war.

„Erfolg?"

„Nein."

„Alle Mitglieder okay?"

„Ja."

„Am Everest heißt das Erfolg!"

Der Gipfel des Thamserku

In Kathmandu änderte sich der Lebensrhythmus. Nach Monaten fern modernen Lebens waren wir wie Wilde, die einen Kulturschock erlitten. Gleich am ersten Abend fanden wir uns auf einer Party in einem Haus der Botschaft wieder. Alle „beautiful people" von Kathmandu waren versammelt, und wir fühlten uns höchst unwohl. Inmitten des Lärms und all der Fremden blieben wir eng beieinander. Wir waren nicht in der Lage, Konversation zu machen oder über unsere Erlebnisse zu berichten.

Als wir einmal in einem Restaurant beim Essen saßen, kam ein Mädchen mit kahlgeschorenem Kopf und dem roten Gewand der Anhänger Buddhas an unseren Tisch. Sie schaute erst den einen, dann den anderen der Burgess-Zwillinge an.

„Welcher von beiden?" fragte sie, und Al bekam vor Schreck den Mund nicht wieder zu, als er das Mädchen wieder erkannte, das er auf dem Hinweg kennengelernt hatte.

Die Zwillinge blieben zurück, um unser Gepäck nachzuschicken, und wir anderen lösten uns allmählich aus der engen Gemeinschaft, zu der wir geworden waren, und bestiegen das Flugzeug nach Hause. Ich war darauf noch nicht vorbereitet. Millionen Fäden zogen mich zurück, aber sie kamen von jenseits einer Mauer und hatten für mich keine Bedeutung. Zuerst mußte ich nach Hause zurückkehren. Als wir uns London näherten, spürte ich eine innere Unruhe und Nervosität, als ob ich mich dem Leben zu Hause entfremdet hätte und in den Bergen eine unvollendete Arbeit zurückgeblieben wäre.

Schlußbetrachtung

Hat es sich gelohnt? War es die Anstrengungen, die Kosten, die Strapazen wert? Hätten wir auf alle diejenigen hören sollen, die sagten, daß unsere Chancen, den Berg im Winter zu besteigen, minimal waren? Oder auf die anderen, die sagten, daß die Idee einer „Wintersaison" eine Verirrung wäre, nur erdacht, um der Besteigung eines längst bezwungenen Berges noch einen neuen Nervenkitzel abzugewinnen?

Wir meinten, daß es die Sache wert war, und der Wettbewerb um weitere Versuche ist schon heftig entbrannt. Jetzt, nachdem die Wintersaison offiziell akzeptiert wurde, ist der Berg auf der einen oder anderen Route schon für die nächsten Jahre „ausgebucht".

Wir wußten, daß die Wetten gegen uns standen. Wir wußten, daß die Verhältnisse extrem sein würden, aber es liegt in der Natur des Sports, daß es einen Versuch wert ist, wenn es überhaupt eine Chance gibt. Wir hatten Gründe für unseren Optimismus gehabt. In den letzten paar Jahren hat es in bezug auf die Bekleidung und das Schuhwerk immense Verbesserungen gegeben, die uns glauben ließen, daß wir gegen die Kälte einigermaßen gewappnet sein würden. Die Mitglieder der Expedition verfügten allesamt über große Erfahrung, vor allem in bezug auf Besteigungen mit kleinen mobilen Teams ohne großen Materialaufwand. Das bestärkte uns in unseren Erwartungen, auch den Aufstieg über den extrem langen Westgrat bewältigen zu können. Die Route selbst war relativ steinschlag- und lawinensicher, da alles im Frost erstarrt war. Natürlich gab es Probleme mit dem Wind, den ständig wehenden Stürmen, aber im Rückblick gesehen meine ich, könnte die Westgratroute im oberen Teil, wo das enge Hornbein-Couloir in die Gipfelpyramide einmündet, gegen den Hauptanprall des Windes geschützt sein. So könnte dort der Anstieg leichter sein, und es wäre denkbar, daß man ein Zelt benutzen kann, ohne fürchten zu müssen, daß es vom Wind zerfetzt wird.

Aber in Wirklichkeit wurden wir erstens durch Krankheiten besiegt, die schrecklich an unseren Kraftreserven zehrten, dann durch die extreme Kälte und das Wetter überhaupt, das sich innerhalb von Minuten ändern konnte, und durch die Größe des Vorhabens, das uns am Ende überforderte.

In der heutigen Zeit liegt der Versuch, den Everest im Winter und ohne Sauerstoff zu besteigen, gefährlich dicht an der Grenze des Menschenmöglichen. Fehler dürfen kaum oder gar nicht vorkommen. In diese Höhen aufzusteigen heißt, zu jeder Jahreszeit große Schwierigkeiten überwinden, und selbst wenn jemand voll akklimatisiert ist, treten Symptome auf, die denen einer chronischen Lungenkrankheit ähneln. Handeln und Denken sind während des Aufenthalts in großer Höhe deutlich verändert.

Wenn man die Bewegungen eines Menschen auf dem Berg als die eines „Kranken, der schlafwandelt" beschreibt, kommt man der Wahrheit sehr nahe. Auch für uns galt das in verschiedenen Abstufungen auf dem gesamten Weg zwischen Basislager und unserem höchsten Punkt.

Geht man davon aus, daß die Anpassung an die Höhe nicht nur durch die dünne Luft, sondern auch durch Kälte und Wind beeinflußt wird, so bot das Gebiet, das wir beim Versuch der Winterbesteigung des Everest erkundeten, mehr Akklimatisierungsprobleme, als wir vorhersehen konnten.

Sir Edmund Hillary hatte die „Silver Hut Scientific and Mountaineering Expedition" 1960/1961 dazu genutzt, seine Theorien über die Akklimatisierung zu überprüfen. Während des Winters hatten er und sein Team in einer Höhe von rund 5800 Metern gearbeitet und Untersuchungen durchgeführt. Im Frühjahr hatte er eine Besteigung des Makalu – mit 8470 Metern der fünfthöchste Berg der Welt – versucht. Drei Expeditionsmitglieder erreichten eine Höhe von 8350 Metern, bevor sie von der Höhenkrankheit befallen wurden. Das Ende der Geschichte war ein strapazenreicher Rückzug, und die Gruppe konnte die fast unvermeidliche Tragödie gerade noch abwenden. Einer nach dem anderen wurde von Krankheit und Erfrierungen heimgesucht.

Die Expedition ist zu einer Legende von Tapferkeit und Selbstaufopferung geworden, dabei hätte sie eigentlich ein Vorbild für methodische Vorbereitung sein sollen, ein Unternehmen der am besten akklimatisierten Mannschaft, die bisher versucht hatte, einen hohen Berg zu besteigen. Wie Hillary sich ausdrückte, gerieten sie „an den Rand einer Katastrophe".

Der eigentliche Wendepunkt der Expedition war ein Unfall, aber wie Hillary in seinem Buch „High Adventure" schreibt, war das Team bereits durch das Trainingsprogramm, das man sich selbst gestellt hatte, entscheidend geschwächt.

> Ich war immer davon ausgegangen, daß der Makalu das letzte Testgebiet für meine Akklimatisierungstheorien sei. Ich hatte geglaubt, daß die lange Zeit, die meine Männer auf 5800 Meter verbracht hatten, sie so gut an die dünne Luft gewöhnt hätte, daß der Makalu, selbst ohne Hilfe von Sauerstoff, kein zu schwieriges Ziel mehr sein könnte. Vielleicht wäre der Everest ohne Sauerstoff dann der nächste Schritt? Jetzt erkenne ich aber, daß meine Theorien ein bißchen zu optimistisch und diese langen Perioden in großer Höhe vielleicht unser Unglück waren. Trotz der oberflächlichen Anpassung an die Höhe von 5800 Meter und die hervorragenden physischen und geistigen Leistungen, die in dieser Höhe vollbracht wurden, gibt es viele Anzeichen dafür, daß die Widerstandskraft gegenüber Krank-

heiten stark reduziert wird. Außerdem war es in dieser Höhe unmöglich, die täglich nötigen Fitnessübungen durchzuführen. Deshalb fehlte der Mannschaft die große physische Kondition, die sie gebraucht hätte, um die Niederlage gegen die grimmigen Winde über 7300 Meter zu überstehen und es trotzdem noch einmal zu versuchen. Nur Harrison und Ortenburger, die beiden Neulinge im Team, zeigten die erwarteten Kraftreserven. Sie waren nicht dem langsamen, schleichenden, schwächenden Gewichts- und Vitalitätsverlust unterworfen gewesen, den der Rest der Mannschaft während der vorangehenden sechs Monate erlebt hatte.

Unser Aufenthalt im Basislager war nicht so ausgedehnt wie bei den Versuchspersonen der Silver-Hut-Expedition, aber die Auswirkungen waren die gleichen. Andere Untersuchungen haben gezeigt, daß wahrscheinlich eher Jahre als Wochen nötig sind, bis jemand völlig akklimatisiert ist und die gleiche Leistungsfähigkeit zeigt wie auf Meereshöhe. Zweifellos haben die Winterbedingungen unser Team als Ganzes geschwächt, was uns zur leichten Beute jeder Krankheit gemacht hatte, die im Lager auftrat oder durch Besucher eingeschleppt wurde. Ausdauer und Widerstandskraft gegen die Kälte wurden im Laufe der Wochen immer mehr geschwächt, und das Risiko, weit oben ohne physische Reserven festgehalten zu werden, war sehr groß. Unsere Lebensbedingungen waren wesentlich anders als die der Japaner, aber unsere persönlichen Leistungen unterschieden sich kaum von den ihrigen, und überdies litten wir weniger unter Erfrierungen. Sicherlich mag uns unsere bessere Bekleidung dabei geholfen haben, aber die extremen Wetterbedingungen, denen beide Mannschaften ausgesetzt waren, glichen wahrscheinlich alle Vorteile aus, die die Japaner durch ihr komfortableres Basislager und wir durch unsere zweckmäßigere Kleidung hatten.

Um auch unter anderen Umständen als dem unvorhergesehenen Zusammentreffen von Glück und gutem Wetter Erfolge zu erzielen, muß vor allem das Problem der Unterkunft gelöst werden. Wir haben im Winter auf großer Höhe Lebensbedingungen vorgefunden, unter denen man keine Arbeit leisten kann. Es war keine Frage des Willens. Wenn man regelmäßig mit Kopfschmerzen und Brechreiz erwacht, obwohl man eigentlich gut akklimatisiert sein müßte, dann kann nur die größte Ausdauer und Beharrlichkeit einen Menschen zum Durchhalten bringen, und gerade diese Beharrlichkeit wäre unklug. Dr. Charles Houston beschreibt in einer ausgezeichneten Arbeit über die Physiologie in großen Höhen, daß kalte Luft dort Lungenödeme verursacht. Das war genau das, was auch wir feststellten. Durch die geringe Sauerstoffaufnahme während des Schlafens, kombiniert mit extremer Kälte, waren wir am nächsten Morgen kaum in der Lage, effektiv zu arbeiten.

Auch Hillary kommentiert den Versuch, ohne zusätzliche Sauerstoffzufuhr, die sicherlich viele Schwierigkeiten der Höhe und der Kälte überwinden hilft, in große Höhen vorzudringen. Nach einer anfänglichen Begeisterung, als er noch glaubte, auch den Everest ohne Zuhilfenahme von Sauerstoff besteigen zu können, scheint er seine Meinung geändert zu haben, sicherlich auch wegen der traumatischen Erfahrungen seines Teams am Makalu: „Niemand von uns hat irgendwelche Zweifel daran, daß der Gipfel des Makalu ohne Sauerstoff erreicht werden kann, aber ich habe meine Meinung in dieser Hinsicht grundlegend geändert. Ich bezweifle, daß sich die Risiken, die die Arbeit in dieser Höhe ohne Sauerstoff mit sich bringt, lohnen."

Sauerstoff hilft, mit der Kälte fertig zu werden. Ich dachte während unserer Expedition öfter voller Neid an die Schilderungen von Mitgliedern der Südwestwand-Expedition, die beschrieben, wie die Wärme durch den Körper bis in die schmerzenden

Finger- und Zehenspitzen drang, wenn sie zum Schlafen die Sauerstoffmasken aufsetzten. Der Transport von Sauerstoffflaschen auf einen Berg vervielfacht allerdings die Probleme auf einer Expedition. Man diskutiert viel über die „ethische Frage“ der Benutzung von zusätzlichem Sauerstoff, weil man damit den Berg „niedriger“ macht, aber der Streit scheint mir eigentlich müßig, wenn die Benutzung von Sauerstoffgeräten gleichzeitig Probleme löst und neue schafft.

Angenehm überrascht waren wir davon, daß tiefer Schnee nicht die Schwierigkeiten mit sich brachte, die wir erwartet hatten. Wir brauchten auch nicht zu befürchten, bei unserem Anstieg von riesigen Lawinen begraben zu werden. Dies mag nicht immer so sein, wie die italienische Expedition, die annähernd 7300 Meter erreicht hatte, am Makalu zeigte, als sie ihre gesamte Ausrüstung im Basislager zurücklassen und aufgeben mußte, weil der Schnee für einen Rücktransport zu tief war.

Natürlich hingen die geringeren Schwierigkeiten mit dem Schnee mit dem dafür um so größeren Problem des Windes zusammen. Dieser war weitaus schlimmer und andauernder, als wir uns hatten vorstellen können. Dadurch war es fast völlig unmöglich, auf dem Berg Zelte zu benutzen. Überdies waren Zelte sowieso sehr unbeliebt wegen der drangvollen Enge, die in ihnen herrschte, dem ständig herabrieselnden Eis und dem lauten Getöse des Windes. Auch war die Lufttemperatur in einem Zelt niedriger als in einer Höhle. Höhlen waren die beste Lösung, und obwohl das Graben zusätzlich zu den Anstrengungen des Kletterns viel Arbeit und Mühe erforderte, lohnte es sich. Die Lösung für bessere Schlafmöglichkeiten könnte der Aufbau eines Zeltes in einer Höhle sein. Damit wäre man in einer Art warmen Kokons und nicht ständig von extrem kalter Luft umgeben. Ein kleiner Paraffinofen könnte in den tieferen Lagern von Nutzen sein.

Die Kosten unserer Expedition waren nicht hoch. Die gesamte

Expedition von acht Bergsteigern und drei Filmleuten kostete 18 000 £ einschließlich Flugkosten, Trägerlohn, Lebensmittel und Ausrüstung, die gekauft werden mußte. Das ganze Unternehmen wurde durch finanzielle Unterstützung und Materialspenden einiger Firmen möglich gemacht. Unsere Expedition kann sehr wohl die billigste ernstzunehmende Expedition zum Everest gewesen sein. Das Gesamtbudget war minimal im Vergleich mit anderen Sportunternehmungen.

Das Basislager sollte jedoch mit etwas mehr Luxus ausgestattet werden. Selbst bei kürzeren Unternehmungen können allzu spartanische Bedingungen die psychischen und physischen Reserven angreifen. Der Bau einer Art Hütte wäre eine Möglichkeit. Eine Expedition, die die Erde über die beiden Pole umrunden will, benutzt eine Hütte aus Pappe. Diese Pappe ist so stabil wie Holz, weil sie aus mehreren Schichten besteht, nur viel leichter. Sie kann vorgeformt und leicht zusammengesetzt werden und bietet so einen festen, gut isolierten Schutz gegen das schlechteste Wetter. Solch eine leichtgewichtige, aber stabile Hütte mit Heizmöglichkeiten im Innern wäre uns im Basislager höchst willkommen gewesen.

Das Essen spielt auf den meisten Expeditionen eine eigene, ganz besondere Rolle. Die Auffassungen schwanken hier zwischen der *haute cuisine* mancher französischen Expedition und der schlichten Erklärung von Tilman, dem berühmten Exzentriker und Entdeckungsreisenden, der meinte, *was* wäre ihm egal, solange es überhaupt etwas zu essen gäbe. Im Winter ist ein guter Speiseplan entscheidend. Lebensmittel sind gewöhnlich der billigste Teil im Budget einer Expedition, und um das Wohlergehen einer Mannschaft zu garantieren, sollte das Essen nicht nur nahrhaft, sondern auch wohlschmeckend sein. Unser Toningenieur Graham machte uns am Ende der Expedition Sorgen, weil er Tag für Tag nur noch Kekse essen konnte. Etwas anderes konnte er nicht mehr herunterbringen. Aus dem untersetzten, kräftigen Kerl, als der er England verlassen hatte, war ein dürres Skelett geworden.

Es gibt noch andere kleine Details, die man im Himalajawinter beachten sollte. So etwa vollmechanische Kameras. Automatische, batteriebetriebene Kameras und Verschlüsse funktionierten in der Kälte gerade nur noch ein paar Minuten. Ein anderer Tip ist, daß Steigeisen mit Schnellbefestigungen wertvolle zehn Minuten sparen können. Auch sollte die Bekleidung von allerbester Qualität sein. Es gibt viele solcher Dinge, aber das allerwichtigste ist die Strategie des Aufstieges.

Der einzige Erfolg des Winters 1980/1981 war im Dezember die Besteigung des 7220 Meter hohen Baruntse durch die Japaner. Der Dezember scheint die ideale Zeit für Besteigungen von Bergen bescheidener Höhe zu sein. In diesem Monat kann es noch Perioden mit relativ gutem, wenn auch kaltem Wetter geben. Die Schneeverhältnisse sind oft ausgezeichnet. Die Japaner vom Baruntse hielten sich schon lange vor dem magischen Datum des 1. Dezembers zum Training und zur Vorbereitung in dem Gebiet auf. So brauchten sie während der offiziellen Wintersaison selbst keine Zeit mehr zur Akklimatisierung verwenden und erreichten den Gipfel vor dem Einsetzen des wechselhaften Wetters, das wir erlebten. Für höhere Gipfel, die aus den bekannten Gründen im Winter unbedingt mehr Zeit erfordern, würde es sich lohnen, sich am Ende der Nach-Monsunzeit einen kleineren Gipfel vorzunehmen. Der würde weniger vom „jet-stream" berührt werden und weniger anstrengend sein, so daß man sich akklimatisieren könnte, ohne die begrenzte Zeit der Wintersaison selbst angreifen zu müssen. Es wäre ideal, danach in wärmere Gebiete abzusteigen, vielleicht nach Kathmandu zu gehen, um sich auszuruhen, gut zu essen und dann gut genährt und mit bester Kondition zum eigentlichen Ziel zurückzukehren.

Die Wintersaison im Himalaja hat eine neue Ära des Bergsteigens eröffnet. Es ist nicht nötig, „neue Ziele zu erfinden“; es gibt noch unzählige Gebiete mit unberührten, noch nicht erreichten, schwierigen Zielen. Unwiderstehlich wird man davon angezogen. Wenn nicht vom Everest, dann von anderen Gipfeln. Die Mühen sind vergessen, der Traum bleibt.

Erklärung einiger Fachausdrücke und Begriffe

Akklimatisation/Akklimatisierung: Anpassung des menschlichen Körpers an die sauerstoffärmere Luft in großen Höhen. Hierzu bildet der Organismus mehr rote Blutkörperchen. Die Akklimatisierung kann nur langsam erfolgen. Bei zu schnellem Aufstieg kann es zur Höhenkrankheit (s. d.) kommen.

Die Akklimatisation an extreme Kälte ist durch geeignete Ernährung zu unterstützen.

Alpiner Stil: Im Gegensatz zum „Expeditionsstil" tragen z. B. bei großen Wanddurchsteigungen die beteiligten Bergsteiger alles nötige Material (Seile und Haken, Karabiner, Lebensmittel, Biwakausrüstung usw.) mit sich und sind damit während einer Tour unabhängig von einer Basis- oder Bodenmannschaft.

Bei größeren Bergfahrten wie z. B. im Himalaja ist es kaum möglich, ohne Zwischenlager und Materialdepots auszukommen, insbesondere wenn noch die schweren Sauerstoffflaschen mitgeschleppt werden müssen.

Bei extrem schwierigen Wänden hat man auch in den Alpen den Expeditionsstil angewandt, d. h., man ist aufgestiegen, hat Seile fixiert, ist abgestiegen und hat am nächsten Tag die Tour fortgesetzt. Über den „sportlichen Wert" solcher Unternehmungen streiten sich die Fachleute mit mehr oder weniger einsichtigen Argumenten.

Apere Stellen: durch die Schneeschmelze frei gewordene Stellen, die sonst schneebedeckt sind; apern = tauen.

Band: Stufe im Fels oder Eis, meist horizontal verlaufend, bei ausreichender Breite Möglichkeiten für Standplätze oder Biwak.

Bergschrund → Randkluft

Couloir: Steile Rinnen oder Schlucht im Fels oder Eis.

Eishaken: Gezackter, etwa 20–30 cm langer Haken mit einer Öse für Karabiner, der in festes Eis getrieben wird.

Eisschraube: Sie dient ebenso wie der Eishaken zur Sicherung in festem Eis. Durch ihr korkenzieherartiges Gewinde kann sie besseren und sichereren Halt im Eis geben als ein Haken, weil durch das „Hineindrehen" die Gefahr, daß das Eis sich beim Einschlagen erwärmt bzw. splittert, gemindert ist.

Fixseile: An besonders gefährlichen Stellen (spaltenreichen Gletschern, Querungen von steilen Hängen) werden zur Sicherung der nachfolgenden Bergsteiger oder Träger Seile – meist Reepschnüre (s. d.) bis zu 9 mm Stärke – angebracht, die in der einfachsten Form als „Geländer" dienen, an dem man sich festhalten kann. Besser und sicherer ist es, einen Karabiner (s. d.), der mit dem Brustgeschirr oder Klettergürtel (s. d.) durch eine kurze Seilschlinge verbunden ist, in das Seil zu klinken und „mitlaufen" zu lassen.

Nach Überwindung von Steilstellen (Fels- oder Eisstufen) kann der Vorausgehende und Führende ein Seil fixieren – an einem Felsblock, Haken, einer Eisschraube –, an dem die Nachfolgenden mit Hilfe von Seilklemmen (s. d.) hinaufsteigen können. Auch beim Abstieg dienen Fixseile auf die gleiche Weise als Sicherung und Kletterhilfe.

Firnanker: Eine Art breite Hacke oder Schaufel, die, mit einer Kabelschlinge versehen, zur Sicherung in festen Schnee (Firn) getrieben wird.

Grat: Scharfer Bergrücken, oft mit Stufen, Scharten oder Türmen versehen.

Höhenkrankheit, auch Bergkrankheit genannt; je nach individueller Veranlagung und Kondition kann sie in Höhen ab 3000 oder 4000 Metern auftreten, wenn sich der Körper noch nicht genügend akklimatisiert hat. Sie resultiert aus dem geringeren Luftdruck und dem geringeren Sauerstoffgehalt der Atemluft. – Erste Anzeichen sind Kopfschmerzen, Appetitlosigkeit, Übelkeit mit Erbrechen, Schlaflosigkeit und Schwindel, der bis zu Bewußtlosigkeit führen kann. In schweren Fällen kann sie Lungen- und Hirnödeme und dadurch den Tod verursachen. Erste Hilfe ist durch Sauerstoffzufuhr möglich, wenn die entsprechenden Geräte und Sauerstoffflaschen zur Verfügung stehen. Wenn die ersten Symptome nicht bald von allein, d. h. durch erfolgte Anpassung, verschwinden, hilft nur, den Erkrankten umgehend in tiefer gelegene Regionen zu bringen.

Jümarklemmen → Seilklemmen

Karabiner: Schnappring in verschiedenen (ovalen) Formen aus Stahl oder Leichtmetall zur Sicherung gegen ungewolltes Öffnen, auch manchmal mit einem Schraubmechanismus versehen, zum Einklinken in Haken oder zum Durchlaufen des Sicherungsseils.

Klemmkeile: Wenn eine Felsspalte zu breit ist, um einen Haken einschlagen zu können, verwendet man Keile, früher aus Holz, heute meist aus Leichtmetall und in verschiedenen Größen. Sie sind mit einer Seil- oder Drahtschlinge versehen und werden in der Spalte festgeklemmt. Durch Belastung bzw. Seilzug klemmen sich diese immer fester und bieten daher eine gute Sicherung.

Klettergürtel: Früher in der einfachsten Form aus Reepschnüren oder Seilenden selbst gebunden, heute meist aus Endlosseil oder Schlauchbändern vorgefertigter Gürtel, der in Brusthöhe getragen, das Anseilen zur Sicherung bei Stürzen erlaubt. Beim extremen Felsklettern verwendet man heute Kombinationen mit einem Sitzgürtel zur besseren Druckverteilung. In technisch leichterem Gelände und bei der Benutzung von Fixseilen wie am Everest reicht ein Brustgurt, an den man auch die benötigten Karabiner und Haken griffbereit anhängen kann.

Material: Einen großen Teil der Arbeit nimmt bei Bergbesteigungen im Himalaja- oder Expeditionsstil der Transport des Materials ein. Zum Material gehören Seile, Seilschlingen, Reepschnüre, Eis- und Felshaken, Karabiner, Firnanker und Metallstäbe zur Sicherung in festem Schnee, Schneeschaufeln, Pickel und Eisbeile, die Zeltausrüstung, Schlafsäcke, Reservekleidung, Kocher, Brennmaterial, Lebensmittel, Foto- und Filmausrüstung. Diese Dinge werden in die Hochlager oder in besondere Materialdepots transportiert, um von dort aus verwendet zu werden.

Beim sogenannten alpinen Stil hingegen muß jeder Bergsteiger von Beginn an, d. h. ab dem Einstieg in eine Wand, alles Benötigte mit sich führen und kann sich auf keine Zwischendepots stützen.

Monsun: Durch eine halbjährlich eintretende Änderung der Luftströmungen besonders über Indien und dem Indischen Ozean auftretende Regenfälle und besonders instabile Wetterlagen. Im Winter herrschen Nordostwinde (Passat) vor, im Sommer bringen Winde aus Südwest starke Regenfälle mit sich (Monsun-Regen).

Pfeiler: Felsformation, die wie eine Stütze bei hohen Gebäuden aus einer Felswand vorspringt und manchmal bessere Klettermöglichkeiten bietet als die Wand selbst.

Randkluft (= Bergschrund); seitliche Begrenzung von Gletschern. Klüfte zwischen Fels und Eis, durch Abschmelzen und die Bewegung des Gletschers entstanden. Oft breit und tief und schwierig zu überwinden.

Rinne: Schutt- und Geröllrinnen sind – obwohl steinschlaggefährdet – zwar mühsam, aber technisch weniger schwierig als der Fels, den sie durchziehen. Schneerinnen, wie von Joe Tasker am Everest beschrieben, bieten sich in steilen Felsstücken immer als leichtere Wege an, da Schnee nur auf weniger steilem Fels haftet.

Schneeblindheit: Durch zu starke – blendende – Lichteinstrahlung (besonders UV-Strahlen) verursachte Augenbeschwerden. Zur Verhütung benutzt man dunkle, sogenannte Schnee- oder Gletscherbrillen, die auch ein zusätzlicher Schutz gegen Wind und Schneetreiben sind.

Seilklemmen, auch Steigklemmen, Jümarklemmen usw. genannt; verschiedene Systeme von griffartigen Metallkarabinern, die, mit einem Klemmsystem versehen, in ein Seil eingeklinkt und an ihm hin und her geschoben werden können. Durch Hebeldruck oder durch Belastung („auf Zug") arretieren sie, d. h. klemmen sich am Seil fest. Dadurch ist es möglich, an einem fixierten, evtl. sogar freihängenden Seil mit zwei Klemmen und zwei daran befestigten Trittschlingen durch abwechselndes Hochschieben und Belasten aufzusteigen bzw. abzusteigen.

Séracs: Eistürme oder Eisblöcke in Gletschergebieten.

Sicherung: Schutz im Fels gegen Absturz, auf Gletschern besonders gegen den Sturz in verdeckte Spalten. Zwei oder mehrere Bergsteiger sind durch ein Einfach- oder Doppelseil miteinander verbunden. Die einzelnen Sicherungstechniken können sehr verschieden sein, Hauptprinzip aber ist immer, daß der oder die Sichernden einen festen Standplatz haben, an dem sie selbst durch Haken, Seilschlingen um einen Felsblock oder auf festem Schnee mit Hilfe eines eingerammten Pickels gesichert sind. Den Nachfolgenden sichert man dann dadurch, daß man das von ihm heraufführende Seil durch Karabiner, Seilkarabiner, Bremskarabiner führt und nachzieht. Im Falle eines Sturzes bremst ein Bremskarabiner den Seilzug, fängt den Hauptschwund ab, und der Sichernde kann so den Stürzenden „halten". Die bei Stürzen – schon aus geringer Höhe – auftretenden Kräfte sind so groß, daß man niemanden nur mit den Händen am Seil halten könnte.

Einen Vorauskletternden sichert man im Prinzip auf dieselbe Weise, wobei der Seil-Erste noch zusätzliche Zwischensicherungen beim Steigen anbringen kann, z. B. Haken mit Karabinern, durch die das Sicherungsseil läuft. An schwierigen Stellen, insbesondere bei Expeditionen auch im Hinblick auf die Träger, versichert man den Weg durch das Anbringen von Fixseilen. Man spricht dann von „versicherten Routen".

Steigklemmen → Seilklemmen

Verschneidung: Zusammenstoß von Wänden oder Felsplatten in verschiedenem (spitzem oder stumpfem) Winkel.

Reisetips

Selbstverständlich werden hier keine Tips und Ratschläge für die Besteigung des Everest' oder eines anderen Achttausenders gegeben. Die Gipfel sollte sich der Nepalbesucher bequemer und gefahrloser bei einem Rundflug von oben aus anschauen. Andererseits gibt es aber auch eine andere Möglichkeit, bis in die Everestregion vorzudringen: Trecking. Wer körperlich fit genug ist, womöglich über Bergsteigererfahrungen in den Alpen verfügt und vielleicht auch schon öfter auf Drei- oder Viertausendern gestanden hat, dem macht es auch keine Schwierigkeiten, bis zum Everest-Basislager zu gelangen. Dieser Ausgangspunkt der verschiedenen Routen für die Besteigung des Everest' liegt auf etwa 5400 Meter. Mit der richtigen Ausrüstung und unter Beachtung der wichtigsten Regeln der Anpassung und Akklimatisierung (→ „Höhenkrankheit", S. 241) kommt man auch heil wieder herunter.

Nepal – Land und Bevölkerung

Zwischen Indien im Süden und China (Tibet) im Norden gelegenes letztes Hindu-Königreich der Welt. Auf einer Fläche von 140 797 qkm leben 15,3 Millionen (1982) Einwohner. Nepal ist ein Vielvölkerstaat, in dem die hinduistischen Ghurkas staatstragend und die buddhistischen Newars Kulturträger sind. Von den zahlreichen kleineren tibetisch-mongolischen Bergstämmen sind die bekanntesten die als Führer und Träger berühmt gewordenen, in der Mount-Everest-Region wohnenden Sherpas. Die meisten nepalesischen Volksstämme sind freundlich und unaufdringlich.

Nepal umfaßt Teile des Hoch-Himalaja und die südlich anschließenden Gebirge des vorderen Himalaja, aber auch Dschungelgebiete im Süden. Hauptstadt ist Kathmandu (150 000 Einwohner) im gleichnamigen Tal, das zu den Hauptsiedlungsgebieten des Landes gehört. Neunzig Prozent der Bevölkerung leben von der Landwirtschaft. Bodenschätze und eine daraus resultierende industrielle Entwicklung gibt es kaum. Seit Nepal 1951 seine Grenzen für Ausländer öffnete, gewinnt der Tourismus immer mehr an Bedeutung.

Informationen

Allgemeine Auskünfte, aber auch Informationsbroschüren (z. B. „Trecking in Nepal", auf Englisch, hrsg. vom Ministerium für Tourismus, Kathmandu) sowie Merkblätter über Einreise-, Zoll- und Devisenbestimmungen erhält man bei der:
Botschaft des Königreichs Nepal, Im Hag 15, 5300 Bonn 2
oder:
Königlich Nepalesisches Konsulat, Flinschstr. 63, 6000 Frankfurt 60

beziehungsweise:
Königlich Nepalesisches Konsulat, Landsberger Straße 191, 8000 München 21

in Österreich:
Königlich Nepalesisches Generalkonsulat, Karpfenwaldgasse 11, 1190 Wien

in der Schweiz:
Königlich Nepalesisches Generalkonsulat, Kurhausstr. 28, 8000 Zürich

oder direkt in Nepal:

Tourist Office, Ganga Path, Kathmandu

Die Anschrift der Deutschen Botschaft lautet:
Kanthi Path, Kathmandu, P.O.B. 226, Tel. 1730

Reisezeit

Als günstigste Zeit für Trecker gilt die Spanne zwischen Oktober und April. Dezember bis Februar können allerdings kalt und nieselig sein. Mai und Juni dagegen sind heiß und trocken. Am ungünstigsten ist die Zeit zwischen Mitte Juni und Mitte September; dann herrscht der Monsun, d. h., es ist Regenzeit und sehr heiß, die Berge sind in Wolken, und es gibt Blutegel in Mengen.

Visa

Für ein Visum für Nepal benötigt man neben einem ausgefüllten Antragsformular

1. einen mindestens noch drei Monate gültigen Reisepaß
2. ein Paßfoto
3. eine Bestätigung eines Reiseveranstalters über die erfolgte Buchung oder einen Nachweis (Bankbestätigung) darüber, daß man je Aufenthaltswoche mindestens DM 200,– zur Verfügung hat.

Die Visagebühr beträgt pro Person DM 39,–

Das Visum gilt für die Täler von Kathmandu und Pokhara sowie Chitwan und Muktinath für 4 Wochen. Für alle anderen Gebiete, also für Trecking-Touren, muß ein „Trecking-Permit“ (2 Fotos erforderlich!) beim Central Immigration Office, Ram Sha Path (Putali Sadak) in Kathmandu beantragt werden.

Devisenbestimmungen

Ausländische Währungen können in nepalesische Rupien umgetauscht werden, während die Rupie nicht frei konvertierbar ist. Es empfiehlt sich, bei einer großen Bank oder einem Reiseveranstalter mit Erfahrung zu erfragen, was zum jeweiligen Zeitpunkt am günstigsten ist: die Mitnahme von DM, US-Dollar oder Reiseschecks. Die Unterschiede sind allerdings minimal. Wechseln bei der Ankunft im Flughafen ist problemlos. Die Einfuhr von Rupien ist verboten.

Zollvorschriften

Hier sind wie bei den Devisen immer Änderungen möglich. Letzten Stand erfragen! Seit einiger Zeit gilt: Zollfreie Einfuhr gestattet von: 100 Zigaretten, 1 l Spiritousen, 2 Flaschen Bier, 1 Filmkamera oder 1 Fotoapparat mit Filmen und 1 Tonband- oder Kassettengerät und 4 Bänder dürfen eingeführt, müssen aber im Paß eingetragen und anschließend wieder ausgeführt werden.

Sprache

Umgangssprache in Nepal ist Nepali. Grundsätzlich kommt man in Kathmandu und anderen größeren Orten mit Englisch durch. Daher sind Grundkenntnisse unbedingt erforderlich, es sei denn, man beherrscht Tibetisch, Sherpa oder Hindi, womit man sich auch verständlich machen kann.

Währung

Währungseinheit ist die nepalesische Rupie; eine Rupie sind 100 Paise. Da die Kurse schwanken, empfiehlt es sich, herumzufragen und auch in Kathmandu Vergleiche anzustellen. Der Wechselkurs im Flughafen bzw. Hotel muß nicht der günstigste sein.

Preise
Bei jedem Kauf gilt es, vorher zu vergleichen. Feilschen wird erwartet und lohnt sich. Trotzdem: Europäer, die sich allein schon die Anreise leisten können, gelten immer als reich. Wo viele Trecker vorbeigekommen sind, weiß man, was letztlich doch gezahlt wird, und das ist immer mehr, als man einem Landsmann abnehmen würde.

Große Hotels haben westliche Preise, dagegen sind Hotels mit mittlerem Komfort sehr preiswert und einfache Unterkünfte ausgesprochen billig.

Anreise
Wie bei jeder Fernreise gibt es – wenn man in diesem Fall von dem Landweg absieht – Linienflüge und billigere Möglichkeiten. Hier hilft nur Eigeninitiative. Tips von heute können morgen schon überholt sein. In jedem Falle läßt sich aber immer eine billige Fluglinie oder ein billigerer Abflugort (!) finden. Reisebüros, die sich hier spezialisiert haben, verkaufen auch Billigtarife.

Inlandsflüge
Im Inland fliegt die „Royal Nepal Airlines" auch mit kleinen Maschinen zu entlegenen Gras- und Schotterpisten. Daneben gibt es preiswerte Charterflüge von privaten Unternehmen. Darüber muß man sich in Kathmandu informieren. Auf feste Abflugzeiten, gültige Buchungen usw. sollte man sich aber nie zu sehr verlassen.

Impfungen
Offiziell werden keine Impfungen mehr verlangt. Zu empfehlen ist aber – Rücksprache mit dem Arzt – eine Infektionsvorbeugung mit Gamma Globulin. Ferner Impfungen gegen Typhus/Paratyphus, Tetanus-Impfungen bzw. Auffrischung. Für den Aufenthalt in tieferen, tropischen Regionen auch Malariatabletten.

Reiseapotheke und medizinische Versorgung

Wenn man an einem organisierten Treck teilnimmt, ist meist dafür gesorgt, daß jemand dabei ist, der sich in Erster Hilfe auskennt und das Notwendige an Medikamenten mitführt. Wenn man selbst an chronischen Krankheiten leidet und ständig bestimmte Medikamente braucht, sollte man das mit seinem Arzt besprechen und seine eigene „Apotheke" mitführen.

Nützlich ist es immer, Mittel gegen Durchfallerkrankungen mitzunehmen. In akuten Fällen ist es ratsam, einen Arzt zu konsultieren, der feststellen kann, ob es sich nur um die Folgen der Nahrungsumstellung handelt oder um Infektionen wie z. B. Amöben-Ruhr o. ä. In größeren Höhen (→ Höhenkrankheit, S. 241) sind Kopfschmerztabletten (Aspirin o. ä.) und Schlafmittel nützlich.

Für alle Fälle empfiehlt es sich, eine kleine, aber gut sortierte Notfallapotheke mitzunehmen, in der z. B. Desinfektionsmittel, Pflaster, Binden, Salben, Halstabletten nicht fehlen dürfen.

Außer in Kathmandu haben Krankenhäuser nicht unbedingt den gewohnten europäischen Standard, sondern sind eher Sanitätsstationen, wo man sich allerdings meist sehr gut mit den „ortsüblichen" Erkrankungen auskennt.

Versicherungen

Reiseversicherungen (Kosten und Leistungen vergleichen!) sind anzuraten. Der Versicherungsschutz sollte neben dem Reisegepäck (Verlust, Diebstahl) auch die Rückführung bei ernsten Unfällen und Erkrankungen einschließen.

Ausrüstung/Bekleidung

Für Trecking-Touren braucht man keine Bergausrüstung. Alles, was man auch bei uns für lange (!), mehrtägige Wanderungen als nützlich und praktisch kennt, braucht man auch dort. Leichte, luftige Sachen für heiße Tage, warme Sachen für höhere Regionen und kalte Nächte, Sonnen- und Regenschutz und vor allem entsprechendes Schuhwerk. – In Kathmandu kann man überdies gebrauchtes Ausrüstungsmaterial erstehen, das Expeditionen und andere Trecker verschenkten oder verkauften.

Organisierte Trecks

In den letzten Jahren haben sich immer mehr Reisebüros und Veranstalter darauf spezialisiert. Die bekanntesten sind z. Zt.:

Maya Travels, Joachim Gaspary, Siegfriedstr. 6, 8000 München 2

Hauser Exkursionen International, Neuhauserstr. 1, 8000 München 2

Sporthaus Schuster (in Verbindung mit dem Deutschen Alpenverein), Rosenstr. 3–6, 8000 München 2.

Diese und andere arbeiten mit Agenturen in Nepal eng zusammen. Wenn man auf eigene Faust nach Nepal reist und dort allein oder innerhalb einer Gruppe trecken will, kann man sich – am besten direkt in Kathmandu – an eine der vielen Agenturen wenden, die nicht zu übersehen sind, oder in Kneipen andere Trecker auftun. Zu warnen ist vor zahlreichen „nicht-lizenzierten" Führern und Trägern, die in Kathmandu oder an anderen Orten ihre Dienste „preiswerter" anbieten. Man kann Glück haben, die Gefahr aber, daß das Abenteuer „abenteuerlicher" als erwartet wird, ist groß.

Reiseliteratur

Reiseführer über Nepal gibt es inzwischen viele, vom kleinen Polyglott-Büchlein bis hin zu aufwendigen Kunstbüchern und Erlebnisberichten. Ohne andere Werke damit irgendwie herabsetzen zu wollen, sei vor allem auf das Buch von Stan Armington *Trekking in Nepal* hingewiesen. Es ist die deutsche Übersetzung seines Buches *Trekking in the Himalayas* und ist beim Buchvertrieb Gerda Schettler, Postfach 64, 3415 Hattorf am Harz, zu erhalten. Stan Armington arbeitet selbst bei einer Agentur in Kathmandu (Himalayan Journeys Ltd., Kanti Path). Armington liefert nicht nur eine Fülle nützlicher Tips und Hinweise, sondern auch Routenbeschreibungen mit den dazugehörigen Karten und präzisen Zeitangaben für die einzelnen Etappen.

Ein Klassiker für Nepal-Reisende ist das Buch von Ludmilla Tütting: *Nepal für Globetrotter*, erschienen im Selbstverlag, Mittenwalder Str. 7, 1000 Berlin 61.

Ein sehr guter Kunst- und Reiseführer ist auch das Buch: *Nepal* von Heimo Rau, erschienen bei Kohlhammer in Stuttgart.

(Stand: Frühjahr 1985)

ALLE TITEL DER REIHE
REISEN · MENSCHEN · ABENTEUER

Aubert · Müller Panamericana
Biedermann Im Land der aufgehenden Sonne
Cerny Von Senegal nach Kenia
Colombel Der siegreiche Berg
Crane Kilimandscharo per Rad
Cropp Alaska-Fieber
Cropp Schwarze Trommeln
Cropp Im Herzen des Regenwaldes
Dodwell Im Land der Paradiesvögel
Dodwell Globetrotter-Handbuch
Dodwell Wo China noch unentdeckt ist
Franceschi Vier Männer gegen den Dschungel
Gallei · Hermsdorf Blockhaus-Leben
Harrison Piranhas zum Frühstück
Hermann Von Thailand nach Tahiti
Hermann Heiße Tour Afrika
Höppner Cowboys der Wüste
Jeier Am Ende der Welt
Jenkins Das andere Amerika
Jones Sturzfahrt vom Everest
Keiner Quer durch den roten Kontinent
Kreutzkamp Mit dem Kanu durch Kanada
Kühnel Motorrad-Odyssee
Kühnel Rätselhaftes Indien
Look Auf Tramptour bis Pakistan

Look Wo der Mond auf dem Rücken liegt
Möbius · Ster Dschunke, Jeep und Bambusfloß
Möbius · Ster Inselträume in Indonesien
Pilkington Am Fuß des Himalaja
Ricciardi Auf Sindbads Spuren
Rohrbach Inseln aus Feuer und Meer
Roos Segeln in der Arktis
Stejskal Ich lebte bei den Wayapi-Indianern
Stejskal Malediven – Das Mädchen Robinson
Swale Zu Pferd durch Chile
Tasker Eishölle am Everest
Thoma Gute Tage unter dem Halbmond
Thorer Endstation Dschungel
Tin · Rasmussen Motorradtour Singapur–Australien
Tin · Rasmussen Traumfahrt Südamerika
Troßmann Wüstenfahrer
Veszelits Brasilien, Land der Gegensätze
Walls · Martin Drei Jahre in einem Kampong in Malaysia
Zierl Highway-Melodie

WEITERE TITEL ZUM THEMA ASIEN

Stefan Biedermann
Im Land der aufgehenden Sonne
Meine Zeit in Japan
224 Seiten, 33 s/w Fotos, 1 Karte, Reisetips, DM 15,80
ISBN 3-89405-003-9

Christine de Colombel
Der siegreiche Berg
Eine Zweier-Mannschaft kämpft um den Berggiganten Masherbrum im Himalaja
256 Seiten, 58 s/w Fotos, 2 Karten, Reisetips, DM 15,80
ISBN 3-89405-005-5

Christina Dodwell
Wo China noch unentdeckt ist
Erlebnisbericht einer ungewöhnlichen Frau
224 Seiten, 38 s/w Fotos, 1 Karte, Reisetips, DM 15,80
ISBN 3-89405-012-8

Mike Jones
Sturzfahrt vom Everest
Mit dem Kajak durch Wildwasser und ewiges Eis
224 Seiten, 48 s/w Fotos, 1 Karte, Reisetips, DM 15,80
ISBN 3-89405-020-9

Dieter Kühnel
Rätselhaftes Indien
Mit dem Motorrad durch das Land der Bettler und Maharadschas
220 Seiten, 66 s/w Fotos, 2 Karten, Reisetips, DM 15,80
ISBN 3-89405-022-5

Ulrich Look
Auf Tramptour bis Pakistan
Per Daumen durch die Weiten Asiens
320 Seiten, 48 s/w Fotos, 2 Karten, Reisetips, DM 17,80
ISBN 3-89405-024-1

Ulrich Look
Wo der Mond auf dem Rücken liegt
Auf eigene Faust von Nepal bis Malaysia
224 Seiten, 29 s/w Fotos, 2 Karten, Reisetips, DM 15,80
ISBN 3-89405-038-1

John Pilkington
Am Fuß des Himalaja
Nepal-Trekking im Alleingang
256 Seiten, 31 s/w Fotos, 9 Karten, Reisetips, DM 15,80
ISBN 3-89405-026-8

Lorenzo Ricciardi
Auf Sindbads Spuren
Dhau-Fahrt durch arabische Gewässer
192 Seiten, 35 s/w Fotos, 1 Karte, DM 15,80
ISBN 3-89405-044-6

Elfie Stejskal
Malediven – Das Mädchen Robinson
Ich wählte die Ursprünglichkeit
288 Seiten, 45 s/w Fotos, 2 Karten, Reisetips, DM 17,80
ISBN 3-89405-029-2

Christoph Thoma
Gute Tage unter dem Halbmond
Durch die Türkei bis zum Bibel-Berg Ararat
224 Seiten, 39 s/w Fotos, 1 Karte, Reisetips, DM 15,80
ISBN 3-89405-034-9

REISEN · MENSCHEN · ABENTEUER

WEITERE TITEL ZUM THEMA SÜDAMERIKA

Hans-J. Aubert, Ulf-E. Müller
Panamericana
Zwei Jahre auf der Traumstraße der Welt
224 Seiten, 85 s/w Fotos, 4 Karten, Reisetips, DM 15,80
ISBN 3-89405-002-0

Wolf-Ulrich Cropp
Im Herzen des Regenwaldes
Bei den Indianern Ecuadors
224 Seiten, 51 s/w Fotos, 3 Karten, Reisetips, DM 15,80
ISBN 3-89405-009-8

John Harrison
Piranhas zum Frühstück
Durch den Dschungel Amazoniens mit dem Kanu
320 Seiten, 30 s/w Fotos, 1 Karte, Reisetips, DM 17,80
ISBN 3-89405-042-X

Carmen Rohrbach
Inseln aus Feuer und Meer
Galapagos – Archipel der zahmen Tiere
224 Seiten, 40 s/w Fotos, 1 Karte, Reisetips, DM 15,80
ISBN 3-89405-027-6

Elfie Stejskal
Ich lebte bei den Wayapi-Indianern
Im Dschungel Guyanas
320 Seiten, 42 s/w Fotos, 1 Karte, Reisetips, DM 17,80
ISBN 3-89405-028-4

Hjalte Tin/Nina Rasmussen
Traumfahrt Südamerika
Auf dem Motorrad und mit Kindern von L. A. nach Rio
320 Seiten, 48 s/w Fotos, 3 Karten, Reisetips, DM 17,80
ISBN 3-89405-033-0

Rosie Swale
Zu Pferd durch Chile
Ein Jahr unterwegs bis zum Kap Horn
288 Seiten, 33 s/w Fotos, 4 Karten, Reisetips, DM 17,80
ISBN 3-89405-030-6

Thomas Veszelits
Brasilien, Land der Gegensätze
Riesenstädte, Urwald, Karneval
224 Seiten, 50 s/w Fotos, 2 Karten, Reisetips, DM 15,80
ISBN 3-89405-035-7

REISEN · MENSCHEN · ABENTEUER